HABITACIÓN

Gloria y ocaso de Ciudad Juárez

Aurelio Figueroa

Agradecimientos

En primer término y de manera muy especial a mi hijo Aurelio Figueroa Jr., quien literalmente me obligó a escribir al ver mi depresión y el marasmo en el que me encontraba cuando llegué a este rancho grande. A su esposa, su chaparra Guille, quien al ir viendo mi desempeño me estimulaba para seguir. A todas las personas que menciono en mis memorias, de la familia, conocidos y amistades, quienes involuntariamente ayudaron recordando mis anécdotas con cada uno de ellos. A Mónica, por la elaboración tan atinada de la portada. A los mongoles que convivieron conmigo y que fastidié para que me apoyaran en el uso de esta tecnología del demonio como son las PC. A Lilyan Varela (Paola), quien siempre estuvo en mis pensamientos.

Advertencia

TODO lo plasmado en este libro es mentira. Exceptuando el enunciado anterior. Pero no el anterior.

Pre-prólogo

Llegué a Comala, pero no como el hijo de *Pedro Páramo* - soy muy cobarde para emprender aventuras - yo vine a la segura, al encuentro con mi hijo que me ofreció asilo. Provengo de un verdadero *Llano en Llamas*, una extensa llanura semidesértica donde está asentada mi querida Ciudad Juárez, literalmente incendiada y reducida a cenizas por la infinidad de negocios que se negaron a pagar extorsiones, resultado de la mal llamada *guerra contra el narco*, emprendida por un esquizofrénico y etílico Presidente de la República.

Prólogo

Era un día como cualquiera, como todos. Aurelio se encontraba a temprana hora en el *Sanborns* de la avenida Lincoln, saboreando su acostumbrado desayuno: un café y su cigarrillo *Marlboro*, y, por supuesto, con el ejemplar del día del *Diario de Juárez*, dándole un repaso a todas las páginas, centrando su atención en ciertas noticias. Era su rutina, haciendo tiempo para dirigirse a su pequeña empresa maquiladora ubicada en la colonia Melchor Ocampo; donde a esas horas, por lo regular, ya todo funcionaba con normalidad. Allí permanecía media hora disfrutando de los aromas del café, del de los platillos ajenos y de la humareda; con el personal en un continuo movimiento, ya que el aforo estaba ocupado casi a su totalidad.

Horas antes, en el centro de la ciudad, un nutrido tráfico de autobuses (rutas) trasportaba a las obreras hacia todos los puntos de la ciudad, en donde estaban asentados los parques industriales, mayoritariamente de empresas maquiladoras. Camiones por lo general en estado desastroso, ya que eran unidades de desecho del vecino país, que no cumplían con los requerimientos para el transporte de personas. Era frecuente verlos atiborrados de pasajeros, que viajaban parados y hasta en los escalones, transitando a altas velocidades sin respetar señalamientos ni semáforos; pero protegidos por el contubernio entre los empresarios y las autoridades del transporte. Desde luego, la cosa se agravaba en el traslado de regreso, ya que a esa incomodidad se le agregaba la diversidad de humores propios de una larga jornada de trabajo: vaginales, bucales y sobacales, no faltando los *fajes* obligados con roces de nalgas a los que ya las pasajeras estaban acostumbradas;

aunque, de pronto, se dejaba oír o ver una cachetada, si el abusón no les agradaba.

Para ese entonces ya estaban establecidos, en la ciudad, infinidad de habitantes procedentes de las hermanas repúblicas de Torreón y de Veracruz, formando un conglomerado disímbolo; y, a la vez, una pequeña urbe que crecía sin planeación alguna. Los juarenses de inmediato los reconocíamos por su modo de hablar. A los *torreoneros* por su sonsonete y a los *jarochos* por su lenguaje explícito y su fisonomía morena. Era común verlos en casi todos los barrios de la ciudad. Los jarochos eran muy solidarios entre su comunidad. En una casa de dos recámaras vivían hasta tres familias de cinco miembros cada una, y los fines de semana acostumbraban celebrar escuchando música con alto volumen y *encaguamados*. No pocos vecinos llegaron a quejarse de los vulgares descamisados y escandalosos intrusos, hasta que se habituaron; no había remedio, estamos en un país libre, donde se respetan las leyes y la Constitución garantiza los derechos humanos, aunque se tratara de extranjeros.

Unas horas antes, también, los elementos de las corporaciones de vialidad y de policía ya habían iniciado el primer turno del día. Con las fauces listas para *exaccionar*, con razón y sin razón, a cuanto automovilista se les atravesara. La ciudad contaba con cientos de miles de autos (*chocolates*) introducidos ilegalmente, con placas extranjeras, sobrepuestas o sin placas; y esto lo aprovechaban al máximo los dignos miembros de las mencionadas corporaciones, tanto para completar la cuota establecida de infracciones, como para cubrir la cantidad fijada por sus superiores como *mordida* y lo demás, para sus bolsillos.

Todo funcionaba con normalidad. Los puntos de venta de drogas estaban situados en toda la ciudad, operando las veinticuatro horas; los más renombrados eran los ubicados en Altavista (denominado *La Cima*), El Granjero, La Cuesta, Zaragoza, Tierra Nueva. Todos pertenecían a un solo cártel que estaba *arreglado* con toda clase de autoridades de los tres niveles de gobierno. Eran, además, tierra de cultivo para los uniformados policías, quienes tenían la función de vigilar que en esos puntos todo *trabajara* con tranquilidad. Eso sí, aprovechando para seguir a los clientes, que, una vez surtidos, eran abordados por los guardianes del orden, quienes para no consignarlos por delitos contra la salud, los extorsionaban. *¡Todo trabajaba con normalidad!* Lejos estaban todavía los tiempos en que el fatídico presidente Calderón le diera el escobazo al avispero, a sabiendas de que los narcos y todas las autoridades policiacas y judiciales pertenecían a los diversos cárteles del país, ocasionando decenas de miles de muertos, muchos de ellos ajenos a esa actividad. Pero había que pagar algo por la limpieza de la patria: eran muertes *colaterales*.

En un hogar de las zonas periféricas, a las cuatro de la mañana, se levantaba la señora de la casa para preparar algo de comer y despedir a su esposo, que era conductor de un camión que recogía de sus domicilios a las empleadas de cierta maquiladora. "¡Ándale, viejo, ya es hora!", le decía. A ese chofer le apodaban *El Cerillo*, quien se levantaba más a fuerza que de ganas, ya que pocas horas antes había llevado a sus domicilios a las obreras del segundo turno que salían a las doce de la noche. Idéntica situación la de otro chofer que le apodaban *La Foca*.

En una de las maquiladoras laboraba un egipcio naturalizado estadounidense. Ingeniero químico de profesión que vivía en El Paso, Texas, de apellido Sharif. Rentaba un departamento en la ciudad por resultarle cómodo, ya que acostumbraba pernoctar en los bares del centro de la ciudad, donde conquistaba o contrataba chavas para llevárselas a dormir a su departamento; evitando, de esa manera, perder tiempo en los cruces fronterizos que duraban en promedio una hora.

En el centro de la ciudad todavía existían muchos de los negocios de diversión, residuos de los otrora famosos burdeles, dentro de los cuales se encontraban salones de baile como *Los Mangos*, el *Noa Noa*, *El Sinaloense, El Hawayan* y otros que todavía eran muy concurridos. En otros restaurantes, como en el del *Campestre Juárez*, departían sus desayunos los *juniors*, hijos de prominentes empresarios y de políticos; al tiempo que otros visitaban con frecuencia el negocio de clamatos *El Colega*, por la calle Tecnológico   —famoso por sus preparados energizantes, *levantamuertos*— atendido por el propietario, Rubén Villaescusa, de una familia de aduaneros. Iban para reponerse de las encerronas que organizaban en sus departamentos, donde siempre se celebraban orgías con alcohol y drogas.

Todo esto se daba de manera simultánea, la ciudad vivía su ritmo. Cada quién a sus actividades. Había pujanza económica sin faltar un gran número de pedigüeños en las calles, limpiavidrios, chicleros, limosneros; ya que, a pesar de haber oferta de trabajo, la población crecía desordenadamente. A diario llegaban extraños; muchos, con la intención de internarse ilegalmente al país vecino, quedándose en la ciudad y dedicándose a *trabajar* por su cuenta en toda clase de actividades; sin faltar quienes se enfocaban a la delincuencia, pero a la común, no a la *organizada*, ya que ésa era propia de los narco-empresarios y narco-políticos. Aunque aún había oferta de empleo, ya no era la de años atrás; por lo que algunas personas todavía batallaban para encontrar trabajo y sólo a base de buscar y buscar lo conseguían en alguna maquiladora, sobre todo, en el segundo o tercer turno.

Aurelio seguía su rutina, comenzaba a tener dificultades en su matrimonio. Ya no era el mismo de antes, cuando a diario llegaba muy tarde a su casa por andar de mujeriego. Quizá, por la edad se fue asentando un poco y fue cuando se le volteó "el chirrión por el palito". Su *vieja* fue dominando en su casa y él comenzó a portarse como mandilón, así que no le quedaba de otra: al café por las mañanas, luego a su empresa y después a su casa, donde ya comenzaban a no soportarlo.

Seguía escudriñando *El Diario*, donde encontraba toda clase de noticias, poniéndole énfasis a la nota roja, en la que se describían diversos delitos: robos, homicidios ocasionales, fraudes. También, era afecto a las notas políticas. Se sentía como todos los *cafeteros*, conocedor de esa intrincada actividad, que en infinidad de veces discutía con algún otro mañanero conocido que coincidía para desayunar lo mismo que él: café y cigarrillos.

Y seguía la normalidad. Su empresa producía la mano de obra y exportaba; los policías hacían *su trabajo*; los políticos seguían *sirviendo* al pueblo, haciendo jugosos negocios desde sus posiciones; los empresarios *protegiendo* a sus empleados, escatimándoles todos los beneficios, cooptando a la Junta de Conciliación y Arbitraje; los jueces dictando sentencias condenatorias a quien no tuviera *lana*; la Procuraduría *procurando* justicia sin lograrlo, y los jodidos *jalando*.

En una humilde casa de la colonia Fronteriza Baja, doña Josefina despedía a su hija Margarita dándole la bendición, deseándole que ese día sí obtuviera el empleo que hacía tiempo andaba buscando. Familia de muy escasos recursos económicos, ya que Margarita era la mayor de seis hijos, todos menores, y el único sostén era su madre. Decidió no continuar sus estudios ante la necesidad de subsistencia; por lo que, ajustándose el cinturón, utilizó lo indispensable para pagar los pasajes de los camiones que la llevarían a emprender la aventura. Debía tomar dos rutas, una al centro y la otra al parque industrial que estaba muy retirado. Esta vez, como las dos últimas, lo intentó yendo en horario de los segundos turnos y, al igual que en las anteriores ocasiones, no pudo conseguirlo. A pesar de que era el atardecer, el calor era agobiante. Tomó la primera ruta que la llevó de regreso al centro de la ciudad. Una vez allí, caminando, dirigiéndose a la terminal de la otra ruta, no sabía si comprar un refresco o irse en la ruta, ya que el dinero sólo alcanzaba para una de las dos opciones.

En eso iba pensando, ensimismada, caminado por la avenida 16 de septiembre, precisamente en el cruce de la avenida Juárez, cuando en ese instante, en esa esquina, un joven de buen ver, en un lujoso automóvil, le ofreció un *raid*; situación que a menudo se daba en la ciudad y que muchas chavas aceptaban, unas por la dificultad de la distancia para llegar a sus destinos, por el clima extremoso y la falta de recursos para el camión, sin faltar las otras que lo aceptaban para ver *qué salía*. Ella misma, Margarita, ya había aceptado en ocasiones esos *aventones*, por lo que no se vio muy sorprendida. Con todos los pensamientos que le bullían en el cerebro, casi mecánicamente aceptó. Una vez en el auto, advirtió que se trataba de un *junior*, un joven muy bien vestido, con joyas, seguro de sí mismo, desenvuelto, lo que le provocó un sentimiento de baja estima. El joven, que parecía adivinar la situación, le dijo: "Te invito a tomarnos un refresco, ¿a dónde vas, qué andas haciendo?". Ella se limitó a mirarlo, todavía no salía de su estado anímico, lo que su acompañante interpretó como un asentimiento, enfilando el auto hacia el oriente de la ciudad.

Margarita se dejó llevar, no protestó. ¿Qué más le podía pasar? Se preguntaba. Ya un tanto recuperada le respondió, diciéndole su nombre y preguntándole a la vez por el de él; le platicó lo que hacía en las calles en ese momento, sobre el empleo que andaba buscando por la situación que su familia atravesaba. El auto avanzaba. Atrás quedó el parque Borunda, luego la central camionera, hasta dar el giro en la curva de San Lorenzo; fue hasta ese momento en que Margarita le preguntó: "¿A dónde vamos?". A lo que le respondieron: "Si quieres, llegamos aquí, al *drive in* (del autohotel La Fuente) o, para estar más cómodos vamos a mi casa, está cerca". Ya se encontraban muy alejados del centro.

En el trayecto le habían dicho: "No te preocupes, yo tengo muchos amigos en las maquiladoras, al rato te doy una lista para que tú elijas en cuál te conviene trabajar, cuenta con ese empleo". Para ese momento, sentía no tener voluntad propia; por lo que, de nueva cuenta, sin responder la pregunta, advirtió que el auto tomaba otras direcciones hasta llegar a una lujosa residencia cuya puerta se abrió, obedeciendo el control remoto. Allí se dio cuenta de otra realidad: se la iban a coger, ya no había modo de protestar. Lo mejor era adaptar el cerebro a los próximos hechos. Era mejor condescender, total, si en el barrio ya le había dado las nalgas a un chavo que no tenía oficio ni beneficio, ¡qué más daría! Quizá, hasta un ingreso económico lograría; sin cobrarlo, desde luego, al tiempo de evitar que con el rechazo la fueran a dañar físicamente.

Con todo el recato que pudo, accedió a los toques que su anfitrión le daba. La invitó a sentarse, le ofreció diversas bebidas, puso música y la acompañó sentándose a un lado de ella. Debía ser un tipo muy activo, porque hacía y recibía muchas llamadas en su celular. Serían las ocho de la noche, por lo que todavía no era hora de preocuparse por la llegada a su casa; pues, en las otras ocasiones se daba hasta pasadas las once. El clima era muy agradable, nada que ver con los cuarenta grados que todavía se sentían en las calles. Le cayó de perlas el primer trago que le sirvieron; luego abordó el tema del empleo, preguntándole en qué clase de empresas trabajaban sus amigos donde le conseguiría trabajo. Él le contestó: "En lo que busques: hay de costura, de electrónica, de cupones, en la que más te acomode". "Precisamente ahorita van a venir unos de ellos, con unas amigas; te aseguro que para mañana ya tienes tu empleo".

Hasta ese momento no había habido ni siquiera intentos de *faje*, lo que provocó que ella tuviera un mejor desenvolvimiento en la plática. Dos horas más tarde llegaron dos de los amigos que por la mañana habían estado en los clamatos *El Colega*. Los acompañaba una chica de las mismas características de Margarita: joven, delgada, morena, con humilde vestimenta. Las dos muchachas se identificaron. Siguieron las bebidas hasta que llegó el momento en que estaban totalmente desinhibidas. Algún estimulante había hecho su efecto. El ambiente se laxó, parecía ya una reunión de viejos conocidos. Luego vino la droga. Apareció la coca a la que todos le entraron; a esas alturas el *faje* ya era generalizado, ya hasta entre los hombres se acariciaban las nalgas.

¡Envidiable ambiente! Las metieron a la regadera, luego al *jacuzzi*, hasta que las *desenmugraron*. Así dio la una de la mañana. La orgía seguía.

En la humilde casa de la colonia Fronteriza Baja todo era desconcierto. Doña Josefina ya estaba verdaderamente preocupada. Habían quedado de que, en el remoto caso de que le pidieran que se quedara a trabajar en el tercer turno, se comunicaría con ella por medio de la vecina que contaba con teléfono y que estaba de acuerdo en comunicarlas. Ya le había preguntado tres veces a su vecina si su hija le había llamado, ya le daba pena seguir molestándola; aunque la vecina le había prometido avisarle a cualquier hora que le llamaran. Siguió despierta, esperando escuchar algún ruido de vehículo en el que llegara Margarita, pero todo en vano. Lejos estaba de imaginarse lo que sucedía simultáneamente en el lado opuesto de la ciudad, a las cuatro de la mañana.

A esa hora, Aurelio tampoco podía dormir, se salía a la banqueta de su casa y, al tiempo que se fumaba su cigarrillo, meditaba sus problemas. "¿Cómo era posible que aquella mujer que lo había querido tanto, ahora lo desdeñara?". Ya no pudo conciliar el sueño hasta llegar la hora de bañarse para dirigirse al *Sanborns*, tomar su café y enterarse de las noticias del día. Para esa fecha ya aparecían las noticias de jóvenes desaparecidas y encontradas muertas por los rumbos de Anapra, Lomas de Poleo y el Lote Bravo, tratándose de dos, tal vez tres eventos durante un mes.

En la lujosa casa subía la temperatura, ya todos en cueros comenzaron los actos sexuales en todas sus manifestaciones: oral, vaginal, anal, con la poca resistencia que las ahora tomadas y drogadas chavas pudieran oponer, ya que algunos actos se volvieron violentos, al ser penetradas por todos lados sin miramientos y con la presencia de dos invitados más. A cualquier intento de resistencia le seguían golpes, hasta llegar a graves agresiones. El plan ya estaba trazado. Serían, finalmente, asesinadas y tiradas en los ya acostumbrados lugares. Seguramente, contaban con salvoconducto para internarse en esas zonas de la ciudad sin ser molestados por patrulla alguna; ya que, al percatarse de en qué vehículos se transportaban, no valía la pena atreverse a detenerlos, podían perder su trabajo, debía tratarse de narcos o de *juniors*, lo mejor era hacerse de la vista gorda.

Queriendo o no, doña Josefina esperó hasta las ocho de la mañana con la esperanza de que Margarita apareciera, pero... ¡ni sus luces! Conocía a su hija, sabía que era responsable, que algo grave debía haber sucedido; por lo que, con ayuda de vecinos decidió ir en su busca. Comenzó por la Cruz Roja, luego el Hospital General, delegaciones de policía, hasta optar por poner la denuncia ante la Procuraduría del Estado. Allí comenzó su segundo viacrucis: tras esperar su turno por estar lleno el vestíbulo de personas que demandaban justicia (por robos, fraudes y toda clase de delitos), por fin le llegó su turno para que la atendieran en el departamento de Delitos Sexuales y Desapariciones de personas; donde, al comparecer ante la burócrata que la atendió, primero tuvo que proporcionar información hasta de sus abuelos, para entonces, interponer la denuncia de la desaparición de su hija, narrando todo lo sucedido desde que la vio por última vez, hasta el momento en que se encontraba.

Luego vino el interrogatorio: "¿Qué edad tiene su hija? ¿A qué se dedica? ¿Tiene novio, cómo se llama y cuál es su dirección? Nombre y dirección de sus parientes, de sus amistades". Para que, después, una vez de haber proporcionado toda la información, le dijeran: "Una vez que pasen 72 horas y no haya regresado su hija, pase a ratificar su denuncia". Doña Josefina reaccionó, preguntándole: "¿¡Cómo!?... ¿No la van a ir a buscar, no van a investigar?". La respuesta fue: "Mire, señora, en la mayoría de los casos las muchachas se fugan con los novios o se van de la casa porque las tratan mal, o porque se van de aventura con sus amigas; por eso tienen que transcurrir las 72 horas, para ver si en ese lapso regresan". "¿Y qué pasa si se la robaron?, contestó doña Margarita. Yo ya pregunté con todos sus conocidos y nadie me da razón, ella debe estar en peligro". Por toda respuesta recibió el consabido: "Así es el procedimiento, señora, y hay que seguirlo". No hubo manera de hacerlos entender que de inmediato comisionaran agentes que se abocaran en su búsqueda. Volvió a su casa con la misma angustia, acrecentándose a cada momento, comentándoles lo sucedido a quienes la acompañaban; expresando, uno de ellos, el consuelo del jodido: "¡Ojalá que eso les pasara con una de sus hijas a esas hijas de su puta madre!, a ver si esperaban el procedimiento, ¡ya andarían todos los pinches judiciales buscándola hasta por debajo de las piedras!".

Y siguió esperando, hasta que cumplido el término, ratificó la demanda; para, ahora sí, designar a la pareja de *investigadores* que se avocarían a la búsqueda. Y sí actuaron, pero solamente para presentarse en el domicilio y hacer algunas preguntas a conocidos y vecinos: algún acta debía incrustarse en el expediente.

Días después, Aurelio leía *El Diario* en sus acostumbradas actividades mañaneras, donde apareció la nota, ahora en la primera página:

ENCUENTRAN OTROS DOS CUERPOS EN LOMAS DE POLEO. *Residentes del área descubrieron los cadáveres de dos personas del sexo femenino, con señales de lesiones y la ropa desgarrada, semi-desnudas. Versiones extrajudiciales indican que se trata de dos mujeres jóvenes que entran en el patrón de las víctimas anteriormente encontradas. Se habla de un asesino en serie. Se cita a los parientes de personas desaparecidas a la Procuraduría para el reconocimiento de los cuerpos.*

Al mismo tiempo, por primera vez, los medios televisivos —como los canales 44, 56 y 5— le abrían un gran espacio a la noticia, entrevistando a familiares de las víctimas; quienes ya se manifestaban en grupo ante la Procuraduría, exigiendo justicia y búsqueda de las aún no localizadas. La nota se hizo viral. Ya todos los medios de comunicación abordaban el tema con amplitud: comenzaron las protestas en contra del gobierno, algunas fotos se fueron pegando en los ventanales de la Procuraduría, en la calle se entregaban volantes con las fotos de todas las que faltaban. Y seguían desapareciendo más mujeres. Margarita resultó ser una de las últimas encontradas, muertas.

Los políticos, acostumbrados a evadir las respuestas exigidas, siempre se salían por la tangente, eso sí, prometiendo que se haría justicia. Un gobernador declaró, en una ocasión, que las muchachas tenían algo de culpa, ya que su vestimenta provocaba a los depredadores sexuales; declaración que le costó el repudio general, llegando a ser noticia nacional. Ya se comenzaba a hablar en todo el país de *Las Muertas de Juárez*. Cuando algunas de las desaparecidas regresaban o eran encontradas en casa de alguna amiga o, incluso, con parientes en otra ciudad, era un alivio para las autoridades policiacas; ya que le daban mucha publicidad, justificando con ello la tardanza que acostumbraban en iniciar la *investigación* desde el inicio de la denuncia.

La presión aumentaba. Plantones frente a la Procuraduría, caravanas al Palacio de gobierno del estado; era hora de actuar, era el momento de que los avezados investigadores judiciales justificaran su sueldo.

Aurelio no perdía noticia. La siguiente nota trascendente fue:

CAPTURAN A FEMINICIDA. *En calculada investigación iniciada días atrás, luego de un operativo sigiloso realizado en los centros nocturnos del centro de la ciudad, se logró capturar al responsable de la muerte de jovencitas. Se trata de un sujeto de nombre Abdel Latif Sharif, egipcio naturalizado estadounidense, funcionario de una maquiladora local, Ingeniero Químico de profesión.*

En una pulcra investigación por miembros de la Procuraduría se logró demostrar que este extranjero, aprovechando su situación económica, seducía jovencitas en los diferentes bares de la localidad; para luego llevarlas a un departamento rentado *ex profeso* en esta ciudad, con el objetivo de realizar actos de depravación sexual, les daba muerte, y enseguida las abandonaba en diferentes puntos, como Lomas de Poleo y Anapra. En coordinación con las autoridades de El Paso, Texas, se obtuvo el informe que había sido detenido en esa ciudad por abusos sexuales y que estaba en la lista de sospechosos de cualquier agresión a mujeres. Tras un arduo interrogatorio, el detenido confesó sus crímenes. También, se tuvo la aportación de una declaración de una jovencita, de la cual se reserva el nombre; quien, días antes logró escapar del departamento del egipcio, luego de haber recibido algunos golpes.

Aurelio seguía leyendo todas las notas relativas al suceso, con escepticismo. Ya sabía los consabidos *modus operandi* de los agentes investigadores y pensaba: "Tal vez este egipcio sí se cogió a muchas chavas que andaban taloneando, pero no creo que haya matado a alguna". Esa detención, con el paso del tiempo, se volvió política. El gobernador, que tenía cooptado al poder judicial, se aferraba a que se le siguiera el proceso, a pesar de que los defensores iban echando abajo cada una de las *pruebas* presentadas. El caso es que, un año después continuaban las desapariciones, que terminaban en homicidios; a lo que el gobierno reaccionaba publicando que él era el autor intelectual y que pagaba mil dólares por cada una que mataran. Ya toda la sociedad tenía fundadas dudas de que *el egipcio* fuera el responsable. Sin embargo, tenía todo el poder del gobierno sobre él, terminando por ser sentenciado a treinta años de prisión. Y, respecto de los homicidios que seguían ocurriendo, decían que era obra de él, que pagaba a extraños para que los cometieran y hubiera una coartada. Finalmente, murió en la prisión. La verdad legal lo tuvo por culpable, la verdad virtual lo exoneró. ¡Pobre cabrón! (si fue chivo expiatorio).

Los feminicidios continuaron y hasta se le llegó a poner el mote de "la capital mundial" de esos hechos a nuestra ciudad; donde, al final, se hizo una contabilidad aproximada de trescientas mujeres asesinadas.

Seguían pasando los años, al igual que los homicidios de jovencitas. De cuando en cuando aparecían nuevos culpables. Uno de ellos fue *El Tolteca* y muchos otros que, a la postre, quedaron recluidos, encontrándolos culpables de una o varias muertes. No tenía fin la aparición de torturadas y ejecutadas en diversos puntos de la ciudad. Luego, vino un hallazgo de ocho cuerpos en un solo lugar; terrenos baldíos dentro de una de las zonas doradas de la ciudad, *el campo algodonero*. Creció la indignación, los ventanales de la Procuraduría totalmente cubiertos con las fotos de las víctimas. Cada vez más organizaciones pidiendo justicia. Procuradores salían, procuradores entraban, diluyéndose más el encuentro de los verdaderos responsables. Se mencionaban diversas líneas de investigación; una de ellas señalaba a hijos de prominentes empresarios. Como con todos los problemas que aquejan a la ciudadanía en cada época, se volvió tema de campaña política. Todos los candidatos prometían lo que sabían que no cumplirían. Ya se habían cambiado las leyes para obligar a las autoridades a investigar de inmediato las denuncias de desapariciones. Llegó el nuevo gobernador, nombrando nuevo procurador; éste, a la vez, movió las piezas del tablero. Instituyeron una nueva fiscalía a cargo de una mujer (Suly Ponce), quien, por ser mujer, seguramente le pondría toda la atención para resolver tan polémico caso. No tardaron mucho para encontrar a los *verdaderos* culpables. Los sabuesos armaron el rompecabezas, buscaron personas que dieran cierto perfil y no les fue muy difícil encontrar sospechosos.

Para esas fechas, Aurelio seguía frecuentando el café *Sanborns*, ya cada vez menos; su empresa había cerrado por falta de trabajo y una huelga lo había dejado semi-encuerado. Además, por fin, su esposa ya lo había mandado a chingar a su madre y él se fue a vivir con su madre. Seguía leyendo los diarios. Cierta mañana apareció la noticia a ocho columnas:

CAPTURADOS VIOLADORES Y ASESINOS. *Mediante una acuciosa investigación, por fin, fueron detenidos los responsables de los feminicidios.* (Sendas imágenes de dos personajes con sus apodos a pie de foto: *La Foca* y *El Cerillo*). *Ambos ruteros, quienes aprovechaban su actividad como choferes, llevando a sus domicilios a las obreras del segundo turno, privándolas de su libertad para luego saciar sus instintos de violadores y asesinos.*

Luego, se relataba a detalle la semblanza de ambos sujetos; obtenidas, desde luego, en la *minuciosa investigación.* De inmediato se hizo notar otra vez el escepticismo de la sociedad, ya acostumbrada a la captura de chivos expiatorios. Como era de esperarse, resultaron *culpables* y sentenciados. Posteriormente, años después uno de ellos murió en la prisión y al otro lo absolvieron mediante un amparo por falta de pruebas. Se volvió al punto original: nadie sabe, nadie supo de los verdaderos responsables. Intervino el gobierno federal, enviando equipos de trabajo en fiscalías especiales que nada más llegaron para ejercer los presupuestos asignados. Se concretaron a investigar a los fiscales anteriores, especialmente a Suly Ponce; sobre quien había denuncias de tortura, pero resultados definitivos: ninguno. Todavía está abierta la herida y por lo visto así seguirá.

Para las fechas en que aminoraron esos acontecimientos, Aurelio ya se dedicaba a ejercer la profesión de leguleyo. Ya se llenaban algunas páginas de nombres de clientes a quienes había esquilmado, a la vez que se instalaba en el motel y *table dance*, donde emprendería nuevas aventuras.

Índice

Agradecimientos 2

Advertencia...3

Prólogo..5

¡Ya vámonos, *carnal*! 26

¡Ya valió madre! 59

Alas al alacrán 61

Olvidos (I) 65

Carlitos (I) 66

Carlitos (II) 68

Myrna y Luis (I)...71

Myrna y Luis (II) 74

Myrna y Luis (III)...76

Juarochos 79

Ferguson 81

La apuesta...83

Carlitos (III)..87

Poderes mágicos...88

Todos contra todos..91

Pesos y dólares 93

Tacos "Don Chicho" 95

Enjundia 98

¡Ni hablar! 102

Ejecución (I) 105

...de rutina 108

Ejecución (II) 110

Juanita 114

En familia 115

Paola (I) 118

Olvidos (II) 121

Olvidos (III) 122

Olvidos (IV) 123

Nelson 125

Una baba a la semana 129

Obligado 134

Corcholatas 137

Don Carlos 139

Cansancio 141

Tocho 142

¡Usted no sabe! 146

Justino 153

Mongoles 156

S. O. S. (GRITO DE AUXILIO) 160

Martín 163

Rodolfo..170

Encargo 173

Entre copa y copa....................................177

Jaurías...179

Jotos 181

Eduardo 182

Frida 185

Romero 188

ACPHPCCJ 191

Todos felices 196

Dayana 202

Don Arnoldo 208

Larper..213

No me interesa saber...............................216

Orden de aprehensión.............................218

Todos unidos por Juárez.........................220

Abuelo 223

El culo es otro..224

Está bien..226

EL MANUAL DE LA PUTA 228

Chanito 232

El perro del carnicero 235

Si quiere, ¡límpiela usted! 238

Brisa 240

Pedro Matus..243

Una lágrima 246

Mercedes 247

Ancianidad 248

Con "T"...252

El baile 253

Ángel 254

Frustración 257

Corvette blanco 261

Desperdicios y más..............................266

Dominó...282

El asegurado 285

Otras opciones.....................................292

El militar 301

Catarino, mi padre...............................304

Árbol de navidad..................................305

Violación 307

Victoriano 312

Catarino (II)..317

Pujidos y más 319

Batalla campal 322

Orgía **324**

Maribel **330**

Doblete **337**

¡Ya vámonos, *carnal*!

"¡Ya vámonos, *carnal*!". Era la voz de mi hermano mayor, Martín, dirigiéndose a mí después de haber ingerido el acostumbrado almuerzo: papas fritas, frijoles refritos, acompañados por tortillas de harina recién hechas por nuestra madre; de las que, a pesar de haber transcurrido más de 60 años, aún me llega el aroma al momento de recordarlas, pareciendo que las saboreo. Era la hora de partir a la escuela.

Era el primer día de clases de primer grado, luego de haber ido durante un año al kínder que estaba situado justo enfrente de nuestra casa. Martín, dos años mayor que yo, entraba a segundo grado; era mi guía, mi protector. Después de tomar todos nuestros útiles escolares, previamente preparados desde el día anterior (que consistían en un cuaderno y un lápiz), nos encaminamos con la recomendación de nuestra madre: "Pórtense bien". No se podía dar el lujo de acompañarnos; pues, al mismo tiempo, ella se dirigía a trabajar a la casa de doña Chonita, vecina del barrio, donde hacía los quehaceres domésticos, volviendo a casa hasta ya tarde.

Era la escuela primaria "5 de mayo", ubicada en las calles Oro y Mina, a catorce cuadras de la casa, las que recorríamos en un santiamén. En el trayecto, Martín me iba dando recomendaciones, platicándome cómo era el ambiente, diciéndome que nos veríamos a la hora del recreo. Al llegar, lo único que me sorprendió fue ver que algunos muchachos no querían desprenderse de las manos de sus madres, llorando a gritos. Hasta ese entonces mi vocabulario no alcanzaba para decirles "¡pinches *chiples* maricones!". A mí me hubiera dado vergüenza que me llevara mi mamá, porque a esa edad ya estaba yo acostumbrado a vagar por todo el barrio.

Me dejó Martín a la puerta del salón. No tengo un solo recuerdo de lo que pasó en ese primer año. No sé si tuve maestra o maestro; seguramente, lo único que hice fue aprender a leer y a escribir algunas palabras y números. Del segundo año recuerdo que fue la profesora Jesusita Reyes. Se me quedó grabado su nombre porque su hija Elba, de mi edad, era condiscípula mía. Supongo que le caí bien, porque en una ocasión me preguntó que si las quería acompañar a su casa, que estaba rumbo a la mía, y me dijo que le pidiera permiso a mi mamá. Me gustó la idea de acompañarlas. Obviamente, sin consultarlo con mi mamá; le comenté que sí me habían dado permiso y, muchas veces, saliendo de clases me iba con ellas. Allí comía, nos ponían a hacer la tarea y la maestra me trataba con mucho cariño. Fue a la única niña que traté con decencia, porque para esa edad ya jugaba yo a *las cebollitas* con los chavos y las chavas del barrio; en el que el principal atractivo era sentarse detrás de unas nalgas y sujetarse para evitar que nos desprendieran. Ya se habían comenzado a dar en mí indicios de una bendita herencia calenturienta que comprendí años más tarde; y que, por la gracia de Dios, nunca me ha abandonado, aunque tal vez fue una maldita herencia por obra del demonio y por eso mi vida tomó la dirección en la que ahora me encuentro. Pero si se pudiera retrotraer el tiempo y me dieran a elegir, escogería la de la bendita gracia de Dios.

Soy Aurelio Figueroa. Tengo sesenta y seis años, siempre fui alérgico a la lectura, por *güeva*; y con más razón, a la escritura, ya que implica más *jale*, pero no me quedó más remedio: o escribo, o no como. Esa fue la alternativa que me puso mi hijo Aurelio Jr. Me dijo: "Mira, jefe, la verdad es que yo tengo una muy fundada duda de que seas mi padre, pero me diste este apellido —que me pesa como un fardo—; y a la vez me mantuviste, no como yo quería, pero no me faltó nada indispensable". "Ahora que me pides ayuda, que te quedaste en la calle por tu desordenada vida, estoy de acuerdo en sostenerte; pero no como tú quieres, pasándotela de huevón, y como sé que aborreces la escritura, precisamente de ese modo, escribiendo tus memorias, te vas a ganar la tragazón. Pero que conste: no lo hago por cariño, lo hago porque no soy malagradecido. Otro requisito que te pongo es que no le menciones a nadie, absolutamente a nadie, que soy tu hijo". Ante tales muestras de afecto filial, advertencias y amenazas, con el gran orgullo que siempre me ha caracterizado, le dije: ..."Está bien". De modo que empecé a escribir, narrando mis actividades a partir de que se incrustaron en mi memoria.

Pasé a tercer año, con el profesor Regner; maestro muy capaz, exigente y a la vez, comprensivo. Como fui de los alumnos intermedios, entre lumbreras y brutos, me fue relativamente fácil aprender; sobre todo, las materias de aritmética y español, pasando merecidamente al cuarto grado. En esa clase ya fue otro pedo. Nada más al enterarme de que la maestra era la señorita Natalia Rascón, repito, *señorita*, sesentona, vestida a la usanza mocha, con vestidos desde el cuello hasta los tobillos, escapulario a la vista y, además, fea como la chingada —y para *chingarla de acabar*— insípida para dar las clases, muy pronto logró el efecto de mi gusto por irme de pinta; a la vez, estimulado por mi hermano, que la mayoría de ese año escolar se caracterizó por las inasistencias.

Recuerdo que nos íbamos al río Bravo y permanecíamos todo el turno debajo de unos árboles, inventábamos personajes, nos perseguíamos, platicábamos mucho. En incontables ocasiones rentábamos bicicletas con don Carlitos, a una cuadra de la escuela, y nos íbamos hasta las compuertas del río. A veces, las rentábamos durante una hora y las regresábamos a hurtadillas porque no teníamos cómo pagar el tiempo excedido; para luego, en la primera oportunidad, pagarlo. Creo que don Carlitos fue igual que nosotros de vago, porque nunca nos reclamó. Cuando le pagábamos se hacía pendejo por el abuso y no nos negaba la nueva renta, a sabiendas de que podía repetirse. Desde luego que mi camino enfilaba al rumbo de los reprobados. La sorpresa se dio cuando un día, en la casa, en plena fecha de exámenes, fui enérgicamente llamado por mi tía Chuma, quien vivía en la misma propiedad atravesando un patio. Sin preámbulos, me dijo: "Un sobrino mío no puede reprobar, vas a pasar a quinto año y yo voy a ser tu maestra". Allí empecé a conocer realmente a mi tía. Era una maestra jubilada que había sido directora de la escuela "Fray Toribio Benavente" No. 32, y la maestra Natalia Rascón había sido su subordinada durante algunos años. De alguna manera, la maestra supo de mi parentesco y le informó a mi tía de mi situación. Se pusieron de acuerdo y mi boleta de cuarto año salió inmaculada.

A partir del siguiente ciclo escolar tuve una segunda madre, al menos en el horario de clases (que era matutino y vespertino), mi tía Chuma —que en realidad era mi tía abuela— ya que era tía de mi madre. Parecía que mi vida tomaba la dirección correcta. Desde el mismo primer día de clases de quinto año, aparecía otro Aurelio completamente desconocido. Acompañado de mi tía llegué a la nueva escuela primaria particular "Narcisa Primero", a ocho cuadras de la casa, famosa por su disciplina y prestigio. Iba cortado de pelo —en la peluquería por primera vez— bañado, estrenando ropa y, también por vez primera, estrenando zapatos ¡nuevecitos!; además, con un artefacto hasta antes desconocido: una mochila con cuadernos, libros y útiles, sin faltar el juego de geometría, que no sabía para qué lo usaría. De pronto, me descubrí entre puros *niños bien*.

Casi todos eran llevados en autos por sus padres. ¡Hasta los de sexto año! No, no eran *chiples* ni maricones, eran seres normales, de un mundo desconocido para mí. A diferencia de los grados anteriores, mi mesa-banco estaba situado al frente y al centro del salón. Me sentía como un bicho raro y, en realidad, lo era. Todos los compañeros parecían educados. Me fue fácil adaptarme. Mi tía era una magnífica maestra. Allí comencé a conocerla realmente.

Con esa nueva disposición forzada, sin tener oportunidades de distracción y una habilidad innata y desconocida para aprender, me integré a esa comunidad estudiantil como si siempre hubiera estado allí. No faltó una ocasión en que mi tía reprochara a una alumna su falta de aprendizaje frente al pizarrón; quien, al verse ofendida le dijo: "Su sobrino tampoco lo sabe". ¡Pinche mocosa, no se lo hubiera dicho! Le prendió la mecha a mi tía, quien de inmediato me dijo: "¡Aurelio, pasa al pizarrón!, resuelve ese problema". Me levanté. Al pasar junto a ella me susurró: "¡Cuidado donde no lo resuelvas bien!". El miedo mató los nervios, de modo que lo resolví bien.

En realidad, yo sabía cómo resolverlo, ya que para ese entonces, había sido supervisado por mi tía haciendo las tareas; las que, por cierto, hacía rápido para tener oportunidad de irme a la vagancia a la calle un rato, antes de que volviera mi madre de su trabajo; quien, invariablemente, nos encontraba en la calle. Esto ocasionaba, con frecuencia, una chinga y no precisamente teórica —como las de mi tía— sino a cintarazo limpio. En muchas ocasiones entró al quite mi abuela Mariana; quien me protegía cubriéndome con sus largas enaguas, diciéndole a mi madre: "¡A Aurelio no le pegas, hija de la gran puta que te parió!, ¿qué te hizo?". "¿No lo ve que anda de vago? y ¡vea qué horas son!". "Sí, pero yo nunca te pegué". "Pues yo nunca le di motivos". "No, nunca me diste motivos, nada más el de andar de *nalgapronta*, ¿para eso querías tener hijos, de tantos padres que ni siquiera te los registraron?". A mí me valían madre sus diálogos; por lo pronto, ese día estaba salvado. ¡Quién sabe el siguiente!

Para esa edad, de casi once años, yo ya sabía de todas las vagancias habidas y por haber en el barrio. ¿Cuántas veces fui sacado de las greñas por mi madre de los futbolitos? ¿En cuántas ocasiones fui metido a la casa a base de cintarazos? Ésas sí que son nostalgias: éramos verdaderamente felices. Carecíamos únicamente de bienes materiales y de educación, porque el real cariño lo recibíamos de la manera que nuestra madre nos lo sabía dar: a chingadazos; a los que nos volvimos inmunes. Los juegos del trompo, las canicas, las *cebollitas*, el *chinchilagua*, el *chulguis*, la *rayuela*, el *mamaleche*, la *roña*, los *encantados*, jamás podrían suplirse con juguetes. ¿Cuántos vidrios propios y ajenos fueron quebrados por nuestros pelotazos? ¿Cuántas veces ocasionamos problemas que se solucionaban con jalones de greñas por parte de nuestras madres, para luego, al día siguiente, volver a la normalidad?

La calle Altamirano. Era la principal del barrio, pavimentada. En ella, a tres cuadras al sur de mi casa, había una construcción que abarcaba una cuadra completa, con un letrero de luz neón que anunciaba su razón social: *IRMA's*. Su entrada era un gran portón siempre abierto a donde llegaban, las 24 horas del día, carros de sitio locales y de El Paso, Texas —los *Yellow Cab* y *Chequer Cab*— atestados de extranjeros sajones, filipinos, negros. Era una *casa de citas*, cuyo significado yo ignoraba, pero que por tener prohibido acercarme, y por la invitación de los amigos, durante un tiempo se volvió costumbre acudir a abrirle la puerta a los pasajeros, extendiendo la mano para decirles "Guan peni"; lo que a los ilustres visitantes les parecía divertido, pues sacaban monedas de sus bolsillos y que, muchas veces lanzaban como *bolo*, al ver que formábamos una bolita todo el grupo de pinches limosneros. Esos recursos nos caían de perlas. Iban a dar directo al dueño de los futbolitos y al dueño de las bicicletas, sin dejar de servir para comprar *conchas* en la panadería de doña Domitila, con su respectiva *Coca Cola*.

Tiempo después supe que la casa de citas era un *cogedero* y lugar de consumo de drogas, y que los visitantes eran soldados acantonados en el *Fort Bliss*, listos para ser enviados a campos de batalla. Con gusto iban a lo que tal vez sería su último *palo*, y el dinero que gastaban les estorbaba en los bolsillos. Fue la época de la posguerra, de gran bonanza económica para la ciudad; ya que todo el centro y la zona roja, que era muy extensa, se encontraban abarrotados de esta clase de *turistas* que se veían en esos lugares a todas horas. Cuando ya pude conocer físicamente tanto el *IRMA's*, como los burdeles de la zona roja, sólo quedaban los vestigios de lo que habían sido; las putas tal vez eran las mismas, pero ya habían quedado atrás sus mejores años, que se llevaron sus nalgas y sus juveniles rostros: "Ojos que te vieron ir, nunca te verán volver".

Comenzó mi nueva vida. Mi tía vio en mí al hijo que nunca tuvo. Se había casado con un ferrocarrilero que trabajaba en Estados Unidos, pero muy pronto quedó viuda debido a un accidente laboral. En cuanto cursé el sexto año se retiró de dar clases, una incipiente catarata le ayudó a tomar esa decisión; aunado a que a su hermana, mi tía Nacha, se le agravaba la diabetes. Me volví su lazarillo, la acompañaba a donde iba. De pronto, me decía: "Vamos con las muchachas". De no haber sabido, me hubiera ilusionado, pero ya sabía que iba a visitar a un grupo de *cacatúas* jubiladas que se reunían a tomar café. Todas me chuleaban, pero para mí era un verdadero martirio concurrir a esas tertulias.

Se olvidaron para mí las épocas del *despiojadero*, cuando nuestra madre, sentada en una silla en el patio a pleno sol, con un trozo de tela sobre sus rodillas, nos hacía hincarnos ante ella, acomodando nuestra cabeza en la tela para luego espulgarnos. Era experta para localizar las liendres y los piojos, que muchas veces salían acompañados de un pellizco; para, enseguida, escuchar el característico sonido que producían los bichos entre sus uñas al ser triturados. De igual manera, terminaron las sesiones de corte de pelo que mi padre, Catarino, ejecutaba por insistencia de nuestra madre; ya que él nos visitaba cada quince días y ella le rogaba que en la siguiente visita no se le fuera a olvidar la *herramienta*. Yo sentía pánico cuando lo veía llegar con sus aperos, que consistían en una máquina de uso manual y unas tijeras. Era un verdadero suplicio desde el comienzo que utilizaba la máquina; pues en cada intento de corte, los dientes desafilados, acompañados de un ritmo descoordinado de sus manos, daban unos jalones de cabello tan dolorosos que parecía que los jalaba desde el culo. Las tijeras "no cantaban tan mal las rancheras"; ya que, aunque con menos intensidad, también provocaban jalones que dolían. Luego, para finalizar la tarea y deshacernos de los cabellos pegados al cuello, a falta de bledo, lo hacía con soplidos ensalivados, que siempre iban acompañados por un agradable aroma de cigarros *Faros*.

Como yo ya era *hijo de mi tía*, tuve la fortuna, aunque tuviera que bañarme todos los días, de usar jabones y líquidos contra parásitos. Hasta ese momento conocí las regaderas, porque siempre fui bañado al estilo vaquero. De pequeño, metido en la tina de metal donde lavaban la ropa y ya más grandecito, parado en la misma tina, mojándome a base de jicarazos. Igual con el corte de cabello, a esa edad incursioné por primera vez como cliente en la peluquería del barrio. ¡Qué diferencia! En un sillón giratorio muy cómodo, máquinas eléctricas, con los dientes afilados. Tijeras que no se sentían al momento de cortar. Las patillas y el cuello rasurados con navaja, también afilada, terminado con una cepillada con un bledo *entalcado* y con aroma, que nos dejaba el cuello libre de pelos y, al final, la pregunta: "¿Te pongo brillantina?". Todavía no se usaba el gel. Para el cabello rebelde se empleaba la vaselina *Parrot*, que dejaba los cabellos con la sensación de ser alambres. Todo por tres pesos. Me habían liberado de esas chingas. A mis hermanos, que ya eran varios, se los siguió cargando la chingada.

Entraba ya en la época que se denomina *uso de razón*: con mi tía sí había conversaciones, con sentido, desde luego. La acompañaba, en ocasiones, a sus compras a la vecina ciudad de El Paso, Texas; y de regreso llegábamos a algún restaurante, donde me daba clases de urbanidad y me platicaba acerca de diversos asuntos; en los que me fui enterando, hasta ese entonces, de mis orígenes, derivados de los de ella y de los cuales solamente recuerdo que sus padres fueron Felipe Frías y Felipa Carmona. Al verme escucharla con atención, me comenzó a platicar cómo había sido su vida. Sus padres, originarios de la ciudad de Chihuahua, contrajeron nupcias en esa localidad, procreando a Felipe, Cruz (Crucita), María (Mariquita), Jesús María (Chuma, ella) y la menor, Ignacia (Nacha). Todos vivieron las épocas revolucionarias. Nacieron en un ambiente humilde, católico; dedicándose, de niños —como era costumbre— a tareas del hogar y de un pequeño huerto donde sembraban hortalizas y algunas frutas. Caminaban largas distancias para acudir a la escuela. Eran épocas difíciles, ya que las reyertas eran frecuentes. Al terminar la educación secundaria, Chuma y Nacha tomaron la decisión de incursionar en el magisterio. ¡Eran excelentes maestras! Esto, ¡lo digo yo! Con dificultad recibían sus sueldos y eso cuando había recursos en las arcas municipales. Demostraban realmente el interés por enseñar y fui testigo de su esfuerzo fuera del horario escolar por regularizar a los alumnos rezagados. Lo comento no porque fueran mis tías, sino porque esa actitud no era común.

Su hermano Felipe se casó con mi tía Consuelo y, al ver el riesgo de ser reclutado para *la bola*, prefirió irse a la frontera, con la idea de cruzar hacia Estados Unidos; donde, allá sí, finalmente, entró al ejército. Pronto fue herido de bala, por eso quedó con una rodilla desviada. Así lo conocí yo: renco, ojete y *culo*. No le gustaba que los muchachos jugáramos en la calle; y allí, siempre sentado en una piedra grande que estaba en la esquina, aprovechaba cada acercamiento de los vagos para asestarnos un bastonazo. Todos lo aborrecíamos. Su esposa, Consuelo, una señora muy seria y recatada, nos trataba bien, en lo que cabe. Sus dos hijos, Raymundo y Carmen, ya jóvenes, eran muy engreídos. Ellos nos veían con celo, ya que mis tías Chuma y Nacha, le habían proporcionado a mi madre una casa donde vivir. Carmen nada más pasaba erguida frente a nosotros sin saludarnos; pero Raymundo, ése sí parecía que olía mierda cada vez que nos aproximábamos. Siempre bien vestido, trabajaba en una agencia aduanal, recomendado por mis tías. Él nunca manejó automóvil, pero era común verlo llegar en unos *carrazos*, acompañado de otros perfumados. Yo todavía no tenía malicia, pero los amigos del barrio de pronto decían: "Ya llegaron los *putazos*". Después comprendí lo que eran los maricones de mierda, los que les gusta que les campaneen las almorranas. ¿Quién iba a pensar que ese joto de mierda sería ya, en mi juventud, quien me ofreciera quedarme en su puesto laboral?

Su hermana Mariana (mi abuela) fue engatusada por un cabrón que le *movió el tapete* y le calentó el culo. Un tal Figueroa, cuyo nombre no recuerdo (si alguna vez me lo dijeron), que resultó ser un borracho empedernido, se la llevó al poblado de Namiquipa, Chihuahua; y tras enjaretarle cuatro hijos, Víctor, Justino, Gumersindo y Aurelia (mi madre), se despidió diciéndoles únicamente "¡ahí se ven!", dejándolos a su suerte.

No cabe duda de que mis tías nacieron con una pesada cruz, ya que su hermana, Cruz, nació con una malformación en la columna; por eso quedó jorobada, y su hermana Mariquita desde su juventud enloqueció; pues a pesar de haber peregrinado con médicos, yerberos, brujos, charlatanes y conexos, nunca pudieron curarla. Una vez que murieron sus padres tomaron la decisión de irse a vivir a Ciudad Juárez; llevándose, desde luego, a sus hermanas, a donde recaló también su hermano Felipe, una vez inválido, acompañado de su esposa e hijos pequeños; y luego, para rematar, años después llegó Aurelia   —mi madre— con tres hijos y uno por ser *escupido*. De todos se hicieron cargo en su momento.

En el terreno que compraron desde que llegaron, construyeron: primero, su casa, enseguida, cuartos para su hermano Felipe y otra construcción para mi madre y sus hijos; por lo que, finalmente, el terreno se dividió en tres propiedades. Mi tía Nacha arribó a la ciudad con el nombramiento de Directora de la escuela primaria rural "Abraham González", ubicada en las afueras de la ciudad. Tomaba dos camiones para llegar; primero, el de la casa al centro que se llamaba *Tiro del Norte* y luego el de *Valle de Juárez*. Y mi tía Chuma llegó como Directora de la escuela "Fray Toribio Benavente" No. 32, también alejada de la casa, muy cerca de parque Borunda; así que debía tomar también dos camiones, el del *Tiro del Norte* y el de *Parque Cárcel*. Fueron personas muy reconocidas en su tiempo, ya que la población no era tan grande y a partir de todas las generaciones de alumnos que vieron pasar. Conocieron a quienes, en un futuro, resultaron ser desde obreros hasta la crema y nata de la sociedad.

Nuestra casa estaba ubicada en las calles Altamirano y Emilio Carranza, en el barrio *Tiro del Norte*, al sur-poniente de la ciudad; cuyo nombre obedecía al de un campo donde los militares utilizaban para practicar el tiro al blanco. Era un barrio pobre, al igual que casi todos los de la ciudad, sin ser de los más jodidos. La mayoría de las construcciones eran de adobón, de tierra y paja; las cuales se distinguían de las de los más pudientes, que eran de ladrillo o de *block*. Por lo general, las de adobón no contaban con distribución, eran construidas en cuartos seguidos, sin pasillos, desde la sala, pasando por las recámaras, hasta llegar a la cocina, algunas con comedor antes de la cocina. A diferencia de las otras, que —por lo regular— tenían distribuidas las habitaciones, comenzando a la entrada por una sala-comedor, un pasillo que separaba, por un lado, la cocina y, por otro, las recámaras; sin dejar de haber algunas de dos plantas. A dos cuadras al oriente estaba una gran loma con planicie; donde, en un principio, se construyó la "Colonia del policía", con casas tipo INFONAVIT, pero con mayor superficie; misma que desapareció para, posteriormente, construirse una escuela secundaria técnica, en donde estudió la menor de mis hermanos, Rafaela.

En el barrio, la población era verdaderamente democrática. Había toda clase de personalidades: desde familias honorables, hasta las de malandros, que después se convertirían tanto en profesionistas, como en verdaderos delincuentes. Durante la niñez estábamos todos revueltos. Uno de los personajes fue el *Lupillo*, hijo de doña Lupe y don Andrés, señor que trabajaba allende la frontera; quien, como todos los que tenían la *green card*, trabajaba en la vecina ciudad y vivían en Ciudad Juárez. Este *Lupillo* — por cierto, nieto de don José y de doña Domitila, propietarios del expendio de petróleo del barrio— en incontables ocasiones fue detenido por la policía y llevado al tribunal para menores; pero más tardaban en ingresarlo que su padre en pagar las multas y liberarlo. A la postre sería, junto con su hermano *el Andresillo*, en el terror del barrio, asaltando con navaja en mano a quien tuviera enfrente, incluyendo a conocidos. El policía del barrio lo detuvo en una ocasión, misma en que fue liberado por su padre. En cuanto salió, buscó la oportunidad para sorprender al policía y con un *bat* le quebró una rodilla. Lo detuvieron una vez más y, de nueva cuenta, su padre entró al quite y mediante una consabida *lana* lo liberaron. Esa lacra duró en el barrio como treinta años; hasta que, finalmente, resultó acribillado a navajazos. El mismo destino fue para su hermano *Andresillo*, así como para *El Huevo* y *El Gabacho*; el que, por cierto, siendo un niño de siete años, sorprendió a su mamá (Rosa) cogiéndome, cuando yo tenía la edad de trece años; ese acto fue mi primera comunión, no literalmente tragándome la hostia, sino con unas verijas.

Martín reprobó el quinto año, así que salimos juntos de la primaria. En vacaciones largas dejé de ser hijo de mi tía, volví a los dominios de Aurelia. Como nuestras vagancias la tenían hasta la madre, en ese período decidió mandarnos de viaje. Habló con su hermano Gumersindo, quien vivía en el valle de San Buenaventura, para solicitarle que nos recibiera y, de pasada, nos diera unas clases de obediencia. Nosotros no lo tomamos como castigo, al menos al principio durante el viaje. Pensábamos que nos iba a ir *padre* en el *rancho*. Ya soñábamos paseando a caballo y haciendo vagancias. La triste realidad la encontramos de inmediato.

El rancho consistía en una casa de tres cuartos donde apenas cabían sus moradores, dos mulas que jalaban una carreta y un pequeño patio donde sembraban algunas hortalizas. Nos recibió mi tío en la terminal de autobuses. Nos presentó a la tía Isabel —quien, por cierto, fue la única que nos hizo buena cara— a sus dos hijas, Margarita e Isabel, feas como su madre, güeras descoloridas. Desde la mañana siguiente, al amanecer, advertimos lo que sería nuestro paseo. Enganchada la carreta a las mulas, unos itacates y listos para la partida. Duramos una hora para llegar a la parcela del tío, donde sembraba no me acuerdo qué; el caso es que cargando azadones fuimos conducidos directamente a los surcos. *Jamás de los jamases* habíamos cargado con semejantes armas. Sentí el azadón más pesado que yo. Nos dijo el tío: "Los mandaron para que se enseñaran a ser hombres, para ponerles una chinga y tengan en cuenta lo que se esfuerza su madre para mantenerlos". Me imagino la cara nuestra nada más viéndolo, no había remedio, ¡a ponerle! Luego de las instrucciones, a deshierbar. Lo juro: los pinches surcos se alargaban por kilómetros. Al frenarme cada dos metros, escuchaba el grito: "¡Síguele cabrón!". ¡Pinche viejo!, si desde que lo vi me cayó en los huevos, ahora con justificada razón.

No tenía mucho calor, ¡sentía que me quemaba con el pinche sol! No sé cómo se terminó la jornada. Nos dirigimos al refugio. Un pequeño cuarto de adobe con una mesa y unas sillas. Abrió un itacate, diciéndonos: "Es la primera comida que desquitan". Sacó unas galletas tan duras como piedras, calentó un té de alguna yerba, que para lo único que sirvió fue para ablandar las *piedras*; que, la verdad, no tenían sabor alguno (pura masa), para después emprender el camino de regreso. A dormir plácidamente en una cobija colocada en el suelo, con un pinche miedo de que fueran a presentarse bichos como alacranes o tal vez víboras; nada más me faltó cagarme del temor. A falta de cuarto de baño, a zurrar en una letrina que casi rebasaba de mierda la superficie. Sólo Dios sabe cómo extrañaba los chicotazos de Aurelia, a los que ya era inmune.

No había espacio para diversión; los domingos, que eran de asueto, la misma chingadera: el centro del poblado con unas pocas personas. Un templo muy culero, como en todos los pueblos *pinchurrientos*; a diferencia de otros donde son unas verdaderas edificaciones —como en el centro del país, donde los pinches españoles encontraron riqueza en metales y un chingo de esclavos indígenas para construirlos— y no así en nuestras desérticas tierras. El único lugar concurrido: el salón de billar. El séptimo día transcurría como si fueran apenas unos minutos, para volver a lo mismo: la carreta, el trayecto, los surcos, la mierda convertida en galletas y los sermones del tío. Como "no hay plazo que no se cumpla, ni fecha que no se llegue", aunque esa estancia pareció ser eterna, por fin se acabó el martirio. Le prometimos al tío no volver a ser desobedientes; le podríamos haber jurado todo lo que quisiera, con tal de largarnos de allí. El viaje de regreso lo sentí como si fuera en un camión de primera categoría. Los asientos desvencijados parecían mullidos, el desolado paisaje parecía un paraíso.

Al llegar, sabíamos que nadie iría por nosotros; mi jefa y los hermanos mayores jalando, los menores vagando, todo igual. La euforia de nuestro regreso la demostraron los amigos de vagancia; para los de casa tal vez fue incómodo. Nos preguntaban nuestros compinches: "¿Cómo les fue?". "¡A toda madre!, pinche rancho de *poca*, caballos, ganado y un cantón de *aquella*". De seguro no me creyeron nada, ya que la vestimenta era igual o peor de la que llevaba, mis manos estaban *granientas*, tenía como mezquinos que me duraron mucho para quitárseme, y que me dejaron unas eternas huellas.

Todo volvió a la normalidad. El encuentro con nuestra madre fue —quizá por única vez— tranquilo, preguntándonos cómo nos había ido, tal vez apenada al ver nuestra apariencia. Ella sí sabía por las que habíamos pasado, recomendándonos que nos portáramos bien. Unos años después le tocó a mi madre corresponder a la atención de mi tío. Recibió de visita a las primas Margarita e Isabel. No sé de dónde salió el chisme; el caso es que mi madre me comentó que una de esas primas dijo que yo me la había querido coger cuando estuve en su casa. ¡Pinche vieja pendeja!, si supiera de mi repulsión no hubiera abierto el hocico. Desde esa edad ya advertía la fealdad femenina y hasta el modo de vestir de cualquiera me ocasionaba disgusto. Las pocas veces que vi a mi mamá y a mi hermana Hermila *arregladas* para ir a algún evento, vestidas —según ellas— de fiesta, usando tacones altos que no sabían calzar, decía en silencio: "¡Qué culeras se ven!". Ya desde ese entonces tuve el problema de que me gustaran las mujeres bien presentadas, con porte, con vestimenta sexy.

Volví al rebaño de mi tía Chuma. Me inscribió en la Escuela Comercial Administrativa (ECA), ubicada en la avenida Juárez y Canal. Estudié la carrera comercial y recibí un diploma de mecanógrafo, aprendí algo de contabilidad, archivonomía, inglés; la mecanografía fue la que, a fin de cuentas, me sirvió para futuros empleos. A Martín, por su parte, mi tía Nacha lo acomodó en la escuela de Artes y Oficios en la ciudad de Chihuahua; por lo que durante los tres años siguientes conviviríamos sólo durante los períodos vacacionales. A los trece años, aproximadamente, tanto Martín como yo, incursionamos en el apasionante mundo de la puñeta. Ambos traíamos en los genes heredados la calentura; sobre todo, por nuestro padre, Catarino. ¡Cuántas veces nos masturbamos juntos, en verdaderas competencias para ver quién aventaba más lejos la *leche*! Nos salvamos de milagro de la máxima que dice que "más de cinco puñetas diarias es peligroso, que se puede volver uno loco". Bueno..., yo me libré; Martín, finalmente, fue víctima de esa enfermedad, no sé si se debió a eso, pero creo que fueron otros motivos.

Entre mis doce y dieciocho años, los recuerdos que me llegan son eventos de diversa índole. Al tiempo de acudir a la escuela comercial, la vagancia seguía. Recuerdos…

A mi hermano Victoriano, el mayor de todos, quien desde muy joven sufrió un accidente, lesionándose un testículo que le provocó un impedimento físico para caminar; además de cierto trastorno mental que lo llevó a un centro siquiátrico (manicomio), a donde yo acompañaba a mi madre cuando lo visitaba.

A mi hermana Hermila, quien seguía trabajando de maestra al tiempo que estudiaba la Normal.

Mi hermana Guillermina, a quien mi madre llevó al internado "La Casa de Jesús", dirigida por monjas, donde uno de los aprendizajes fue la costura.

Me recuerdo haciéndoles mandados a los vecinos, como a José el taxista; quien, posteriormente, fue apresado por asesinar a su amante, dejando sola a su esposa Licha, a quien había sacado de un burdel, con sus dos hijitos. A doña Arcadia la taquera, a doña Domitila y a don Odilón, los dueños de la panadería. A doña Felícitas, a don Ytadio y muchos otros, quienes veían en mí a un muchacho activo y listo para las propinas.

Época en que, al visitar la peluquería del barrio —de razón social ARMEN— por camaradería con los peluqueros y por el clima, a insistencia del dueño, Arturo Mendoza, me hice aprendiz en mis ratos libres. A este señor le gustaba que le *campanearan las almorranas*, por lo que escogía jovencitos. A mí me respetó, sin que eso significara que dejara de pedirme que me lo cogiera; sencillamente, me aceptó como amigo, quizás porque conocía a mis tías y no quería meterse en algún pedo. El caso es que me hice peluquero, trabajando sábados y domingos. Allí se daba un buen ambiente de trabajo y de relajo. Con la escuela de don Arturo nos hicimos expertos investigadores. No había cliente que no soltara la sopa de chismes y verdades de lo que acontecía en el vecindario. "Que doña Clotilde le está dando las nalgas a don Ramón", "que el profesor se está cogiendo a la mamá de Quico", "que el zapatero, don Javier, agarró a su esposa dándole las nalgas al hijo de don José el petrolero", y un sinnúmero de *informes* por los que teníamos conocimiento de todo lo que pasaba en el barrio.

Luego de una temporada practicando la *tauromaquia* (por aquello de cortar orejas a diestra y siniestra), sin diploma alguno, se me dio el título de peluquero; por cierto, ganado a pulso, ya que para eso tuvieron que pasar infinidad de greñudos piojosos jalados de la calle al azar. El corte de pelo o rasura costaba tres pesos, la mitad para la casa y la mitad para el operario. Las propinas eran escasas, uno que otro riquillo dejaba el cambio de los cinco pesos. De cualquier manera, entre sábados y domingos ya ganaba cerca de cien pesos, que jamás los había visto juntos (al menos míos).

Se estableció en el barrio un taller de reparaciones *Televiradio*. Ahí trabajaban: el propietario, Genaro Ricarte, y un empleado de mi edad, Adrián; quien a la postre sería mi compadre por haber bautizado a mi hijo. El taller estaba situado frente a la casa de la Güera Rosa, quien me ofrendó mi primera experiencia sexual. Ese taller fue otra de mis guaridas. Allí sí, no me interesó esa actividad, únicamente iba a pasar el rato. A cuadra y media de distancia vivía otra mujer más o menos de los mismos bigotes que la Güera. Pasaba por el taller por lo regular vestida con *shorts*, piernuda la señora, contoneando un poco más de lo normal el nalgatorio. Adrián y yo nos apostábamos en la puerta cuando veíamos que se aproximaba; y ella, al pasar, muy atenta nos saludaba. Sabía que nos parábamos allí para verla.

Un tiempo después de mi experiencia con la Güera, de pronto escuchamos gritos. Lo primero que vimos al salir del taller fue una batalla campal entre las dos rucas, la Güera y la señora mencionada. De volada, aparecieron espectadores de todos lados. Jalones de greñas, blusas rotas. Era un agradable espectáculo morboso. Se supo de inmediato el motivo: el repartidor de hielo que veíamos entrar a la casa de la Güera, y que duraba hasta dos horas, según la bitácora que le teníamos, también se estaba cogiendo a la otra vecina. Las dos vivían con sus parejas, quienes trabajaban allende el Bravo. La señora seguía pasando frente a nosotros y en una ocasión llegó para preguntar algo acerca de un aparato.

Yo, ya con la libido despertada, le hice plática. No sé cómo se dio esto, el caso es que me preguntó si podía ir el día siguiente a su casa a las nueve de la mañana; a lo que, por supuesto, asentí. Llegué puntual, me dio el pase y en cuanto puse el primer pie dentro, me comenzó a desabotonar la camisa. Me desvistió, se desnudó, me jaló a la cama y "en menos de lo que canta un gallo", estábamos cogiendo. No era una sesión de sexo, era de instinto, desesperada, besándome lo que estaba a su alcance, gimiendo, arremetiendo hasta que llegó el espasmo. Ya platicando, como la cosa más normal, me explicó el problema con la Güera. Hasta ese momento supe que estaba casada y que su esposo se había ido al trabajo dos horas antes. Yo nada más escuchaba, me sentía medio *deslechado*. Allí sí, ella advirtió en qué momento iniciaría el segundo *round*. Me dio o nos dimos otra revolcada. Lo del esposo pareció no habérmelo dicho, porque esas sesiones se repitieron algunas veces. Yo no sé si el hielero o yo agarrábamos *mojado*, porque el hielero llegaba con la Güera al mediodía. Cuando lo supo Adrián, me dijo: "Ponte trucha, no les vaya a caer el marido". Ya con la calentura, a esa edad, pareció no advertírmelo; afortunadamente, nunca hubo pedo. Dejamos de referirnos al hielero como tal; decíamos, cuando lo veíamos llegar: "Llegó el lechero". ¡Quién sabe a cuántas otras les haría *entrega*!

Después de esas aventuras y con el cuarto que me acondicionó mi tía, justo en la esquina y con salida a la calle, y con un chingo de vecinas candidatas, ese cuarto se volvió hotel de paso. Ya ganaba lana, vestía bien, tenía auto, estaba joven, bien parecido y, sobre todo, calenturiento; no faltaba nada. Hasta me daba el lujo de rechazar solicitudes. Desde ese momento me *perdí*. Ese artefacto demoniaco que se llama culo me persiguió y me encontró durante casi toda mi vida.

Mi tía Chuma me regaló un radio de transistores, muy bonito, con su funda de piel. Lo cargaba como un tesoro, tenía muy buen sonido. Gracias a ese aparato memoricé todas las canciones, tanto de la época, como las del recuerdo. Me sentía muy chingón llevándolo encendido. Ahora entiendo por qué los chavos —con sus celulares i Phone, i Pad, o como se llamen, o sus tabletas— al igual que yo lo hacía, hasta cuando están cagando los utilizan. La estación radiofónica que más recuerdo es la XELO, a su locutor, Jesús Soltero Lozoya; quien se ufanaba de ser originario de la capital del mundo, Parral. Con 80,000 watts de potencia, que no sé qué significa, pero se escuchaba muy claro y, al parecer, en un espectro muy amplio. Lo que significa que hay que adaptarse a los tiempos. Seguramente, en tiempos anteriores algún chamaco que se transportaba en burro se sentía como en un

Cadillac. *Tiempos veredes, Sancho.* Así que es pendejo referirles a los chamacos de hoy cómo vivíamos los viejos, hay que entender que ellos nos ven como antediluvianos.

Entre mi aprendizaje de peluquería, la escuela comercial, la vagancia, aconteció que mi hermano Victoriano, una vez que estuvo más o menos recuperado, había salido del manicomio y me invitó a trabajar al Campestre Juárez, donde él laboraba como *milusos*. Se trataba de ir los sábados y domingos como *caddie*, cargando las bolsas de palos de golf. Cuando me vio don Camilo, concesionario del restaurante-bar, le dijo a Victoriano: "Está muy chavo, se ve muy puñetas, a ver si puede con el jale". Tenía razón. El jale se me hizo muy pesado; cargar las bolsas atiborradas de palos de golf, en un recorrido de dieciocho hoyos, se me hizo un trabajo para burros. No aguanté el ritmo. También estaba en lo cierto en cuanto a lo de puñetas, era la época pico de mi vida en actividad puñeteril, estimulada ampliamente por las pocas cogidas que me habían dado. Durante esa etapa, ¡ni esperanzas de haber caminado por dieciocho hoyos, ni peludos! Lo único que superaba esa cifra eran las jaladas de pescuezo al *ganso*.

Don Camilo, al ver la situación, se compadeció y dijo: "No, no está puñetas, lo que está es débil, pero se ve *despierto*. Que se venga mañana para ponerlo en el puesto de sodas". Al día siguiente me llevaron al hoyo número nueve, donde estaba un puesto de venta de cervezas y refrescos. Se surtieron las hieleras y a esperar clientes. En un rato más comenzaban a llegar los golfistas. Algunos, eufóricos por su desempeño, presumiendo sus hazañas que *dos bajo par* y tantas otras chingaderas que hasta la fecha no sé qué significan. Otros, rumiando sus fracasos. Había de todo: verdaderos deportistas, aprendices, sin faltar los pinches políticos que nada más van a hacerse pendejos (en cuanto al juego, porque en las transas son astutos; sobre todo, si las hacen con el complemento del binomio, los empresarios). Y, por supuesto, los burros que les cargaban las bolsas. Y "como en botica, había de todo". Espléndidos que invitaban lo que quisieran a sus esclavos, así como pinches avaros que les valía madres que sus ayudantes se quedaran con la lengua de fuera.

El puesto estaba situado junto a una laguna, donde caían frecuentemente pelotas. Algunos de los tacaños obligaban prácticamente a los *caddies* para que las recuperaran, otros las dejaban allí; y como el hambre es cabrona, elaboré una garrocha uniendo ramas con un bozal en la punta. Así que cuando no había mirones, ¡a recuperar pelotas!; que si eran marca *Spalding*, los *caddies* de volada las compraban para vendérselas a sus patrones. Había ratos de verdadera calma; los que, por supuesto, invitaban a una suculenta puñeta, estimuladas por el recuerdo de mis vecinas, la Güera y la Piernuda. Eso duró "lo que dura un verano en llegar a un invierno", para luego incursionar en la cocina de don Camilo. Este señor vivía justo frente a la escuela "Narcisa Primero" y no pocas veces me dio *raid* de regreso a la casa; sobre todo, cuando había fiestas y el turno terminaba casi de madrugada. Siempre andaba trajeado, así como invariablemente andaba *a medios chiles*. Muy amable conmigo. Una vez me preguntó: "¿Está estudiando?". "Sí", le contesté: "Estoy estudiando comercio". "¿Dónde estudió la primaria?". "En la 'Narcisa Primero'". "Ah, es la mejor escuela, allí estudiaron mis hijos, está frente a mi casa". Me aconsejaba que siguiera estudiando, sin dejar de recomendarme que no me fuera grande con la puñeta. Desde luego que me lo decía jugando, porque me veía muy sano; pues estaba seguro de que sí lo hacía, aunque, ¿qué muchacho normal no lo hace?

¡Pos' sí los hay! Tengo el privilegio de conocer a algunos, que de inmediato se les ve que tienen el cerebro *enlechado*.

En esos ambientes culinarios, con el nombramiento de "ayudante de cocinero", además de lavar platos, ayudaba a elaborar platillos. Inesperadamente, me vi en otro mundo muy lejano al del arrabal: lujosas construcciones, grandes espacios verdes, la caca y mierda de la sociedad, una cocina enorme y lujosa, con utensilios jamás vistos. De seguro me vi como nuestro presidente Peña en la Feria del Libro: fuera de lugar. Lo bueno es que encontré camaradería, si a eso se le puede llamar al hecho de que meseros, cantineros y cocineros, amigablemente, me decían: "Chavo, hágame esto y esto otro"; obviamente, anteponiéndole el "por favor". De cualquier modo, me sentía diferente, ya que mi madre —por lo regular— me mandaba a cabronazos a hacerle algún mandado.

A propósito de mi madre, nunca le he expresado algo como: "Madre, hasta cierta edad comprendí que a tu manera demostraras la maternidad del modo más animal, defendiendo a tus cachorros hasta la muerte. Tu situación nunca te dio la oportunidad de mimos, porque lo imprescindible era darnos el sustento, así fuera trabajando de sirvienta, ya de mi padre o de ajenos. Nunca aprendiste a educarnos, más que a chingadazos, porque eso merecíamos. Nunca te vi golpear ni a Victoriano ni a Emilia, tus primeros hijos, que durante su infancia te acompañaron en las penurias y aprendieron a trabajar como tú. Cuando nacimos tus demás hijos fue otro ambiente; aunque también con limitaciones, no igual. No sé de qué tela nos cortaron que nos inclinamos a la vagancia, aprovechando tus ausencias debidas a tu necesidad de darnos de tragar. Y como tu servidumbre hacia mi padre incluía darle las nalgas, hijos y más hijos, a cambio de una ayuda mínima, tenías que seguir trabajando. Te recuerdo como a la madre del hijo pródigo, en su tiempo y en su turno, mostrando tu desesperación por protegerlos, como a mí en alguna enfermedad y a todos los demás que no les faltaron momentos críticos en su vida. No cabe duda de que el instinto de preservación que ordenan las leyes naturales se da en la madre. Admiro tu perseverancia y todos tus actos hacia nosotros, que no pueden ser por otra causa, sino por amor".

El horario de labores no era para mí horario de trabajo. Disfrutaba mi estancia en el lugar. Me sentía útil, trataba de servirlos a todos. Me fijaba cómo se hacían las cosas. Nunca aprendí, pero ése es otro pedo. Uno de mis recuerdos es que trabajaba en la cocina una señora, doña Vicky, de edad mayor (al menos para mí), chaparrita, muy nalgona. Chonito, el cocinero, aprovechaba cada pasada de la señora para agarrarle las nalgas y ella reaccionaba muy ofendida. Pronto me di cuenta de que su resistencia obedecía a mi presencia, ya que al convivir un tiempo más, su comportamiento fue moderándose; es decir, ya no la hacía de pedo cuando le daban sus *llegones*.

En una ocasión, desde la puerta se escuchó el grito de un mesero ordenando "una tampiqueña para el pinche presidente municipal". "Trabaja", se escuchó la respuesta del cocinero, pero agregó "chavo: ¡prepáresela!". Ni tardo ni perezoso mojé la plancha con la brocha de aceite y saqué el corte del *refri*. Al tiempo que se freía, comencé a preparar el guacamole y, cuando instintivamente dirigí la mirada hacia donde había provenido el grito del cocinero, éste se encontraba con los pantalones hasta los tobillos y doña Vicky, empinada, con la falda levantada. La tenía ensartada hasta donde dice lonches. Me vio Chonito para nada más hacerme la característica seña de que me callara, a lo cual obedecí, no sin dejar de mirar de reojo todo lo que sucedía. Ese platillo tardó en elaborarse más de lo normal, hasta donde se pudo, porque el mesero preguntaba por él. Una vez finiquitadas las dos faenas, me dijo el cocinero "no la vaya a hacer de pedo, chavo". Yo, ya con la calentura asentada en mis entrañas, únicamente le dije "no se preocupe, nada más deme chanza de verlos cuando se la coja". Se rio.

De allí pasé al bar. Ya conocido por todos los empleados de don Camilo, me fue fácil congeniar con todo mundo. Ya era directo el trato con el público, y ¡qué público! Todos los poderes fácticos reunidos: los Bermúdez, el jefe del clan, don Antonio, expresidente municipal y exdirector de Pemex, en plena época de las "vacas gordas", cuando no había pedo en ese mundo de corrupción, ni siquiera señalamientos; Quevedo, expresidente municipal, padrino de aspirantes a puestos de elección, gran terrateniente heredero de la Revolución; los Zaragoza, junto con los Fuentes, también latifundistas y dueños de las empresas gaseras que distribuían (y distribuyen) gas hasta Centroamérica; Mascareñas, expresidente municipal; De la Vega, beneficiario de la "Ley seca", monopolista de la venta de cerveza en la ciudad; los Iglesias y muchos más; sin faltar los achichincles de cada uno, funcionarios como el jefe de policía y de otras dependencias, sin faltar los oportunistas. ¡Toda la delincuencia organizada, pues!

Aunque, para mí, lo más extraordinario era ver los verdaderos culos vestidos de gala, dejando poco a la imaginación. No pocas veces recibí un coscorrón por estar fisgando nalgas, desatendiendo mis labores. No podía ser posible verme en el burdel de mayor categoría que existía, nada que ver con las putas corrientes de la casa de citas de mi barrio, ni con la zona roja. Éstas sí que eran putas, ya que no cobraban, sino que les encantaba la verga, ajena, por supuesto.

Cuando comencé a trabajar de oficial peluquero, seguí yendo ocasionalmente; por lo regular, cuando había esa clase de eventos, don Camilo me mandaba llamar. El sábado me iba temprano de la peluquería y el domingo, casi sin dormir, acudía a la peluquería. Habría que ver cómo quedaban los cortes, el caso es que mi bolsillo se sentía bien. Terminé de estudiar Comercio, de donde se derivó un título de mecanógrafo. Por lo pronto, las cosas seguían igual. Con la llegada de un nuevo miembro a la familia —mi cuñado Rodolfo Carrillo, novio y después esposo de mi hermana Hermila— apareció también, por parte de él, el consejo, la sugerencia o el ánimo para que entrara a la escuela secundaria. Fue un reto, ya que al salir de Comercio me veía con más tiempo disponible no para trabajar, sino para andar de *buscanalgas*. Entré a estudiar a la Secundaria Estatal No. 4, donde trabajaba Rodolfo.

Una anécdota tengo presente de esos tiempos. Un diputado departía alegremente libando con las putas de la casa de citas *IRMA's*; por cierto, propiedad de una señora con ese nombre, que a voces era sabido, era amante de un presidente. Como era alegre y le gustaba la música, mandó llamar a un grupo conocido de él para que amenizara tan gratos momentos. No podía pedir más: político, influyente, rico, con todas las viejas a su disposición, sus achichincles barberos y un promisorio futuro. ¡Pura felicidad! Doña Hortensia, vecina del barrio, mandó a su hijo Nacho por sus nietas al kínder que se encontraba en la esquina de las calles Emilio Carranza y Altamirano. Eran las dos de la tarde. Frente a esa esquina estaba la que después sería mi recámara. Afuera, en la misma esquina, había una piedra del tamaño de un banco, que el tío Felipe (el gruñón), utilizaba para sentarse y desde allí tirar bastonazos a cuanto chaval pasara. Nacho, con todas las precauciones que ameritaba el cuidar a las niñas, tomándose de la mano con todas, les ordenó que no se bajaran de la banqueta, ya que un automóvil que venía del sur a gran velocidad, se aproximaba al cruce.

Yo, por mi parte, iba caminando hacia la casa, después de salir de la escuela, por la calle Altamirano a la altura de la calle Mauricio Corredor, con mi sempiterno radio de transistores; de pronto, fui rebasado por una ambulancia y un carro-patrulla, ambos con torretas y sirenas encendidas, lo que no era muy frecuente. Me movió la curiosidad y bajé de la banqueta para verlos alejarse. Mi sorpresa fue ver que justo en la bocacalle de mi casa estaba un gentío. Corrí en chinga para ver qué había sucedido. Había llanto, gritos, desesperación. La gente enardecida quería bajar del auto —que estaba justo en la piedra y con todo el frente abollado— al conductor. Para el momento en que llegué, ya la policía lo estaba protegiendo de un posible linchamiento. Dentro del auto, además de los pasajeros, se advertían instrumentos musicales. El conductor, entre balbuceos, les gritaba a los policías: "¡Soy diputado!". Con más razón los genízaros lo protegieron. Todas las actitudes de la gente no eran para menos. El automóvil que venía a gran velocidad invadió el carril contrario alcanzando a subir a la banqueta donde Nacho sujetaba a las niñas. No sé de qué manera Nacho sufrió solamente una fractura en una de las muñecas; el caso es que casi todas las niñas le fueron arrancadas de la mano. Cuando menos a una de ellas la arrastró precisamente hasta la piedra del tío. La exposición del cráneo sobre la piedra era espeluznante, junto con otras dos fallecidas en el pavimento. En el momento que vi la escena, me arrepentí, volteándome a ver lo que sucedía con los pasajeros. Fueron minutos de verdadera angustia para muchos; incluso, para el propio conductor que seguía vociferando que era diputado. Para esos momentos ya llegaban más patrullas, cuyos ocupantes formaron una valla para rescatar al honorable diputado y sus acompañantes, subiéndolos a las patrullas y enfilando con rumbo desconocido. Los socorristas, atendían a las dos niñas sobrevivientes y a Nacho. Llegaron reporteros, todo mundo haciendo expresiones de denuesto y de coraje. La señora Hortensia a punto del desmayo y todos los rostros de consternación. Finalmente, los cuerpos fueron levantados. Después de toda clase de manifestaciones en los diarios, todo quedó —como seguramente queda en casos como ése— en el olvido. Por su parte, el tío Felipe, por la tarde bañó la piedra para volver a disfrutar de sus tardeadas. Cuando lo vi limpiándola, me dije: ¿por qué no sucedió a estas horas?

A mis veinte años, ya con cierto recorrido en fiestas y bailes, me fui a bailar a la caza de nalgas al autohotel La Fuente, en el recién inaugurado bar Silver Fox. Un ambiente muy propicio para el faje: luz tenue, un grupo musical tocando melodías acordes al lugar, un chingo de viejas. El ojo avizor, *trucha*, en busca de la presa, advirtió la presencia de una muchacha muy *cuero*. "¡De allí soy!", me dije. La saqué a bailar. Desde el mismo primer contacto supe que había elegido bien, ya que nuestros cuerpos se unieron desde los cachetes hasta las verijas, lo demás vendría solo. Luego de bailar algunas piezas, con los arrimones, el pito parado —que era bien recibido con contoneos rítmicos, plática directa a las orejas y la llegada de un calor a pesar del clima del lugar— de pronto, se me adelantó: "¿Vamos afuera?".

Ese negocio funciona como *drive in*, bar y motel. En la parte de afuera hay un gran espacio arbolado donde se estacionan los autos y desde allí pueden pedir servicio a los meseros, que están atentos para ver cuál auto enciende las luces direccionales en señal de requerirlos. Mientras no haya esa señal, los meseros no se aproximan, es un valor entendido que esa área es para coger. Desde el mismo momento de la pregunta supe que quería ir a coger. Y cómo le iba a decir que no, si yo se la iba a proponer desde que me dijo "¡cómo hace calor!". Nos encaminamos al coche. En cuanto nos subimos e hice la señal indicada, se aproximó el mesero. Pedimos unas bebidas y en cuanto se alejó el mesero comenzó el faje. Yo siempre fui muy rápido para esa acción; pero, para mi sorpresa, se me adelantaron. Cuando menos pensé, me habían desabrochado el cierre. Sin decir "agua va", *sacome* (me sacó) el pito ya parado y se prendió. En ese entonces yo estaba tan pendejo que la mamada no la practicaba, me quedé sorprendido y la dejé que siguiera hasta que me vine. No sé qué tanto lo disfruté porque mis intenciones eran coger y no se hizo. Una vez que me sacó esa pasta para sus dientes, se acomodó en su lugar para, igual que yo, tomar las bebidas. Hasta ese momento comenzamos a platicar. Me dijo su nombre, que pasó a ser como cualquier otro. Al hacernos algunas preguntas, resultó que habíamos sido vecinos. Cuando mencionó las calles Altamirano y Emilio Carranza, me dije "¡no puede ser!". Resultó ser una de las niñas que se salvaron del accidente, sobrina de Nacho. Se habían ido a vivir a El Paso, Texas. Me dio su teléfono. Estaba guapa, valía la pena buscarla de nuevo; pero era tal el material existente de este lado del puente que nunca intenté contactarla.

Ya graduados como peluqueros llegó un amigo de don Arturo, que tenía fama de proveedor de operarios, para preguntarle si tenía dos chavos *extras* que trabajaran sábados y domingos en una peluquería recién instalada en el área de El Chamizal, pasando el puente libre, en el recién abierto centro comercial *Amigo*; primero en su género en la ciudad, donde la tienda ancla era un supermercado, acompañado de diferentes tiendas (como discoteca, florería, restaurante, sala de belleza, peluquería, lavandería y otros), que resultaron ser muy concurridos por los turistas, por los precios. "Tengo estos dos chavos", le dijo don Arturo, señalándonos a Toño y a mí. Toño era uno de los amigos del barrio, contemporáneo, hijo de doña Felícitas. Se convirtió en mi inseparable en los bailes hasta que, ya casados, después de seguir un tiempo de *desmadrosos*, tomamos rumbos distintos. Él y su esposa fueron padrinos de mi boda. Por cierto, a él no lo aguantaron mucho tiempo, lo divorciaron. Su *ruca*, que estaba dos que tres, se me insinuó; quería darme las nalgas, pero *¡nel!*, no le podía ser infiel a mi *ñero*.

Nosotros no sabíamos ni qué pedo, el amigo se retiró diciéndonos que nos esperaba el sábado a las nueve de la mañana; eso sí, bien presentados, con corbata. Luego, don Arturo nos dijo: "Está pelada, son puros clientes gringos, puro peloncito, con el dos o con el uno y con un copetito. Casi todos los adultos, corte de soldado. Si les llegan a pedir un *flat top*, ¡como les salga, no hay pedo!". Después, nos dio nuestra coba, nos dijo: "Los escogí a ustedes porque son los mejores en presentación, ni modo de mandar a estos mugrosos prietos de Lorenzo y Héctor". Nos dio algunas otras recomendaciones y ¡listos para emprender la aventura! Desde que llegamos nos quedamos con el ojo cuadrado: una súper peluquería nuevecita, con doce sillones, aspiradoras para el cabello, jabonadoras eléctricas, asentadores para las navajas; en fin, todo casi desconocido. Al tomar nuestro lugar, confieso que me dio pena abrir una mochilita que llevaba, que contenía dos máquinas, una *Wall* y otra *Andis*, dientes, navaja, bledo. No hallaba si sacarlas o no, podía enmugrar el lugar.

Desde la misma hora de apertura llegó el desfile de clientes. Puro turista. Un chingo de güeritos, que, como nos dijo don Arturo, pedían el corte *real close*, que no entendimos qué era, pero casi los rapábamos y salía bien, y si no, de todos modos bien. Resultó ser una verdadera chinga, corte tras corte. El encargado, un viejo mamón, desde que nos presentamos nos pasó revista. A mí me acomodó la corbata y luego de situarnos en nuestros lugares, pasaba revista cada rato. Allí sí había horario para comer; nos turnábamos. Había un restaurante igual de nuevo y presentable. Coincidíamos con algunas empleadas del salón de belleza y como desde esa edad éramos huérfanos, es decir, *no teníamos madre*, hicimos algunas conquistas. No sé por qué los culos tenían que aparecer por todos lados, al menos dispuestos. Luego, el final del turno, el premio.

Ni siquiera habíamos hecho cálculos del ingreso. En la peluquería del barrio se cobraban tres pesos por servicio. En un buen día podíamos ganar veinticinco pesos. En esa otra peluquería el costo era un dólar con cincuenta centavos por corte, era raro quien no dejaba propina. Finalmente, entre los dos días habíamos ganado cerca de sesenta dólares; que, convertidos, daban setecientos cincuenta pesos. Con esa cantidad se podía comprar un auto, viejo, pero funcionando. De pronto, nos volvimos los nuevos riquillos del barrio. Cuando lo visitábamos entre semana, en la peluquería, alguno nos decía: "¿Van a jalar?". De volada la respuesta: "¿Qué, pendejo?, nosotros somos de categoría, ¿cómo vamos a pelar piojosos mugrosos? Nosotros no nos rebajamos. ¿Nosotros limosneros?, ¡jamás!". Don Arturo se cagaba de risa. No más ayudante de cocinero ni de cantinero; ahora eran: la escuela, la peluquería de *catego* y las nalgas.

¡Ya valió madre!

No podía ser todo felicidad. Tenía que aparecer el pelo en la sopa. Y todo por marrano, sucio, desaseado. Le di pena a mi hijo por mi apariencia y por el abandono que tengo en mi casa. Me dijo: "¿No puedes andar limpio? ¿No puedes tener limpia tu casa? ¿Qué haces en todo el pinche día? No te conformas con estar chingando a todas horas a mis compañeros mongoles, tienes que lucirte con la ropa sucia y mal bañado. Pero esto se acabó. ¿Hasta dónde tengo que solucionar tus problemas? Que, al parecer, no te interesan; pero a mí me perjudican. Me gusta invitarte para que me acompañes, pero en cuanto te veo, me arrepiento. Lo de menos sería que te quedaras encerrado en tu *trochil*, pero no sé porqué no puedo hacerlo. Ya tengo algún tiempo meditando qué hacer. La solución que le encuentro es que consigas una señora de tu edad para que te atienda y se acompañen. Una señora que le guste la limpieza para que la casa esté siempre aseada y, de paso, que te traiga limpio y que por tu parte la trates bien. Al cabo tú ya no puedes *cochar*".

Luego me preguntó: "¿La consigues tú o la consigo yo?". Por mi parte, nada más escuchándolo, sin poder creer que este cabrón, a sabiendas de que aborrezco los *pergaminos*, quiere verme acompañado de una vieja tan o más arrugada que yo. No sé si se trata de ayuda o de castigo. Lo más trágico que podía esperar era que me corriera, pero se pasó. Él está enterado de que algunos de sus tíos son *gerontófilos*, pero sabe de mi aversión a las arrugas, comenzando por las mías; incluso, por los espejos para no reflejarme. Ya me imagino semejante compañía, pelos no saltarían porque estoy calvo; pero arrugas, sería una inundación. No concibo la idea de que dos vejestorios estén juntos. "¡Ahora sí que me creció por andármela jalando!". Pretende que me salga "el tiro por la culata"; yo buscando una mujer de cuando menos treinta años menor que yo y mira éste, ¿¡pos qué se cree!? De hoy en adelante voy a aprender a hacer la *talacha* para tener siempre lista la casa y me voy a bañar y re-bañar y cuidar que mi vestuario sea inmaculado; tal vez lo haga cambiar de opinión. Eso espero.

Alas al alacrán

Veintidós años de edad, la agencia aduanal empieza a decaer. Mundo, por enfermedad, comienza a desinteresarse en su negocio; sus dos hijos eligieron hacer algo diferente: las carreras de medicina e ingeniería. Uno de los tramitadores que yo conocía era Pepe, lo apodábamos la *Capulina*. Joto, feliz; a muchos nos hacía *la lucha*.

Empezaba Juárez a ser invadida por las maquiladoras, una nueva era para la ciudad. Había bastante mano de obra disponible; sobre todo, de las mujeres, que en su mayoría se dedicaban a los quehaceres del hogar. Las primeras empresas fueron *RCA*, *ESSEX* y *Acapulco Fashions*. Luego, llegaron muchas otras, que aprovechando lo barato de los salarios, iban inundando la metrópoli.

Algunas agencias aduanales incrementaron exponencialmente sus actividades, pues las nuevas empresas requerían de sus servicios con un volumen de movimientos nunca antes visto. Una sola de ellas proveía a la agencia aduanal con más trabajo del que tenían con todos sus clientes habituales.

La nueva economía inmediatamente comenzó a producir sus efectos. Al principio, fueron contratadas —en su gran mayoría— mujeres; al inicio, solteras con preparación media, pronto desaparecieron esos requisitos. Por una parte, los hijos empezaban a ser descuidados por las madres; y por la otra, se revolucionaba la economía de los hogares. Las mujeres eran más responsables en su trabajo: para ellas no había *san lunes*. Además, trabajaban horas extras y no dedicaban parte de su salario en cerveza, como los hombres. Pronto se fueron convirtiendo en el principal ingreso familiar, con todo lo que ello conllevó. Empezó y se aceleró la liberación femenina; que, en algunos casos, fue positiva y en muchos otros desencadenó conflictos, al volver más desobligados a los esposos, con las consecuencias que se pueden prever (como descuidos a los infantes, divorcios, etc.). Se comenzó a generar una cultura diferente.

Con el tiempo, las contrataciones se fueron diversificando; ya no importaba la edad ni el género, los puestos se cubrían con mujeres adultas, hombres y jotos.

Estaba en la aduana cuando me abordó la *Capulina*, acompañado del Sr. Lara (Javier), quien vino a ser una persona que influenció de manera importante mi vida. Me dijo: "Chino" (era mi apodo en ese ambiente) "el Sr. Lara y yo queremos platicar contigo, ¿podemos ir a tomar un café?". "¡Seguro!".

Luego supe que el Sr. Lara se dedicaba a ser *fayuquero* y que contaba con muchas relaciones. La necesidad de las nuevas empresas de recibir los insumos para desarrollar sus actividades, chocaba con la lentitud burocrática. La *fayuca* consiste en la práctica —tolerada por las autoridades aduaneras— de permitir el contrabando a cambio de dádivas o *mordidas*, cuyo monto se fija de acuerdo con el dicho "según el sapo es la pedrada". Esta actividad fue, durante muchas décadas, uno de los principales métodos de enriquecimiento: desde los simples empleados de las garitas, hasta los más encumbrados funcionarios del gobierno federal. Recuerdo una frase famosa de cuando le preguntaron a un comandante: "¿Qué es lo que podemos pasar de *fayuca*?". La respuesta: "Lo que quepa por el puente".

Resulta que la maquiladora *Acapulco Fashions*, a diferencia de otras que pertenecían a grandes corporativos, era propiedad de un judío, Mr. Korman; y que el Sr. Lara, al conocer la situación burocrática de las importaciones, se contactó con el dirigente local de la empresa y le ofreció sus servicios de *fayuquero*. Les propuso que siguieran manejando parte de sus importaciones de manera legal —que, por cierto, les resultaba en un alto costo y con una tardanza excesiva en los trámites— y que él les *movería* el resto, internándolo como *fayuca*, con la obvia diferencia de costo y, sobre todo, de tiempo; ya que, cualquier insumo que necesitaran de urgencia para no parar las líneas de producción, lo podrían tener en la planta de Ciudad Juárez en sólo media hora, en lugar de los dos o tres días que se tardaría normalmente. Aceptaron y el Sr. Lara empezó a prestarles sus servicios de *fayuquero*.

De sus ingresos, que eran considerables, el Sr. Lara —nada pendejo— convidaba al gerente local y al contador, asegurando así su permanencia. Además, al darse cuenta del alto costo que se pagaba por honorarios a la agencia aduanal que les manejaba lo que tramitaban legalmente, buscó la forma de también incursionar en ese ámbito.

Conocido de la *Capulina*, junto con él encontró la fórmula: buscar una agencia aduanal que tuviera poca actividad, para proponerle trabajar con ella a base de una iguala mensual, que no cobrara honorarios individuales por cada operación y que el monto que se fijara fuera atractivo para el agente aduanal. Por eso hablaron conmigo. Sabían de mi ascendencia con Mundo. Me propusieron que yo fuera el representante de la agencia y que, al mismo tiempo, fuera empleado de la empresa como *jefe del departamento de aduanas*, con un buen sueldo; y, además, con un importe mensual extra que me proporcionaría el Sr. Lara. Que si me interesaba, hablara con Mundo.

Lo traté. Como antes comenté, Mundo ya estaba desinteresado de la agencia. Aceptó el trato propuesto y confió en que yo cuidara de su buen funcionamiento legal. Se dio el inicio de otra etapa económica en mi vida.

Entré a otro mundo desconocido. Estaba cerca de procesos de maquila, sistemas de producción en serie, departamentos de nóminas, recursos humanos, contabilidad, ingeniería, bodegas, departamentos de embarques, transportes, máquinas y equipos de producción, áreas de producción: tenía a la vista a cientos de operadoras trabajando. ¡Por Dios, cuánto culo! Y… a la mano.

Jefe de la oficina —la cual estaba preparada exclusivamente para mi personal— seleccionaba las secretarias que necesitaba. ¡Puta madre!, ¡no sabían lo que hacían!: le ponían *alas al alacrán*. No puedo recordar a cuántas secretarias y operadoras me cogí, como lo hacían algunos jefes de departamento.

Al mismo tiempo que el Sr. Lara cobraba un chingo de lana, la empresa se ahorraba otro chingo, nos sentíamos el departamento más chingón de la empresa. Tuve un chingamadral de experiencias. Mi vida dio otro giro. Esa época duró doce años y una de las muchas cosas que hice fue que, por mi conducto, un buen número de personas obtuvieran empleo en esa empresa.

Olvidos (I)

Estábamos en la prepa. Empezamos a recibir comisiones de estudiantes de diversas universidades del país, como Chapingo. Nos invitaban a adquirir conciencia de la situación por la que atravesaba el país, a qué rumbo nos estaba llevando el capitalismo, cómo nos tenía doblegados el imperialismo yanqui. Identificados con la doctrina del *Che* Guevara, Fidel Castro y otros. Trataban de reclutar estudiantes que quisieran participar en actividades que reivindicaran al país. Recuerdo este episodio porque tuvimos unos compañeros —Ramón y su novia Bety— que se integraron a alguno de esos grupos y se fueron a la sierra de Chihuahua, en el poblado de Madera. La última noticia que tuvimos de ambos fue que los había detenido el ejército. Nunca se volvió a saber de ellos.

Carlitos (I)

Ya me encontraba establecido en la maquiladora cuando conocí a un niño-adolescente que se dedicaba a dar grasa a los zapatos y a limpiar los autos, mientras su mamá, Martha, salía de trabajar como operadora de costura. Su nombre: Carlos. Muchachito atento, servicial, humilde, serio. Empecé a llevarlo dentro a la oficina para que allí lustrara mis zapatos, luego empezó a hacer mandados al personal. Con el tiempo, lo hice mi ayudante. Me acompañaba a la aduana, que ya la habían reubicado al *puente libre* en el área de El Chamizal. Aprendió a hacer los trámites de rutina y se hizo mi asistente en la aduana. Me consideraba el padre que no tuvo, me obedecía en todo. No me mamó el pito porque nunca se lo pedí.

De este muchacho tengo varias anécdotas. Por su apariencia, disfrutaba diciéndole delante de mis secretarias "muchacho puñetas, lo que necesita es pararle y buscarse una novia". Las muchachas se reían y él se quedaba serio. Me imagino lo que sentía. Al final se desquitó.

La primera vez que necesité mandarlo solo a que hiciera un trámite en la aduana, le di los papeles, las llaves de mi carro y le dije "¡váyase de volada!". Se quedó viéndome como un pendejo, él nunca había manejado un coche, sólo sabía lavarlos. "¿Qué me ve?", le pregunté. "¿No puede o buscamos a otro pendejo que sí pueda?". Agarró las llaves. Salió bien todo y su expresión cambió de puñetas a perplejo, asombrado.

En otra ocasión que lo mandé, no tenía mi coche y le dije: "Pídale las llaves de su carro a Ricardo Isais (el contador que, eventualmente, fue mi compadre) para que vaya a la aduana". Ricardo tenía un auto que cuidaba mucho; estaba recién pintado de un verde metálico muy bonito y recién tapizado. Era un Chevy Impala 68 con un funcionamiento impecable. Yo sabía que no se lo iba a soltar. Y así fue: le dijo que no. Lo mandé llamar y le solicité: "¡Préstale las llaves, hijo de tu pinche madre, no seas culo!, ¿qué le puede pasar?, ¿cuánto puede valer ese pinche *mugrero*?". Me contestó en broma: "Te lo vendo en dos mil dólares". Le pedí de nuevo que le diera las llaves y, por fin, accedió. Cuando Carlitos regresó de hacer el trabajo, me quería entregar las llaves y le dije que eran suyas, que las guardara. Lo mandé a que le entregara a Ricardo un cheque que le hice por la cantidad en que me "vendió el carro". Cuando lo recibió, no sabía de qué se trataba y se dejó venir a mi oficina.

"¿Y esto, qué?", mostrándome el cheque. "¿Cómo que, qué?, es el pago por tu carro. Es la cantidad en que me lo vendiste". "Yo nunca te lo vendí". "Aquí todos se dieron cuenta de que me dijiste: 'te lo vendo en dos mil dólares'. Nada más te lo estoy pagando, necesito que me entregues los papeles".

No sabía si era broma o no. Al final, me pidió que lo dejara usarlo esa semana. Acepté y, finalmente, le dio los papeles a Carlitos; a quien después le tramitamos su licencia de conducir. Gracias a eso, se le cambió —desde ese momento— un poco la estampa de puñetas; ya tenía novia: su Chevy.

Carlitos (II)

En otra ocasión en que Carlitos me iba acompañando, transitábamos por la calle Altamirano cuando advertí a una muchachita que caminaba metros adelante. Era joven, bien formadita y vestida con una faldita que permitía ver lo bien torneado de sus piernas. Frené emparejándome a ella y le dije a Carlos: "Bájese para que se suba esta niña". Se quedó mirándome como siempre, como un pendejo. Le dije a la niña: "¿A dónde vas, chiquita?, vente, nosotros te llevamos". Casi a empujones hice que se bajara este pendejo para que se subiera la niña y se sentara en medio de nosotros.

"¿Qué andas haciendo?, ¿a dónde vas?". "A buscar a una amiga para dar una vuelta". "¿Nos quieres acompañar? Este muchacho necesita estar con un culito como tú para saber lo que es una mujer". Aceptó. No puedo dejar de mencionar que cuando se sentó, desapareció lo que llevaba de falda y apareció lo que un enfermo sexual —como yo— no podía dejar desapercibido. Era mediodía. Los llevé a un bar de un amigo. El bar tenía habitaciones de renta diaria en un segundo piso; estaba ubicado en la calle Samaniego, esquina con Santos Degollado, contra-esquina del gimnasio municipal.

Al ingresar me saludó el dueño, Arturo, y le dije: "Aquí traigo estos chavos, quiero que se metan a un cuarto". "Oye, pero son menores". "Sí, nomás vienen a coger un rato". "Ah, bueno". Los acompañé al cuarto y le dije a la niña: "¡Órale chiquita, métase a la regadera!". Le ayudé a desvestirse. Cuando quedó encuerada le dije a Carlos: "¿Sabe qué?, yo me la chingo" (fue en broma). Luego, le dije a él también: "Usted báñese con ella". Y se empezó a desvestir. Cuando se quitó el calzón vi en vivo la verga más grande que haya visto jamás ¡y dormida! Y, también, a manera de broma (bueno, eso digo), le dije a la niña: "Déjamelo, es para mí". La verdad es que no sabría a cuál hubiera escogido para mí.

Me bajé al bar. Me tomé una copa con mi amigo, mientras dejaba pasar el tiempo; enseguida subí y ya habían acabado. Estaban tapados con la sábana, los destapé y vi sangre. Le dije a la niña: "Me hubieras dicho que te anda *bajando*". Me contestó que la sangre era de él. Me quedé pensando "¿qué escenario?". Para que eso sucediera se necesitaban ese vergón y un culito cerradito. Cualquiera de los dos me hubiera hecho feliz. ¡Qué cambio de vida ayudé a llevar a este cabrón! Se volvió (y sigue hasta la fecha) un cogelón empedernido.

Había en las oficinas generales una secretaria que era cabrona. No era de mi gusto, pero estaba muy pasable. En una ocasión le platiqué un secreto: que Carlitos, el muchacho que boleaba y que ahora era mi ayudante, tenía una verga descomunal. Hasta allí quedó. Un lunes me platicó Carlitos que Olga (la *secre*), le había pedido el viernes en la tarde que le fuera a bolear a su casa muchos pares de zapatos. Él acudió. Había como diez pares. Se puso a bolearlos y, de pronto, apareció Olga. Zapatos de tacón y una bata totalmente transparente eran toda su vestimenta. Creo que fueron las mejores cogidas que le dieron a la vieja en toda su pinche vida. Según me platicó *m'hijo*, sorprendido, se la tragó por todos los orificios que pudo.

Eventualmente, Carlitos se casó, nos seguimos tratando, nunca fumó ni tomó una cerveza, su afición era coger. Se cogió a sus tres cuñadas. Con una de ellas tuvo un hijo, Tony, que le decía padrino. La moraleja es que cualquier puñetas puede revertir su estado, siempre y cuando sea a tiempo, no como algunos que viven cerca de mí y que ya están viejos. Ésos ya nunca van a cambiar.

Myrna y Luis (I)

Ya había tomado el vicio de jugar dominó. Pasaba mi tiempo en un ambiente lleno de bromas y albures, en donde hacemos muchos *amigos* y nunca encontramos una amistad. Solamente gastamos un chingo de tiempo; eso sí, pensando que hemos perfeccionando nuestra técnica para jugar. Al menos yo duré como veinte años jugando cuatro horas diarias y nunca salí de lo mismo. Todavía juego.

Fue en ese ambiente en el que conocí a Enrique Olvera, dicharachero e hijo de puta, como yo. Me dijo que había hablado con su hijo Luis (médico) y con su nuera, Myrna, sobre mí; que tal vez yo les podía ayudar a resolver algunos problemas de cobranza. Fui a verlos; sí les pude ayudar.

Tenían una clínica de urgencias médicas que funcionaba las 24 horas, donde atendían partos, realizaban cirugías (tenían un pequeño quirófano) y daban servicio de medicina general. Algunos clientes ingresaban cubriendo el anticipo; pero, luego, al ser dados de alta, o no podían pagar o se hacían pendejos: de las dos clases había. Les ayudé a resolver esas eventualidades. Se hicieron mis amigos. Luis tenía un problema auditivo, era un buen médico. Myrna era la administradora de la clínica. Vivían en unión libre y tenían una relación estable.

Un día me llamó Myrna. Quería que los asesorara porque les iban a *regalar* un niño. Ellos no podían procrear y querían hacerlo de manera legal. Resulta que la hermana de una conocida estaba embarazada y próxima a dar a luz y no quería quedarse con el niño. Por cierto, esa muchacha ya había regalado a un niño previamente; como era joven quería seguir divirtiéndose y el hijo le resultaba un estorbo. Les expliqué que de manera legal no era posible regalar, así nada más, a una criatura. Les sugerí una forma de hacerlo: aparentar que lo había parido Myrna, suplantar el archivo clínico de la madre y registrarlo como suyo. La muchacha elaboraría un escrito en el que mencionaría que abandonaría al bebé y les pediría que se hicieran cargo de él. Esto, para en caso de un arrepentimiento imprevisto y algún posible reclamo. Así se hizo y no hubo problema.

A la vuelta de dos años me llamó Myrna, llorando, quería que la fuera a ver personalmente. El motivo era pedirme que la ayudara porque Luis se había llevado al niño. Resulta que Luis se había involucrado sentimentalmente con una enfermera de la clínica; situación que les causó problemas hasta el grado de que se fue de la casa, llevándose al niño.

No lo podía creer, porque se les veía una pareja feliz y, de momento, no sabía qué contestarle; me causaba conflicto apoyarla en una demanda contra mi amigo, sin embargo, pensándolo más, accedí. Demandamos ante un juez de lo familiar, narrando algunos hechos, que se decretara la custodia en favor de su madre, Myrna. Luis no estaba en la ciudad. Cuando regresó se enteró extraoficialmente de la demanda. Consultó y contrató a una abogada; quien, a su vez, promovió la custodia en favor del padre. En ese documento manifestó que el niño era hijo biológico de él y de la muchacha que lo parió, y que Myrna conocía esa situación; pero que aun así había aceptado registrarlo como suyo, porque ella no podía tener hijos. Como pruebas ofrecía la pericial médica que acreditaría la infertilidad de la supuesta madre, así como la testimonial de la madre biológica que estaba dispuesta a declarar la veracidad de lo manifestado (situación que implicaba una controversia desgastante).

Fijaron la fecha para la primera audiencia y yo no sabía si asistir o no. Se dieron en mí sentimientos encontrados. Me sentí que traicionaba al amigo y, al mismo tiempo, sentía la necesidad de ayudar a la amiga.

Con ese temor me presenté. No sabía cómo darle la cara a Luis. Afortunadamente, no hubo problema. En cuanto me vio se acercó a saludarme. Mi reacción inmediata fue preguntarle: "¿Cómo está?, me da gusto verlo", y enseguida di una explicación de lo que no se me había inquirido. "Estoy aquí para evitar que intervenga otro abogado que lo único que haría sería aprovecharse de la situación para lucrar. Me presento aquí atendiendo un conflicto entre dos amigos y, sobre todo, enterado el fondo del asunto. Conociéndolos a los dos y sabiendo el cariño que le tienen al niño, mi presencia es para colaborar a buscar una solución que resulte lo menos afectable para ustedes y, en especial, para el pequeño".

Me agradeció (¡qué alivio!) y celebraron un convenio para que ambos tuvieran el derecho de convivencia con el menor y, desde luego, la custodia se decretara en favor de Myrna. Allí terminó la intervención judicial.

La siguiente vez que los vi se habían reconciliado. Me dio gusto. Nos habíamos hecho amigos. En la clínica tenían una recámara y cocina. En una ocasión que fui a verlos, estuvimos en la cocina tomándonos un refresco; de pronto, le dije a Luis: "La próxima vez que sea infiel, búsquese un buen culo, porque este asunto estuvo bien padre, me gustaría repetirlo". Se rió. Creo que Myrna me mentó la madre. Nos reímos los tres.

Myrna y Luis (II)

Otro asunto que me tocó atenderles a esta pareja: me habló Myrna. Le urgía que fuera a verla. Estaba acompañada de una joven (muy guapa) que hacía dos días le habían ejecutado a su esposo. Los agentes judiciales andaban rondando su casa, tenía miedo. Resulta que esta muchacha trabajaba en un bar y allí conoció a un muchacho que le fue agradable por su presencia y por su esplendidez, la conquistó regalándole un carro del año. Se casó con él. Tuvieron dos hijos. Vivían muy bien, pero ella nunca supo (según dijo) las actividades a que se dedicaba su esposo, sólo sabía que tenía un taller mecánico muy bien instalado. Se salió de su casa porque tenía miedo de que la fueran a investigar y sospechar de ella; ya sabía cómo actuaban los judiciales. En su casa, aparte de su menaje, estaba guardada una fuerte cantidad de dólares, joyas y muchos pares de botas exóticas. También tenía miedo de que los judiciales entraran a su casa. Luego vino la pregunta: "¿Qué debemos hacer?".

Entró inmediatamente la canica a dar vueltas en mi cerebro. Yo sabía que los judiciales no iban a estar esperando fuera de la casa. "Lo que debemos hacer en este momento es ir a su casa y sacar todo lo que le interese". Vivía en la colonia del futuro. "Ustedes me van a seguir en el carro de Myrna, al llegar al domicilio, yo me voy a detener y ustedes se van a pasar de largo, van a dar la vuelta unas cuadras y van a regresar despacio. Yo les voy a hacer la señal".

Después de observar que no había ningún movimiento extraño ni personas que estuvieran vigilando la casa, cuando volvieron, les hice la seña para que se pararan frente al domicilio. Le dije que con toda tranquilidad entrara a su casa y sacara todo, que si acaso llegaban en ese momento, yo intervendría. Salió con dos bolsas negras para la basura llenas de todo lo que quiso sacar. Las subió al carro y a la fuga: ¡a la clínica! Después de eso, al día siguiente, la presenté en las oficinas de averiguaciones previas, departamento de homicidios. Les hablaron a los agentes encargados, quienes luego se apersonaron. Nos presentamos y me pidieron hablar con ella a solas. Ya estaba previsto. Cuando salió, nos fuimos. Lo primero que le preguntaron fue por qué había llevado abogado y les contestó que porque les tenía miedo. Les cayó en los huevos, ¡pero se la pelaron! Eso me dejó una buena lanilla.

Tras ello, le dije a Myrna: "¡Gracias! ¡Ojalá tenga más amigas con esposos ejecutados!". Su respuesta: "¡Culero!".

Tiempo después, me hablaron los agentes encargados del asunto y me citaron en la calle. Me preguntaron que si yo no sabía cómo había estado el asunto. Contesté que lo que sabía era lo que ella les había declarado. Me dijeron que lo que habían investigado era que ella estaba saliendo con un judicial y que le dijera a ella que ya no se preocupara, que ya no se iban a ocupar de ese asunto. (¡Culos! Fue un asunto pasional). ¡Pinches viejas! Lo único bueno que tienen es el culo.

Myrna y Luis (III)

Otro asunto en el que ahora yo involucré a mis amigos Luis y Myrna surgió cuando estaba jugando póker en la casa de un amigo y llegó a buscarme Raúl Martínez, miembro de la familia dueña del restaurante de hamburguesas ubicado en la calle Mariscal y Canal. Raúl tenía una "casa de masajes" llamada *VENUS* (prostíbulo disfrazado de los que abundan en la ciudad), ubicado en la calle Lincoln, esquina con Hermanos Escobar, y famosa por tener muchas muchachas bonitas. Llegó presuroso. Me preguntó si podía ayudarle a poner una demanda penal en contra de unas custodias de la cárcel municipal, que si *no le sacaba*.

Resulta que una de las muchachas, en su día libre, junto con otra compañera, se habían ido con unos clientes a un hotel que está en la curva de San Lorenzo. Habían estado cogiendo y tomando con ellos. Cuando los clientes se fueron, ellas decidieron quedarse en el hotel para seguir tomando, pero la gerencia del hotel ordenó que se debían salir. Ellas se negaron. Querían pagar la habitación por otro día; no obstante, les dijeron que no podían continuar ocupando el cuarto. Se encabronaron y se negaron a salir. Les mandaron a los guardias de seguridad y no las pudieron sacar. Le hablaron a la policía y llegaron dos *campers*. No se quisieron salir, las sacaron a güevo jalándolas de los cabellos y arrastrándolas: ¡más se encabronaron! Las llevaron a la cárcel y les valió madre, siguieron insultando y reclamándole a los policías por abusones y ojetes. Ordenaron que las llevaran a una celda, las esposaron con las manos por la espalda; no dejaban de insultar a los policías ojetes. Llegó el cambio de turno y las nuevas celadoras; quienes, con el reporte previo, se presentaron con ellas diciéndoles: "Aquí les vamos a quitar lo *vivas*". Se encabronaron más todavía y les mentaron la madre a las celadoras. Éstas las cachetearon y a una de ellas la empujaron de modo que cayó de bruces, se le quebró el tabique y se le fracturó una muñeca, empezó a sangrar. Para esto, ya le habían hecho una llamada a su patrón, Raúl, quien fue a sacarlas.

Cuando pagó la multa, se las entregaron; pero la lesionada salió sangrando y quejándose de los golpes. Le dijeron a Raúl que se había peleado con otras detenidas. Al salir, le platicaron los hechos como fueron y lo primero que se le ocurrió fue ir a buscarme. Él no se quería ver involucrado ni que se supiera en dónde trabajaban. Le dije que sí. Nos fuimos a previas. Nos empezó a recibir la querella un agente, cuando me dijo: "Esta niña requiere atención médica urgente, llévesela y usted nos dice dónde le recibimos su declaración". Raúl no quería que fuera en un hospital público, no deseaba verse implicado en el escándalo. Me preguntó si yo sabía a dónde llevarla. Me vino a la mente la clínica *El Palmar*, de mis amigos Luis y Myrna. Allí la llevamos. El doctor estaba en su casa y desde allí ordenó que se le atendiera. Después llegaron él y Myrna; quien, desde que la vio, se encabronó. Le comenté lo que le había pasado. La golpeada se quedó internada.

Más tarde llegó el agente de Averiguaciones Previas y como ella no podía hablar, me permitió narrar los hechos como si ella lo estuviera haciendo. Me fui a seguir jugando póker. A la mañana siguiente fuimos a la clínica, Raúl y yo. En cuanto llegamos salió corriendo el culo. Estaban en la clínica dos camionetas de medios televisivos, una del canal 56 (Televisa) y otra de El Paso, Texas. Se hizo grande el pedo. Myrna, de su propia iniciativa, llamó a la prensa porque le dio coraje, temía que se quedara así nomás.

Luego, apareció la noticia en los diarios: la foto de

la muchacha con la cara totalmente vendada. Duró varios días la nota en los periódicos.

Cuando declaré por ella, tuve que dar mi domicilio. Cuando la visitamos Raúl y yo, lo único que a él le importaba era que no lo relacionaran con nada. Nada más le decía a ella que no se fuera a rajar, que a lo mejor recibía amenazas de la policía para que dejara el asunto como estaba, que por lo de la clínica no se preocupara, que él iba a pagar todo.

Debido a la presión mediática, me urgían para que la llevara a declarar y así ordenar un careo con las agresoras; les dije que en cuanto la dieran de alta la iba a llevar. Cuando eso ocurrió, al llevarla ya en camino a la oficina de Averiguaciones Previas, de pronto me dijo que no quería ir. Que había hablado con unos amigos y que le ordenaron que no fuera, que ellos se iban a encargar de las pinches celadoras y que a ellos no los podía desobedecer. No la llevé. La fui a dejar a un domicilio que ella me indicó.

Posteriormente, me fueron a buscar a mi domicilio por órdenes del jefe de Averiguaciones Previas para que la presentara de inmediato, seguía teniendo presión de los medios. Los llevé al domicilio donde la dejé y ya no estaba; dijeron los moradores que ya se había ido de la ciudad. Así se quedó la cosa.

No sé si dentro de la bola de policías muertos, ejecutados, estuvieron las celadoras involucradas. El hijo de su pinche madre de Raúl nunca pagó la cuenta del hospital y mis amigos Luis y Myrna me dijeron que no había pedo, que no era el único culero que habían conocido.

Juarochos

La ciudad seguía creciendo desordenadamente. La expansión de las maquilas no paraba; estaban acabando con la mano de obra disponible. Ya no "se ponían sus moños" seleccionando personal. Esto acontecía entre los ochentas y los noventas. Ya *ocupaban* gordas, prietas, feas, viejas, niñas, hombres, jotos; lo que fuera con tal de que produjeran. Reclutaban en los camiones, en los barrios. En el centro había camionetas estacionadas con propaganda y altavoces, como si fuera un mercado, ofreciendo estímulos. Empezaron a aparecer los bonos para todo: por asistencia, por puntualidad, por producción, por contratación. Ofrecían una lana anticipada por contratación, que incluía el importe del transporte de la primera semana, era una rebatinga de la chingada. En los parques industriales, los muros de las fábricas estaban llenos de mantas invitando a integrarse a ellas. No podían llamarle la atención a algún huevón porque, en ese mismo momento, dejaba de trabajar y literalmente cruzaba la calle para que lo ocuparan en la fábrica de enfrente. Así empezó el problema de rotación de personal.

Luego atacaron Torreón, como Villa, acabaron con los pinches *torreoneros*. Después invadieron las carreteras en autobuses foráneos hasta Veracruz. Les llegó la noticia de que allá se estaban muriendo de hambre: fue un mercado muy atractivo. ¡Pinches veracruzanos! llegaban desesperados queriendo trabajar los tres turnos que ya estaban establecidos. ¡Muy *camellos* los hijos de su pinche madre! Eran los que siempre estaban dispuestos a trabajar horas extras. Les ofrecían el transporte con todo y familia, guarderías, bonos para renta de viviendas. Formaron, prácticamente, otra población dentro de la ciudad; fue el nacimiento de los *juarochos*. Con el tiempo, la cosa valió madre y se tuvieron que regresar. Ahora, en Veracruz un chingo de gente es juarense.

Las veracruzanas son mujeres que tienen una cualidad que me gusta mucho: ¡son muy putas! Todas las familias jarochas que conocí vivían como doce miembros en un cuarto. Se acostaban donde cayeran; era un cogedero entre hermanos, tías, hijos, hijas. Luego platicaré de una pareja de jarochos que conocí y que fueron mis amigos; espero que al haberse cruzado juarenses con jarochas hayan mejorado su raza. Para la fecha en que escribo, un chingo de veracruzanos tuvieron que volverse a su tierra. La situación económica y de inseguridad se pusieron muy cabronas.

Ferguson

Nunca he escrito nada. Ahora que se me ocurre plasmar estas notas, sueño en que pueden ser muy leídas y que me pueden generar un beneficio económico. ¡Pero en vida! No en reconocimientos *post mórtem*. Cuando estudiaba secundaria había una maestra que ¡cómo chingaba! para que nos interesáramos en la literatura. Estaba tan fea que se refugiaba en esas pendejadas. Hablaba con tanta emoción que parecía que se *venía* cuando se refería a un tal *Quijote de la Mancha*, una jalada de un tal Cervantes, que inventó a un cabrón malhecho que se la pasaba haciéndose puñetas mentales a salud de una pinche Dulcinea; que en su cerebro tenía puras visiones y que se pasó toda su vida haciendo puras pendejadas acompañado de un tal Sancho (el único sancho que supe que existió es el que se estaba cogiendo a mi *vieja* y que nunca lo vi). Además, con un pinche lenguaje inentendible: se necesitaba tener a la mano una enciclopedia para consultar el significado de cada palabra que leía. Mamadas, pues.

O cuando se refería al *Mío Cid*, que, por mucho que nos explicaba, nunca entendí de qué chingados se trataba. O está como la historia de un pinche coronel que se hacía pendejo solo y así pasó su vida esperando quién le escribiera. El consuelo que tenía era un pinche gallo al que se la pasaba acariciando. Pienso que era un reprimido que no tenía güevos para pedirle las nalgas a alguna pinche vieja y se estaba cogiendo al gallo; así como el *monje degenerado* que tenía un perro llamado *Chicho* para que se lo cogiera, según lo interpreta el grupo musical *Marrano*.

No quiero fama ni antes ni después de muerto. Lo que quiero, en mis puñetas mentales, es lana en vida por estos maravillosos renglones llenos de pendejadas. Quiero tener un chingo de lectores de calidad, como el que se jactaba de leer a *Borgues*, o el que admiraba a un escritor famoso, un tal Carlos Fuentes, originario de Sudáfrica y radicado en Checoslovaquia. No quiero la fama *post mórtem* del cura Hidalgo, a quien se le venera como *El padre de la Patria*. Sí, padre, pero de tantos sobrinos que tuvo, como acostumbraban tener todos los pinches curas pederastas. *¡Bullchet!* (o como se escriba).

Ni la fama de los *Niños héroes* —si es que existieron— y que, si así fue, murieron, pero cagados de miedo. Miedosos y culos como somos todos los mexicanos desde nuestro origen, que prestos nos pusimos de nalguitas ante Cortés a cambio de espejitos; o como nos cogieron los gringos —y nos siguen cogiendo— primero, a cambio de radios de transistores y, ahora, de otras tecnologías; mientras nosotros estamos llenos de una orgullosa herencia: las artesanías con tanto pueblo dedicado a ellas y muriéndose de hambre. Tan culos como nos describe con tanta certeza el Himno nacional.

Lo que acostumbraba a leer de adolescente eran las novelitas de vaqueros. Me mamaba una cada vez que iba a cagar; era muy estreñido. Me situaba en el lugar de los hechos: casi siempre empezaban describiendo a un vaquero de seis y tantos pies, con unos ojos marrón y una mirada penetrante, advertido enseguida por todos los parroquianos del bar, que se aproximaba a la barra preguntándole al *barman* por un tal Ferguson. De inmediato, todos se le retiraban, olían la muerte, se aproximaba un duelo. El vaquero portaba dos enormes *Colts* con cachas aperladas y con tantas muescas que ya no cabían en ellas. Todos sabían lo que eso significaba. Después, se enfrentaban y el vaquero, con una rapidez de rayo, acertaba a los ojos del pistolero; quien caía como fardo. Enseguida, a cobrar la recompensa.

La apuesta

Le dio un infarto al Sr. Lara. Lo hospitalizaron. Fui a visitarlo al Centro Médico y ya había pasado la crisis; lo dieron de alta y le recomendaron una vida apacible, debía estar un tiempo descansando en su casa. Del hospital se fue directo a la oficina. Llegó encabronado, echando lumbre. Recuerdo que al llegar a ella, le dio un puñetazo a una puerta de tambor y el puño quedó del otro lado. Me dijo que lo siguiera. Fuimos a una oficina y enseguida me preguntó: "¿Usted también está de acuerdo con estos hijos de la chingada?". No sabía de qué me hablaba.

La *Capulina* lo asistía, controlando todo lo que era *fayuca*. Al ver que yo no sabía de qué se trataba, me dijo que la *Capulina* y Luis García, el gerente general, ya se habían puesto de acuerdo para tomar su lugar. Que los hijos de su pinche madre a quienes había ayudado tanto no esperaron a que se muriera para sustituirlo. A secas me comentó: "La *Capulina* se va a ir en este momento a chingar a su madre. ¿Quiere usted tomar su lugar o se quiere ir junto con él?". Me quedé mudo un momento, fue todo tan sorpresivo. Al fin contesté que si se iba la *Capulina* sí aceptaba; pero que se aclarara que yo no tenía conocimiento ni intención alguna de perjudicarlo. "¡Sígame!", me dijo.

Ya en nuestra oficina y con la *Capulina* presente, tomó la chequera que éste manejaba. Era de cien hojas y tres cheques por hoja. La abrió, firmó un cheque y se lo dio a la *Capulina*. "Llénelo por la cantidad que quiera por su indemnización y ¡váyase a chingar a su madre! Yo nunca fui mierda con usted, siempre le ayudé. Nunca le revisé la pinche chequera, siempre confié en usted. El *Chino* se va a quedar en su lugar". Estaba el ambiente tenso. Todo el personal escuchando. ¡Qué culero! Yo jamás había sabido de esa clase de infidelidades o de traiciones.

La *Capulina* se fue. Nos quedamos solos y me indicó cómo se trabajaba en la *fayuca*. Me entregó la chequera. Firmó bastantes cheques en blanco y me explicó qué cantidades se pagaban por cada tráiler, camión o *pick up* que se pasaba. Me dijo que ponía en mí toda la confianza, que siempre cargara suficiente dinero para pagar cualquier imprevisto y me dijo qué cantidad le pagaba a la *Capulina*, que me hiciera un cheque por esa cantidad como primer pago. ¡PUTA! Ya de por si ganaba bien y con eso, ¡no mames! Redoblé mi atención en el trabajo, ocupé otra secretaría.

Ya andaba yo tratando en los puentes en el otro ámbito de la aduana: arreglando los cruces. Por un lado, con todas las formalidades de la agencia aduanal; y por el otro, la *fayuca* con sus *mordidas*. ¡Qué hermoso es el mundo de la corrupción!

También la época de la primera devaluación, en donde a los trabajadores se les volvía mierda el salario, mientras yo cobraba mi sueldo en dólares. Fue una época en la que era común gastar lana a lo pendejo. Carlitos ya se sentía también chingón. Ya iba formando su cartera de nalgas.

Frecuentaba un nuevo bar en la calle Bolivia, *El Embajador*, atendido por verdaderos culitos. Había en especial una pinche vieja tan buena y tan a toda madre que nos trataba muy bien. Ya atendía en la barra, ya la hacía de mesera. Nos gustaba más cuando servía las mesas, era un meneo de nalgas perfectamente torneadas que nos apendejaba. Tenía la fama de que nunca se iba con ningún cliente. Esos retos me gustaban, pero nunca le pedí las nalgas.

En una ocasión que comentábamos entre los cuates

de siempre, alguien decía que era una lástima que Lupita no aceptara irse con nadie. Le contesté que porque eran unos pendejos; que si yo quisiera, no se me escapaba. Lo dije por mamón, pero la reacción de uno de ellos fue decirme: "¿Cuánto apuestas a que te manda a la chingada?". Igual de mamón le contesté: "¡Lo que quieras!". "500 dólares", me respondió. Acepté la apuesta. Si la perdía, me valía madre pagarlos. Se concretó y la demostración era que tenían que ver que me la llevara del bar a la hora de salida, hasta que nos vieran meternos a un motel.

"Lupita, quiero hablar contigo en privado". "¡Seguro!". Nos apartamos. "Mira, Lupita, a pesar de que me gustas y te me antojas un chingo yo nunca te he pedido, como muchos, las nalgas. Me acaban de hacer una apuesta. Este cabrón de Meny me apostó 500 dólares a que no te ibas conmigo. Me arriesgué y acepté la apuesta. La propuesta que te hago es que si necesitas y quieres ganarte esos 500 dólares, aceptes irte conmigo. No para que cojas, yo te quiero seguir respetando. Me acompañas, entramos al motel, nos hacemos pendejos, platicamos un rato y nos salimos".

Le caía bien y de seguro necesitaba la lana. Aceptó. Le dije a Meny que ése era el día. Se hizo como se planeó, hasta que entramos al motel, la invité a sentarse y le ofrecí algo de tomar. Como a los diez minutos le dije: "Ya cumpliste, ten tu dinero". Tal vez ella esperaba que yo quisiera cogérmela. Se me quedó viendo y me dijo: "Ahora yo te quiero pedir un favor: quiero estar contigo sin importar que me des el dinero". ¡Puta! De haber sabido, así le hubiera hecho con todas. No hubo engaño de ninguna parte. Al día siguiente mi amigo me entregó la apuesta y le expresé: "Lo que pasa es que ustedes son unos pendejos, no a todas las mujeres se les aborda como putas. Aunque lo sean, tienen su corazoncito".

Me acuerdo que después le regalé una caja con un chingo de bikinis. Los producía la maquila por millones y yo tenía carta blanca para regalarle al personal de la aduana. Eran juegos de pantaletas y brasier de estilos y colores que no se veían en Juárez ni en El Paso, Texas. Nos llevamos muy bien. Eventualmente convenció a una compañera suya, que era otro bombón, para que se fuera a coger conmigo. ¡Qué pendejo, nunca me las llevé a las dos juntas!

Carlitos (III)

Llegó Carlitos, sorprendido, de la aduana. "¿A que no sabe qué? El *vista* Zenteno es joto".

El *vista* aduanal es el empleado de mayor jerarquía en la aduana, preparado en carrera profesional en la escuela de *vistas*. Zenteno era de personalidad recia, exigente y cabrón. Cuando le tocaba a él la revisión de las mercancías, era meticuloso. Revisaba a fondo y por turno; lo que ocasionaba muchas tardanzas en las importaciones legales. Me dijo Carlos que se le hizo raro que el *vista* lo despachara antes de que fuera su turno y que se portó muy bien con él, que se portó muy amigable y que lo invitó a comer a su casa el sábado. Acudió ese día, pero no lo llevó a su casa, sino a un motel para que se lo cogiera. Se lo cogió. Con lo puñetas que era este cabrón no batalló mucho el *vista* y hasta le ofreció que él le podía conseguir un puesto en la aduana; quería seguir tratándolo. En cuánto me dijo "me lo *coché*", le comenté: "¡ya la hicimos, sígaselo cogiendo!".

Poderes mágicos

El Sr. Lara y yo nos entendíamos muy bien. Era mujeriego, como yo. Por él conocí algunos lugares, como los bares *La Cita*, *El Íntimo*, *Rincón taurino*, etc. Me llegó a tener toda la confianza, como Mundo. Convirtió en su amante a la secretaria Olga, la que se había cogido a Carlitos. Olga vivía en *La Cuesta* con su familia, que provenía de Cuauhtémoc, Chihuahua. Tenía algo de los mormones: su color.

La familia de Olga no lo vio bien al principio, pero en cuanto le compró un auto nuevo y les remodeló la casa, incluyendo la construcción de una recámara extra, entonces ya todos lo aceptaron. Tuvo una hija con ella, Clara. Llegaba a esa casa como a la suya, le resolvía los problemas a toda la familia. Yo era su confidente. Me contó que en una ocasión la hermana menor de Olga, Susana, de 13 años, los espiaba cuando cogían; que él siempre se dio cuenta de eso. Cuando Susana cumplió 16 años se le empezó a insinuar. Nada más eso faltaba: terminó cogiéndosela. Luego, dejó a Olga y compró una casa para vivir con Susana. Tuvieron una niña. Obviamente, causó un desmadre en esa familia. Los hermanos de Olga y Susana, a quienes había mantenido, ahora querían madrearlo. Nunca le hicieron daño.

La maquiladora, que buscaba nuevas opciones de crecimiento, instaló una planta en la ciudad de Zacatecas. Ahora mandábamos tráileres con las materias primas que después regresaban con el producto terminado. El gobierno zacatecano les dio ciertos incentivos por la ayuda que representaba para la ciudad, al ayudar a abatir el desempleo. Ahora, el Sr. Lara aprovechaba esos camiones para enviar la *fayuca* que le requerían algunos clientes en el interior de país. A los choferes Pedro y *El Borrego* les encantaba, porque recibían ingresos extras y las cargas iban amparadas con documentos. Yo me mantenía en contacto con ellos, a la expectativa de lo que pudiera suceder. Hasta que entregaban la mercancía (desde luego, la ilegal), me sentía tranquilo. Nunca hubo ningún problema.

Había en la aduana un *vista* que desempeñaba el puesto de jefe, de origen veracruzano, de Coatzacoalcos: don Felipe Cervantes. Una eminencia que duró en la aduana muchos años, hasta que se jubiló. Platicaba conmigo y me dejaba apantallado. Había estado en bastantes aduanas del país: tanto marítimas como en el aeropuerto de la Ciudad de México. Conocía de todas las mercancías que se importaban a nivel nacional. Nadie lo podía sorprender y se daba la fama de incorruptible. Cuando le tocaba el turno de 15 días revisando las operaciones de las maquiladoras era un tormento para nosotros. No dejaba un solo camión sin verificar su contenido personalmente. De inmediato detectaba anomalías. Nos causaba mucha tardanza en nuestros movimientos a pesar de los obsequios que le hacíamos; sobre todo, de ropa interior para dama. Me decía que para qué chingados le servía. Era viudo y vivía solo, a una cuadra de mi hermana Hermila. Yo le contestaba que para su novia o un culito que agarrara.

En una ocasión me contestó que lo que debía obsequiarle era una muchacha. No me pudo dar mejor idea. Se lo comenté al Sr. Lara y le sugerí que nos acompañara una chava a los trámites. Escogimos a Lolita, una mujer joven que conocíamos. Era costurera en la planta. La llevamos a la oficina y le explicamos el plan. La llevaríamos a la aduana como acompañante. Era una chica agradable, de buen ver, nalgona y chichona. Se la presenté a don Felipe, diciéndole que era una nueva empleada de nuestra oficina y que nos ayudaría en los trámites. La saludó muy amablemente. Ella le dio un beso en el cachete y ésa fue la llave para abrir una puerta muy pesada. Se apendejó con ella (le ayudé un poco). Le preguntaba: "¿Qué le dio a Lolita que me pregunta muchas cosas de usted?, se me hace que ya la invitó a salir".

Le *moví el tapete* y ayudé para que eso se diera. Lolita ya sabía qué podía suceder: que se interesara en ella y que debía de darle entrada. La invitó a salir a comer. Se fue relacionando con ella y, finalmente, la llevó a vivir a su casa. Ella estaba jodida económicamente y él tenía de sobra cómo ayudarla. Lo hicimos feliz un tiempo y eso nos redituó un mejor trato y mucha agilidad en nuestros trámites; lo único que me preocupaba es que ella le fuera a decir que todo había sido premeditado. Nunca le dijo nada (que yo supiera), y allí terminó ese capítulo. El culo tiene poderes mágicos.

Todos contra todos

En el barrio *Bellavista* vivía, desde los años cuarenta, una señora sumamente conocida: *La Nacha*. Se dedicaba a la venta de drogas. Tenía lugares que les llamaban "picaderos" (en alusión a la inyección de drogas que les aplicaban a los adictos), además de muchos lugares donde expendían mariguana y cocaína, principalmente. Era una época en que todos lo sabían y nadie se daba cuenta. Todas las autoridades federales, estatales y municipales, se hacían de la vista gorda. Todos tenían participación del producto de esas actividades. Nadie veía nada, nadie sabía nada. Era una chulada de negocio: tranquilo y protegido durante bastantes años.

Luego, aparecieron personajes —como *El Greñas*— que comerciaban a lo grande internando hacia Estados Unidos considerables cantidades de drogas. Todo mundo sabía dónde vivía. Llegó a ser tan ostentoso que construyó un edificio en la calle Triunfo de la República llamado *El Palacio del César*. Cayó en desgracia cuando en un operativo encubierto de la DEA en el rancho Búfalo, ubicado en la sierra, resultó muerto el agente de esa corporación gringa (de apellido Camarena); lo que causó un escándalo mayúsculo que lo llevó a la cárcel junto con otros capos, como Caro Quintero y Ernesto Fonseca. Durante muchos años el lujoso edificio quedó abandonado, hasta que finalmente lo ocupó el gobierno del estado.

Después, aparecieron otros dirigentes de organizaciones de narcotraficantes que, de igual manera, contaban con la protección de todas las autoridades. La última de estas organizaciones (que actualmente persiste), es *La Línea*, y que desde hace algunos años está en lucha contra la del *Chapo* Guzmán, por el dominio de la plaza. Como esta estructura, existen —en diferentes regiones del país— otras que también siempre contaron con la protección y complicidad de todas y cada una de las autoridades. Cuando se declaró la "guerra contra el narcotráfico" y la delincuencia organizada, se entabló una pugna entre autoridades federales, estatales y delincuentes civiles; es decir: todos contra todos. Cuando llegó el ejército a Cd. Juárez, los primeros abatidos fueron policías municipales, asesinados a manos de estas fuerzas castrenses. Luego, policías estatales, municipales y agentes de tránsito aniquilados unos por *La Línea* y otros por los del *Chapo* Guzmán. Un verdadero desmadre bien organizado. Una guerra pensada con las patas. ¿Qué acaso el gobierno federal no tenía todos estos antecedentes?

Desde el gobierno de Fox se creó una organización con gente preparada y eficiente: la Policía Federal Preventiva (PFP). Nada más patético. Un gran número de sus elementos resultaron ser casi analfabetos en cuestiones policiacas, por decir lo menos. Otra gran parte, verdaderos delincuentes. Otros, tal vez con alguna preparación, que se integraron a la manzana podrida. ¡Pinche Calderón soberbio! Lo más seguro es que se negó a recibir asesoramiento de verdaderos profesionales. Se decía que protegía al *Chapo* Guzmán. Por lo visto, todo es de creerse. Mi ciudad fue una de las más madreadas en esa pinche lucha. Por algo huyó del país en cuanto dejó el poder. ¡Ojalá y no lo reciban en ningún lugar al hijo de su pinche madre!

Pesos y dólares

Recuerdo un asunto de cuando participé en el despacho de un amigo, el Lic. Carreón. Un amigo y compadre de éste, el Sr. Bernardo Franco, fue muy próspero en el negocio inmobiliario. A raíz de la devaluación de 1994, empezó a caer en desgracia, como mucha gente que perdió sus propiedades. Resulta que, de manera personal, había pedido un crédito hipotecario para adquirir su casa. Se lo otorgaron por un millón de dólares. Dejó de pagar cuando debía menos de la mitad. El banco lo demandó para recuperar el saldo insoluto y/o recuperar el inmueble. El Lic. Carreón le ayudó, representándolo en el juicio.   La estrategia consistía en alargar el procedimiento, tanto como los recursos que contempla la ley lo permitiera, para ver si en ese transcurso mejoraba la situación económica y poder transar con el banco. El juicio se alargó hasta donde fue posible y, al llegar la sentencia en la primera instancia se resolvió en favor del banco, condenando al demandado —de acuerdo con los cálculos contables— al pago de la cantidad de $475,000.00 pesos M.N.

Cuando sale una sentencia de primera instancia, todavía se pueden interponer otros recursos. Primero, la apelación de segunda instancia, en la que puede llevarse hasta otro año más en resolverse; y por último, la tercera instancia, que es ante la justicia federal, mediante un juicio de amparo que con sus recursos, puede durar hasta otro año, para que se convierta en la última resolución. Asimismo, la resolución la pueden impugnar todas las partes que intervienen en el litigio. Cabe mencionar que el defensor del banco era un abogado muy conocido, que había sido presidente municipal, el Lic. Manuel Rojas. La gran interrogante era si se apelaba o no, para ganar más tiempo. La apelación tiene un término de cinco días hábiles para interponerse.

Si no se apelaba y la otra parte sí, el Sr. Franco perdía el derecho de apelarla. Hubo una gran tensión. Se establecieron labores de espionaje para saber si la otra parte apelaba la resolución y, al mismo tiempo, se tenía listo el escrito de apelación de nuestra parte. Si la otra parte lo hacía, nosotros debíamos también apelarla. Hasta casi el último momento, la otra parte no la había apelado y se jugó la carta: de nuestra parte tampoco se apeló. Al cerciorarse, el Lic. Carreón, en definitiva de que la otra parte no había apelado dijo: "¡Ya chingamos!".

Resulta que como el abogado del banco vio que el juez había resuelto en favor de éste, se confió; por lo que no tuvo la atención de revisarla palabra por palabra. No se percató de que la condena establecía el pago de $475,000.00 *pesos* M.N. y que debía haber sido por $475,000.00 *dólares*. Al no apelarla, tácitamente la consintió. Se dio cuenta demasiado tarde, porque el Sr. Franco, en acatamiento a la sentencia, exhibió el pago al que había sido condenado. ¡Pobre Lic. Rojas, quién sabe cómo le habrá ido con los del banco!

Cansancio

El día de hoy ya me cansé. No sé por qué estoy escribiendo estos recuerdos pendejos. Yo, que nunca escribí ni una pinche carta. Aquí me tiene Aurelio Jr., es buen perro, a pesar de que está casi seguro de que lo cambiaron en los cuneros. Me dice "jefe" y me trata a toda madre. Ya quisiera quedarme muerto, aunque tuviera como cabecera un culo de una muchachita, ya que sería mucho pedir que muriera como Rodolfo Valentino: con el pito metido en unas verijas. Ya me voy a dormir. *¡Bye's!*

Tocho

Empezamos a contratar bailarinas de tubo (putas), ahora sí puras escogidas. Contratamos meseros nuevos, porque los anteriores eran muy *ratas*. Los nuevos también, pero no los conocía. Entre ellos, a David, un moreno corpulento que era karateca, muy obediente; cuando no había más remedio, sacaba a putazos a algún pinche necio que se pasaba de *lanza*. A Benjamín, que había trabajado en muchos bares similares y que, de momento, al "leerle la cartilla", se comportó a la altura; también muy obediente y servicial. Muy pronto demostró sus habilidades para chingar a los clientes. Era un pinche mago. Cuando le pagaban con un billete de 200, quién sabe de dónde chingados le salía un billete de 20 en la misma mano y le decía al cliente: "Señor, el billete es de 20". Muchas veces la *pegaba*, pero en ocasiones se armaba la bronca porque el parroquiano estaba seguro de que era el único billete que traía. También era experto en quedarse con los cambios. Le pagaban con un billete y se hacía pendejo con lo que debía regresar; sobre todo, si veía que el cliente estaba a toda madre cachondeando con alguna chava. Se ponía de acuerdo con otro mesero para que atendiera la mesa. Ya cuando el cliente volvía a pedir y le pagaba al otro mesero, ya no había pedo. Le volvía a servir él y a chingarlo de nuevo. Nunca lo corrí ni lo descansé. Me caía bien y yo le aconsejaba que cuidara su *jale*.

También, reclutaba viejas que conocía de otros lugares donde había trabajado. En una ocasión, me dijo que un cliente estaba muy necio, que lo insultaba y le mentaba la madre cada vez que lo atendía, y que si lo seguía chingando le iba a dar unos putazos. Yo lo controlaba y le decía que parecía nuevo, que si no sabía que en esos lugares eso era frecuente, que de qué chingados le servía haber trabajado en tantos congales y que, además, ese cliente estaba muy grandote y le podía partir su madre. El cliente seguía chingándolo y él seguía quejándose conmigo, hasta que me acerqué al susodicho cuando pidió servicio y le dije, muy atento: "¿Qué se le ofrece, caballero?". "Ya me mandaron a otro hijo de su pinche madre, mándenme al otro culo". Benjamín se dio cuenta porque estaba detrás de mí. Se acercó al cliente y le dijo: "Aquí estoy, ¿qué le sirvo?". Di media vuelta y me senté en mi lugar fuera de la barra, a un lado de la caja. Cuando volteé, vi a Benjamín; parecía hormiga: llevaba cargando al cliente, con las manos dobladas hacia atrás del cuello. Pinche cliente, nomás pataleaba. Lo seguí. Ya en el exterior, lo soltó y el cliente se envalentonó y le dijo: "¡Ahora sí, hijo de tu pinche madre!". No le hubiera dicho nada. Benjamín, que estaba mucho más bajo que él, le puso una chinga. En un dos por tres lo tenía en el suelo a punta de chingadazos. El bravucón ya nomás decía: "¡Ya estuvo carnal, ya estuvo!".

A partir de ese momento lo bauticé como *La hormiga*. Luego, se hizo costumbre que cada vez que sucedía algo similar, este cabrón, no sé cómo le hacía, pero de repente ya los llevaba otra vez con las manos dobladas hacia la nuca y a tirarlos a la banqueta. No menos de uno de esos clientes regresaba porque le gustaba ese ambiente. Nada más pedía disculpas y de allí en adelante muy amigables con Benjamín.

En esos bares *table-dance* se trabaja a base de fichas. El cliente que invita a una *dama* a tomarse una copa y lo acompaña, paga otro precio por la copa; de ese pago, una parte es para la caja y otra es para la chava. Con el derecho de que le puede estar agarrando las *bubis* o las nalgas o lo que la pinche vieja le permita. A la copa de la chava se le pone tequila muy aguado o refresco, o de plano pura agua. Muchos clientes prueban de la copa de ella y se sienten defraudados y se la hacen de pedo al mesero. Le dicen: "A mí no me vas a hacer pendejo, sírvele otro pero *derecho*, a mí nadie me roba". El mesero me avisa y me pregunta qué debe hacer. Le contesto: "¡Parecen nuevos, hijos de su pinche madre! Tantos años de *ratas* y no saben resolver una pendejada".

Tengo que ir a atender al cliente y le digo: "Mire, amigo, estos negocios trabajan así. No puedo servir a las damas el trago *derecho*, porque se ponen pedas. Sus copas tienen un precio más alto porque ellas llevan una comisión, es como sacan su *chivo* y el precio más alto por la copa es por la compañía que le están haciendo. Es lo que le da derecho de estarle agarrando las nalgas. Si se le hace caro, o no le gusta, le regreso el dinero que pagó por la otra copa y le suplico que se vaya a otro lugar, o que nada más venga a verla. Este lugar es para clientes que ya conocen las reglas y que les gusta venir a agasajar a las chavas".

La mayoría de los clientes reaccionaban diciendo: "Está bien, usted sí sabe explicarlo, el pinche mesero no me dijo nada". "Sí señor, disculpe, es que los meseros son unos pendejos". Algunos de estos clientes llegaron a ser unos clientazos.

También se acostumbra ofrecer bailes privados, que consisten en que el cliente y la chava se meten a un cubículo especial donde la chava le baila una melodía, completamente desnuda, con la única condición de que no haya sexo. Las viejas sabían que allí no se podía coger; el caso es que al día siguiente cuando hacían la limpieza, salían condones por todos lados. En ese lugar se acostumbraba cobrar $200 pesos por un baile privado que duraba el mismo tiempo que la melodía. $300 pesos, si quería con dos melodías. Cuando el cliente le pedía al mesero un baile privado, éste lo conducía —junto con la chica— hasta la caja, a un lado de donde acostumbraba sentarme.

En ocasiones, cuando llegaba el cliente y el mesero le decía a la cajera "un privado", para que lo cobrara, intervenía yo y le preguntaba al cliente: "¿Cómo lo quiere? ¿Sencillo, doble o con *tocho*? (éste es un vocablo que utilizamos para decir "todo"). Con *tocho* le cuesta $50 pesos más". El cliente entendía que por $50 pesos más, se la podían coger. Contestaba que lo quería con *tocho*. En ese momento tomaba yo el micrófono y le llamaba al mesero David, el moreno corpulento. Cuando éste llegaba hasta nosotros, le decía a la chica: "Ni hablar, m'hija, ¡te cambiaron!". Luego, le decía a David: "El señor quiere un privado"; para lo cual David, rápidamente, contestaba: "*Luego luego*, ¡vámonos!", al tiempo que se dirigía hacia el interior del cubículo. De inmediato, le decía yo al cliente: "¡Pásele, él es Tocho!". ¡Había que ver la reacción del cliente! Se volvió una broma recurrente que, al final, los clientes lo tomaban por el lado amable. Ya después, en otra ocasión, llegaban directamente a la caja pidiendo un "privado con tocho". Siempre fue en plan de broma.

¡Usted no sabe!

Otra de las circunstancias que sucedían, con relativa frecuencia, eran los pleitos entre las pinches viejas; sobre todo, si andaban medio pedas, se reclamaban la *propiedad* de los clientes. Cuando uno de éstos llegaba buscando a una de ellas y la encontraba ocupada, casi cogiéndose a otro cliente, optaba por pedir la compañía de otra y así sucedía con muchas. Se empezaban a ofender: "¡Pinche vieja roba-clientes!, me lo quitaste porque tú sí les das las nalgas aquí en los sillones". Y la otra le contestaba chingadera y media. El caso es que, de repente, me decían: "Hay pleito en el camerino". Corría en chinga y encontraba una lucha campal, se hacía un escándalo de la chingada. Yo era el único que me metía a desapartarlas, ¡pinches meseros culos!: nada mas veían. Y lo que tenía que suceder: una vez quedé con mi calvo cráneo todo rasguñado; en otra ocasión, un pinche taconazo. La última vez que estuve amontonado encima de ellas, una cabrona levantó la cabeza y me aflojó un diente frontal, que luego me lo tuve que sacar. Ahora ando viejo, pelón y *molacho*.

Tenía que intervenir, porque trataba de evitar una cosa mayor que nos causara la clausura, además de que salieran lesionadas. Pinches viejas son odiosas, en el momento se encabronan a muerte. Siempre se están guardando rencor, aunque al día siguiente las ves, ya en su juicio, abrazadas y como hermanas. Los pinches meseros no actuaban porque se cogían a viejas de los dos bandos y ya sabían lo que les pasaba si se metían. Pinches viejas, yo las adoraba a todas y a cada una de ellas. A muchas las trataba personalmente, sabía de sus vidas, de sus problemas familiares y les conocía también sus culos.

Otro mesero del que tengo buenos recuerdos:

Erasmo. Entró a trabajar porque era conocido de Adrián. Se relacionaban en otro espacio y contexto. Era un salvadoreño bien presentado, atento como pocos. Se incorporó a un ambiente que jamás había conocido. No andaba muy bien económicamente y Adrián le propuso que trabajara en el bar; le dijo que si se movía bien, ganaría buenas propinas. Me lo encargó. Platiqué con él y le expliqué en qué consistía su trabajo. Recuerdo que al principio la cajera y yo nos quedábamos mirándolo. Estaba pendiente de sus clientes, pero se quedaba apendejado observando una cantidad de viejas encueradas que nunca había visto. De repente, le gritaba: "¡Erasmo!, le hablan en aquella mesa". *Despertaba* y corría en chinga. Luego, a la salida, se iba a disculpar conmigo: "Perdone señor, le prometo que no va a volver a suceder".

Cuando un pinche mesero, sobre todo Benjamín, se hacía pendejo para no entregar el cambio, era a Erasmo a quien le pedía que atendiera sus mesas porque aquél iba al baño. Inmediatamente accedía y en un momento más daba el recorrido por las mesas de su compañero, preguntando si se ofrecía algo. Pinche Benjamín, no iba al baño. Se subía al lugar donde estaba el DJ, para divisar si ya le habían vuelto a pedir en la mesa donde no había entregado el cambio. Cuando esto pasaba, bajaba y le daba las gracias. Así le dieron la bautizada a Erasmo estos cabrones, lo agarraron de *su puerquito*. Ellos ya sabían cuál mesa era la buena y le dejaban todas las que no les convenían. En alguna ocasión de éstas, al atender la mesa de Benjamín, el cliente le dijo que querían lo mismo, pero que primero le diera el cambio. Erasmo le contestó que él no les había servido, y el cliente ya medio pedo, le dijo: "No te hagas pendejo, dame mi cambio". Erasmo se *paniqueó* y fue conmigo a decirme lo que ocurría. Me dijo: "Le juro por Dios que yo no les debo ningún cambio, esa mesa es de

Benjamín y me pidió que los atendiera porque iba al baño". En cuanto Benjamín vio desde arriba lo que sucedía, bajó en chinga y se acercó a nosotros. Le comenté a Erasmo: "Está bien, ahorita los atiende Benjamín". Cuando aquél se retiró, le dije: "No sea pinche, vaya arregle ese pedo y al rato voy a hablar con ustedes". Pinche Benjamín, era experto en solucionar esas broncas. Les llevó otras copas y le dijo al cliente: "Que le pidieron a otro mesero estas copas. Aquí están, ya están cobradas del cambio que le iba a dar".

Enseguida, junté a los meseros; les dije: "No sean hijos de su pinche madre, como ven a Erasmo nuevo lo aprovechan para hacer sus chingaderas. Si Adrián sabe esto los corre a chingar a su madre. Y a usted, Erasmo, que ya no se le *duerma*, ya le dieron la novatada estos cabrones. Ya conoce más o menos el ambiente y también a los buenos clientes. Las mesas que le toquen a usted, no deje que se las quiten; y cuando éstos le encarguen sus mesas o una muy en especial, de volada dígame, yo me hago cargo de esas mesas".

Empezó a agarrar la onda. Ya no se apendejaba con las mesas ni se dejaba que le arrebataran los clientes; pero luego vino otro tipo de apendejamiento: se enculó de Ruby, una muchacha de 22 años que estaba muy buena (y que cogía muy bien). Ella ya tenía algún tiempo en el ambiente, estaba casada pero decía que era soltera y que vivía sola. Tenía un esposo pendejo que estaba acostumbrado a que su esposa tuviera amantes. Vivía junto con ella, pero cuando ésta llegaba acompañada a la casa, se escondía con los niños y no se dejaba ver. Esta cabrona hasta dejaba pasar a la casa a su acompañante en turno. Cuando Erasmo veía a Ruby cachondeando con los clientes, lo observábamos. Se quedaba apendejado, parecía que se le salían las lágrimas. Lo más cabrón era cuando estaba acompañada en una de las mesas que tenía que servir él. Se tenía que acercar y ver que casi se estaban cogiendo a su vieja. Cuando le pedía a otro mesero que atendiera esa mesa, le contestaban que todos tenían prohibido —por el Lic.— servir en una mesa que no era de ellos. Qué culos, lo consolaban diciéndole que ellos ya habían pasado por eso y que ahora ellos hasta promocionaban a sus viejas con los clientes que les convenían.

Se siguió enculando de Ruby y, al parecer, ella también. Empezaban a hacer planes para vivir juntos. Él comenzó a faltar a su casa e iniciaron sus problemas familiares, que luego repercutieron con la familia de Adrián.

En una ocasión me fue a buscar una persona. Era el esposo de Ruby. Se presentó, pasamos a la oficina y me platicó que él sabía que Ruby salía con un mesero del bar. No sé con qué objetivo me lo confió. Tal vez quería que yo hablara con Erasmo y lo persuadiera para que dejara a Ruby. Me siguió platicando. Me comentó que él ya estaba acostumbrado a que ella saliera con otros, que ya lo había abandonado por temporadas, dejándole a los niños; pero que siempre volvía. Y que si se iba con éste, también iba a pasar lo mismo; que nada más pretendía que yo estuviera enterado. No supe ni qué chingados le contesté. Se fue y ya no lo volví a ver.

Adrián me había recomendado que hablara con Erasmo. Él sabía que el salvadoreño platicaba mucho conmigo y que me estimaba, que tomaba en cuenta mis recomendaciones, que a ver qué podía hacer, porque esa situación ya le estaba afectando en su casa. La vieja de Erasmo visitaba mucho a la esposa de Adrián. Continuamente le platicaba lo que estaba sucediendo en su matrimonio, al grado de culpar a Adrián por haberle dado ese trabajo. Así que tuve una plática con Erasmo acerca de muchas cosas: cómo inmigró a México, cómo anduvo en Estados Unidos, de cómo se casó finalmente con una mexicana y cómo arregló su residencia legal en México. Teníamos una conversación verdaderamente amena cuando, de pronto, le preguntaba: "¿Cómo anda con Ruby? Lo veo muy emocionado. Ya supe que falta mucho a la casa, ¿qué piensa hacer?". La plática cambió de tono. Lo primero que me comentó es que de eso no quería hablar. Luego me dijo: "¡Es que usted no sabe!". Lo interrumpí para replicarle: "¿Cómo no voy a saber?, usted está joven, yo estoy muy ruco, ya pasé por todo eso. Lo que ocurre es que usted es una persona muy noble, muy trabajador, muy de su casa, sin vicios; y de repente, se encuentra con una bola de culos que nunca pensó, y luego se encula de una muchachita y todo esto *le mueve el tapete*". Enseguida me contestó: "Tiene usted razón, pero… ¡es que usted no sabe!". Y así quedó.

Posteriormente me enteré de que el esposo de Ruby también había ido a la casa de Erasmo y habló con la esposa de él y le platicó todo lo que me había contado a mí. Se armó el revuelo en la casa de Erasmo y, de pasadita, en la de Adrián; porque éste andaba por las mismas, enculado también de otra de las muchachas. Le empezaron a reclamar, asimismo, que iba muy tomado con frecuencia y que a lo mejor él andaba igual; que por eso muchas veces no iba a la casa con la excusa de que había tenido problemas en el motel. Me habló Adrián muy encabronado y me contó lo que estaba sucediendo, que conversara con Erasmo y le dijera que ya cortara su pedo, que esa situación ya no podía continuar. Platiqué con Erasmo. Le dije lo que pasaba, que si quería descansar unos días y desaparecerse mientras que se pasaba la bronca. Me respondió "gracias", pero se quedó a trabajar. De pronto, me llamaron para decirme que en la puerta había un pedo con el guardia. Fui a ver y estaba tratando de detener a una señora que quería entrar. No se lo permitía porque estaba prohibida la entrada a mujeres solas; ya sabíamos que iban a buscar a sus esposos. Ya habíamos tenido muchas broncas por eso.

Atendí a la señora y le di otras razones por las que no podía ingresar. Le dije que si quería hacerlo tenía que ir con una pareja. Se trataba de una pinche vieja que *Keiko* (o como se escriba), le quedaba guanga. Fea como su puta madre. Me dijo: "Soy la esposa de Erasmo y quiero entrar a hablar con él y con Ruby". Me paré frente a ella y le dije a alguien que estaba oyendo: "Vaya a ver si está Erasmo" (obviamente, como mensaje para que se escondiera o se saliera por la puerta trasera). En eso, intervino el guardia para "adornarse": "Ya ve, señora, le dije que no podía entrar sola". No acabó de decírselo cuando la pinche vieja le dio una cachetada, me movió a un lado y entró en chinga, creo que rodando. La seguí y antes de llegar a una puerta interior, se empezó a oír un escándalo; luego se oyeron disparos: ¡esta cabrona iba a matarlos! Erasmo ya iba en chinga de la mano con Ruby en puro bikini, saliendo por la puerta de atrás. Hasta entonces comprendí porqué este cabrón nomás me decía: *¡Es que usted no sabe!* ¡Claro que no lo sabía! Tener esa pinche vieja y luego encontrar a ese culito. ¿Quién no haría lo mismo? Después se supo que Erasmo y Ruby se fueron de la ciudad, ya lo tenían planeado. Les adelantaron los planes y... ¡en qué forma! En una ocasión, me habló Erasmo por teléfono, quién sabe de dónde chingados, para saludarme y agradecerme todas mis atenciones y para pedirme disculpas. Mucho tiempo después me enteré de que habían regresado. Erasmo ya estaba de nuevo con su familia y Ruby con su esposo y sus hijos. ¡Tenía razón el pinche cornudo! Y a esperar el siguiente.

Justino

Otro personaje que arribó a nuestra casa fue mi tío Justino. Era el único tío que no conocía. Él vivía en el poblado de Flores Magón, próximo al Valle de San Buenaventura. Separado de su familia, apareció como nuevo huésped de mi madre hasta que murió. Tiempo después de que llegó con nosotros, conocí a su familia: su esposa, mi tía Toña; sus hijos Carolina, Ramón y Federico; quienes, finalmente, emigraron de su pueblo para vivir en Ciudad Juárez. Con mi primo Federico fue con el que luego tuve una relación más duradera. Cuando llegó mi tío Justino cambió la fisonomía de la casa de mis tías y la nuestra. Acostumbrado a los horarios de la vida de campo, se levantaba muy temprano para barrer y regar los patios y las aceras. Pendiente siempre de las necesidades de mis tías y de mi madre, correspondiendo —a su manera— por la asistencia que recibía.

Mi madre se sentía muy agusto con su presencia, sobre todo porque pasaban algunas horas jugando a las cartas: al *conquián*. Mi tío era un tanto vago. En su pueblo, era asiduo jugador de billar y de baraja. No era tomador, pero le gustaba mucho ir a bailar. Creo que por eso lo mandaron a chingar a su madre. Mi madre, ya en épocas de menos jodidez, le prestaba algo de dinero para que empezara el juego. Lo más común era que mi tío le ganara, pagándole el empréstito, para luego dejarla sin nada. Después, mi madre le pedía prestado para seguir jugando. El resultado era que ella, al final, quedaba endeudada con mi tío. Algunas veces, se entablaban discusiones donde salían a relucir las santas madres; que en ese caso era la misma, porque mi tío ya no quería seguir jugando. Ya había ganado suficiente para irse en la tarde al salón de baile más pinchurriento y concurrido de la ciudad, *El Pepe's*; a donde asistían toda clase de personajes, desde pepenadores, limosneros y prostitutas.

En una ocasión, a petición de mi madre —por ser ya mayor de edad— fui a buscarlo, porque no se había aparecido en toda la noche. Era mediodía. Desde que llegué a la puerta de ese salón quise vomitar. Nunca lo cerraban. Las 24 horas de los 365 días del año estaba abierto. Creo que jamás hacían limpieza general. No tardé en ubicarlo. Andaba en chinga bailando con una vieja más mugrosa que él. Bailaba una polka, agachado, porque la vieja era muy chaparra. Se las ingeniaba para bailar levantándola por las nalgas. Andaba feliz, ¿cuándo iba a pensar que no había ido a dormir a la casa? Todavía no se le terminaba el dinero que le había chingado a su hermana. En ese tiempo ya todos me respetaban. Cuando lo abordé, le dije: "No la chingues, de perdida avisa que estás bien. ¿Cuánto necesitas para que te vayas a coger y ya te vayas a dormir?". Esa propuesta sí le agradaba. Él sabía que no era nada más la pregunta. Le daba una lana y le decía: "En tres horas tienes que estar en la casa". Luego, le comunicaba a mi madre: "No te apures jefa, está bien. Se quedó con una vieja y se está reponiendo de unas cogidas que le dio. En un rato más llega a la casa. Déjalo dormir, ahorita no puede jugar".

Era bastante fumador. Se puso muy enfermo de las vías respiratorias y sus hijos —que ya vivían en la ciudad— fueron para llevarlo al Seguro Social. Justo en los escalones de esa institución, le dio un paro respiratorio y falleció. Lo velaron sus hijos en su casa. Unos días después, me llamó mi madre al trabajo para decirme que mis hermanos Javier y José traían un pleito. Se disputaban los bienes que dejara mi tío: unas botas todas jodidas. En cuanto pude fui para regañarlos. Les pedí que me mostraran las botas. Javier alegaba que le correspondían, porque la talla era muy similar a la de él. A Pepe le valía madre la talla. Decía que era mayor que Javier, lo que intentaba era verse con botas. En cuanto las tuve a la mano, las aventé a la basura. No me la podían hacer de pedo. Parecía que les empezaban a trabajar los lagrimales, pero les cambió el semblante cuando les di una lana para que se compraran unas nuevas.

Mongoles

Tenía 42 años de edad. Me presenté en el restaurante Denny's, en Ciudad Juárez, porque a cierta hora se reunía mi hijo con sus compañeros de prepa. Al llegar junto a ellos, tras las presentaciones, recibí una muy mala impresión. Era un grupo de jóvenes con una imagen y una vestimenta que contrastaba con toda la clientela. Debido a sus cabellos largos, parecían estar mugrosos. Aparentaban ser zombis, alejados de la realidad. Por sus nombres, me acuerdo de Micky, Ricardo, Luis, Gildardo. En una palabra: para no decirles algo grosero, parecían estar pendejos. No me perdono el no haberlos fotografiado para que cualquier persona me entendiera de inmediato.

Al tomar mi lugar en la mesa, llamé a la mesera para pedirle un emparedado, diciéndoles a los ahí reunidos que pidieran lo que quisieran. Se me quedaron viendo, porque no sabían si la invitación implicaría que yo pagaría la cuenta. Luego de quedar aclarado que así sería, quisieron ver la carta, la cual no conocían porque nunca habían gastado algo más de lo que costaba un café y pidieron lo que escogieron. Después supe que estos cabrones llevaban justo quince pesos cada uno, que era precisamente el costo de un café. Iban a ese restaurante que funcionaba al estilo gringo, porque la política del lugar era que, aunque nada más pidieran un café, había *refill*, sin importar cuántas veces fuera rellenada la misma taza. De modo que, muchas veces, permanecían hasta altas horas de la madrugada trague y trague café, a sabiendas de que el precio no variaría. De hecho, las meseras en cuanto los veían llegar, cruzaban los dedos para que no escogieran una de sus mesas; porque les mermarían las propinas de todos los buenos clientes que hubieran ocupado esa mesa por esa noche. Para infortunio de la mesera en cuestión, estos cabrones siempre buscaban el mismo lugar, lo que ocasionó una revolución en el restaurante. La mesera acusaba a sus compañeras de un complot para recomendarles que se sentaran todos los días donde mismo. El conflicto que causaron se tuvo que resolver turnando las áreas a las distintas meseras. Así, la chinga ya era democráticamente distribuida.

Al acompañarlos, escuchaba que entablaban pláticas inentendibles. Hablaban de cuestiones de matemáticas y de física que, como yo no conocía, pensaba que ni ellos sabían lo que decían, que solamente lo hacían para desorientarme y en un corto tiempo me retiraba, despidiéndome; desde luego, pagando la cuenta y dejando propina, cosa que ellos desconocían. Cuando abandonaba el lugar no sabía qué pensar. Decía para mí mismo: "¿Cómo es posible que mi hijo, tan inteligente en toda la primaria y la secundaria, se haya vuelto loco y haya encontrado estas amistades?". Me puse a espiarlo. De pronto, entraba a su recámara para revisar sus libros y, para mi sorpresa, encontré muchos volúmenes que trataban de materias propias de la carrera de ciencias. La mayoría en inglés; entre otras: electrodynamics, quantum theory, álgebra y muchas más. Algo me tranquilicé y dije: "Posiblemente, este cabrón no esté loco, a lo mejor nada más está desorientado". Luego, me comentó acerca de hacer un viaje a donde se iba a realizar un congreso de astronomía. Yo creía que el organizador de ese congreso sería Walter Mercado y me dije: "¡Loco y puto!". Pronto me di cuenta de que estaba equivocado. Platiqué con varias personas y me informaron que a esos especímenes les llamaban *nerds*.

Al ver mi sorpresa de ignorancia, me explicaron que eran personas muy inteligentes que les valía madre lo que pensaran de ellos. Que su prioridad era el conocimiento científico. Me resistía a cualquier explicación; pero, finalmente, me fui dando cuenta de que eran personas fuera de lo normal, por su inteligencia. Cuando fui convencido, mi apreciación cambió para expresar que mi hijo y sus amigos eran una chingonería, que no iban a ser unos profesionales mediocres, como todos los que egresaban de la universidad. Tal vez ni yo me lo creía; sin embargo, con el transcurso del tiempo me fui dando cuenta de la realidad. Resulta que, en unos años más, la mayoría de sus zombis amigos se encontraban estudiando en muy buenas universidades de Estados Unidos, como Cornell, Virginia, Boston y otras. Se convirtieron en físicos y matemáticos. Mi hijo me invitó a la ceremonia de su examen de doctorado, en la Universidad de William & Mary, en el estado de Virginia. Fue una verdadera satisfacción verlo entre tantos doctores en ciencias. Qué diferencia, la gran mayoría de los mexicanos se sienten logrados y orgullosos de llegar a la prepa (que, por cierto, para nada sirve) y éstos codeándose con premios Nobel.

Ahora que entiendo un poco de sus actividades, viviendo con él y viéndolo rodeado de nuevos zombis, lo felicito; porque hace todo lo posible para contribuir a que lo emulen y que, con el tiempo, pudiera darse un cambio de la educación en México. De broma le digo —cuando lo veo rodeado de esas compañías— que es un *cazamongoles*; pero no es cierto, nada más la apariencia tienen. En el tiempo que tengo aquí, en este destierro, me ha tocado convivir en mi casa con algunos de ellos y, a pesar de que me caen en los huevos, son buenas bestias. Por lo general, son honestos; aunque éstos sí tienen una dosis de pendejos, sobre todo si están cerca de un culo.

Ya comencé a ver un desfile de sus estudiantes

hacia varias universidades situadas en distintos lugares del orbe. Los nombres de estos actuales mongoles, entre otros, son: Martín y Raymundo, que se fueron a la Universidad de Williamsburg, en Virginia; Carlitos, a Notre Dame; Manuel Malabad, a la de Boston; todas éstas en Estados Unidos. César Bonilla, a la Universidad de Valencia, España; y el más puñetas de todos, Alberto, a la Universidad en Mainz, Alemania. Otros dos que no quisieron salirle: Enrique, quien se conformó con la Universidad de Puebla; y Francisco, que se resignó a estudiar en la UNAM.

Actualmente, estoy en espera de conocer a los futuros miembros de *Mongolandia*, ya que esto es recurrente. Al mismo tiempo, espero que estos mencionados futuros doctores, emulen a su asesor y, en su momento, continúen con la cacería de zombis; para que, en un futuro, nuestro país cuente con más personas valiosas. ¡Felicidades, mi mongolito Fefito! Ojalá que las semillas que has sembrado den buenos frutos y que no te angusties demasiado por la lentitud con la que avanza la ciencia en México. Al mismo tiempo, te pido que tú no seas tan mamón, como esas pinches literatas amargadas, y entiendas a este pinche humilde plasma-letras. *¡Bye´s!*

S. O. S. (GRITO DE AUXILIO)

Desde antes de mi nacimiento, prácticamente, hubo dos *personajes* que me han acompañado en toda mi existencia. Su fidelidad ha quedado fuera de toda duda. Debo reconocer que mi vida no habría tenido ningún sentido sin ellos. En primer término, me referiré a *Manuela*, a quien identifico como la coronela instructora, quien guió —en sus primeros pasos en la actividad castrense— al segundo de ellos: *el soldado*. Esta coronela salió más chingona que *La Valentina*, ya que educó al soldado con cariño y con una disciplina tan enérgica que lo convirtió en uno de los más sobresalientes mílites. A la vez que le prodigaba caricias, de pronto le exigía una actividad frenética; que a pesar de forzarlo hasta hacerlo vomitar, él le quedaba completamente agradecido. Bastaba sólo una orden de su general (yo), para que, presta, realizara sus actividades haciendo escaramuzas de batalla.

El soldado, por su parte, adivinaba mis intenciones de mando para quedar de inmediato uniformado para esas prácticas. En cuanto Manuela iniciaba a cumplir mis instrucciones, se erguía con verdadero orgullo para dar gusto a su jefe. Al sentir la mano firme de su instructora, arremetía con verdadero ímpetu, sin importarle obstáculo alguno, hasta lograr el objetivo de vencer al enemigo; quedando de inmediato listo para enfrentar al siguiente —que, por cierto, llegaron a ser algunos— unos tras otros en una misma jornada.

Pues bien, ahora que los tiempos se han vuelto pacifistas, con frecuencia recibo un grito de auxilio que a la vez representa una exigencia, ya que ese soldado fiel está a punto de sentirse atrofiado por falta de actividad. Me parece escucharlo que me dice:

"¡Auxilio, mi general Aurelio!, con todo respeto le digo que siento que me ha defraudado. Usted que fue un verdadero guerrero y que siempre mereció mi admiración, porque ordenó que me formaran como uno de los miembros más valiosos de su ejército, no entiendo por qué tanta inactividad. ¿Por qué decidió que me enlistaran en las reservas? Este armisticio es preludio de la muerte. Usted sabe que mi lealtad nunca estuvo en duda, que bastaba una orden suya para entrar en infinidad de campos de batalla, fueran secos, húmedos, amplios, estrechos, sangrientos, fríos, calientes, desérticos o llenos de vegetación. Recuerdo su satisfacción al verme arremeter atacando sin tregua, hasta que usted se sentía vencedor. Espero que esto no lo vea como un reproche, porque nunca olvidaré para lo que fui educado: para obedecer. Pero, con todo respeto, le solicito que piense por un momento que, como yo, usted nació para enfrentar y vencer a todos, absolutamente a todos los enemigos que osaran interponerse en nuestro camino".

"Me atrevo a sugerirle que le haga como los gringos, que en estos tiempos tan prolongados de paz, provoque guerras aunque no haya razón, para que no se les olvide quién domina, que ordene el rompimiento de las hostilidades; en donde yo, como siempre, seré su punta de lanza. En ese inter, mientras usted decide si suspendemos esta tregua, con todo respeto le pido, de ser aceptada mi petición, instruya a la coronela Manuela para que me obligue a realizar las mismas agradables escaramuzas que desde niño me fueron tan satisfactorias, a la vez que provocaban su éxtasis".

Me dejó perplejo, tiene toda la razón: ¿pa' qué le sirve la vida?, si la función para la que nació, se terminó. Prometo hacer el esfuerzo para provocar enfrentamientos bélicos, aunque ahora sean más las posibilidades de sufrir una derrota; sin embargo, por lo pronto —mientras lo decido— mandaré a la coronela Manuela para que le brinde unas sabrosas puñetas. Si para eso nacimos, moriremos en campaña; para que una vez que nos entierren juntos, allá en ultratumba, no nos queden reproches.

Martín

Cuando mi hermano Martín terminó la primaria, mi tía Nacha le gestionó el ingreso a la Escuela de Artes y Oficios de la ciudad de Chihuahua, dirigida por el profesor Eduardo Vidal Loya, amigo de ella. Esa institución funcionaba con la modalidad de internado. De esa forma, lo ayudarían a él a que se formara y, al mismo tiempo, le quitarían una carga a mi madre.

Se inscribió en los oficios de mecánico tornero y en el de peluquería. Nos visitaba cada año en las vacaciones largas. Ya no era el mismo vago. Tal vez estaba resentido porque lo alejaron de nosotros; el caso es que su comportamiento era diferente. Cuando por fin terminó, llegó con dos flamantes títulos: mecánico tornero y peluquero. Si acaso, visitó algún taller de mecánica. Decidió dedicarse a cortar el cabello. Trabajó un tiempo en una peluquería retirada del barrio, para luego seguir en otra y después en otra.

Para ese entonces conoció el calor de unas verijas que hicieron en él una completa transformación. Caminaba por la calle frente a la peluquería del barrio con su vestimenta desordenada. Se fajaba la camisa sólo por el frente y no se veía aliñado. Me encabronaba, aunque no lo demostraba, cuando don Arturo (el peluquero joto), decía, cuando lo veíamos pasar: "Miren, mis niños, eso que ven enfrente es un título sin peluquero, aquí formamos peluqueros sin título". Me tenía que amarrar un huevo, porque yo era más burlesco que ellos. Se volvió retraído, no le importaba su arreglo personal y mi madre, muy preocupada por él, no sabía a qué se debía su comportamiento. Era como Gabino Barrera, "no entendía razones".

Luego nos enteramos, por nuestro hermano Victoriano —quien era su confidente— que se había involucrado sexualmente con una señora que se llamaba Toña. Resulta que en una visita a una cantina de mala muerte, ubicada en el centro de la ciudad, Toña (la cantinera), lo trató muy bien, hasta acostarse con él. Y éste, falto de caricias, desconociendo lo que era un culo femenino, quedó prendido. El calor de esas verijas le supo mejor que las puñetas de adolescente y dijo: "¡De aquí soy!". Se dejó ir sin importarle nada.

Con el tiempo se fue a vivir con ella. Mi madre, sumamente preocupada, porque cada vez que la visitaba lo veía peor en su arreglo personal. Cuando mi hermano Victoriano le dijo que Toña era una señora muy grande de edad y que estaba muy fea, lo único que atinó a pensar fue que estaba embrujado. Me pidió que fuera a verlo para saber en qué condiciones estaba. Accedí a pesar de que me era nada agradable hacerlo. Al llegar al domicilio que me indicaron, me recibió a la puerta algo más feo que una mentada de madre. Era una señora muy mayor, prieta, gorda, con un ojo gacho. En fin, todos los atributos que puede tener un engendro del demonio. Aguantándome el vómito le pregunté por Martín. Lo llamó y cuando salió le pedí que me acompañara, retirándome de esa chingadera, porque mujer no se le puede llamara a eso. Le dije que mi madre estaba preocupada porque no la había ido a visitar. Me dijo que luego iría. Puse pies en polvorosa, traté de tranquilizar a mi madre, diciéndole que estaba bien. Cuando me preguntó acerca del embrujamiento, le dije: "Sí, está embrujado, pero por el culo más horrendo que existe". Siguió con ella hasta que la vio morir.

Ya adulto volvió al seno materno, donde instaló en un cuarto una flamante peluquería. En la ventana que daba a la calle puso una cartulina, que con letras manuscritas decía: "Se corta el cabello". Para ese entonces la peluquería del barrio había cerrado sus puertas por el fallecimiento de don Arturo.

La peluquería constaba de un espejo colgado en la pared, una silla de cocina en donde atendía a los clientes y dos o tres sillas más, por si se le juntaban dos o más valientes. Se hicieron sus clientes los vecinos que desde niños lo conocían y permanecían en el barrio. En una ocasión, tuvo una visita muy agradable: un inspector de Comercio, para pedirle la licencia de funcionamiento y una serie de documentación que jamás pasó por su mente que existieran. Se encabronó y lo quería sacar a empujones. Mi madre entró al quite y lo que logró hacer para que no le clausuraran fue que le dieran un plazo de 24 horas para que regularizara su situación empresarial.

Obviamente, que esa situación sería canalizada a Aurelio, para que la resolviera. El inspector había quedado de ir al día siguiente, a las 13 horas. Lo que más me convenía era decirle que cerrara las puertas del changarro y que trabajara a puerta cerrada con sus clientes conocidos; pero no podía dejarlos enclaustrados, condenándolos a ser clandestinos. Me presenté a la hora de la cita y en cuanto llegó el inspector, lo atendí fuera de la casa. Sin más preámbulos le dije: "Mira, tú ya entraste a ese cuarto. Este cabrón no tiene otra forma de sacar para comer; déjalo que jale, déjalo así, al fin nadie se da cuenta de que es negocio. Tiene diez pinches clientes a la semana. Hazte de la vista gorda, olvídate de trámites, toma esta lana y yo le quito el letrero de la ventana y que lo ponga nada más sábados y domingos". Toda la explicación que le diera, yo sabía que le iba a valer madre, pero también sabía que el billete lo iba a convencer. De inmediato aceptó, pero con la condición de que la razón social apareciera únicamente durante los fines de semana; ya que, si eran visitados por otro inspector, él no se haría responsable. Le di las gracias por su cordialidad y su buen criterio y se fue a chingar a su madre. Entré a la casa y le dije a mi madre que no se preocupara, que todo estaba arreglado. Del anuncio no les dije ni madre, ya sabía que el dueño del negocio no iba a hacer caso. Nunca volvió a tener visitas de auditoría.

Años después, se auto-pensionó. Cerró definitivamente las puertas del negocio para recluirse al fondo de la casa, haciéndole compañía a su hermano Victoriano, quien seguía trabajando en lo que fuera, a pesar de que cada día caminar se le dificultaba más. Ya mi madre y sus dos hijos huéspedes, acompañados por Mariquita (una amiga de ella), tenían todo el tiempo para jugar al *conquián*. Llegaban a permanecer jugando hasta 24 horas. Por supuesto, no faltaban los connatos de trifulca, ya que algunas veces se hacían trampa. Luego, apareció una señora que *me cae* que no recuerdo su nombre. Ella le ayudaba a mi madre en los quehaceres del hogar y, para no variar, quien costeaba todo lo necesario en esa casa, fue la misma persona que desde niña apoyó a mi madre: mi hermana Hermila.

Esa señora se encariñó con Martín. Le lavaba y planchaba la ropa. Lo animaba para que se vistiera bien, en una palabra: se le calentó el culo con él. Mi madre, obviamente, se lo agradecía mucho. A base de perseverancia logró que Martín se la cogiera. Incluso, lo llevó a vivir con ella a su casa, pero no lo pudo regenerar y un día apareció de nuevo con mi madre. Se le escapó a su enamorada. Creo que este cabrón sí estaba embrujado y para volverse a enamorar debía ser con una tuerta.

Ya a una edad más adulta, después de tratamientos con psiquiatras, se le manifestó la esquizofrenia. Se volvió agresivo hasta con mi madre; a quien, en ocasiones, amenazaba con golpearla. Mi madre que nunca fue *cula* para los enfrentamientos, le hacía frente; hasta que se hicieron efectivas las amenazas y la tumbó de un empellón. En chinga llegaba alguno de los hermanos para atemperar las cosas. Bajo la amenaza de llevarlo al manicomio, se tranquilizaba. En una ocasión que volvió a las andadas, mi madre me llamó para decirme que la quería agredir con una piedra. Le hablé a mi hermano Pepe y llegamos casi juntos. Al ver la situación, nos dimos cuenta de que ya era tiempo. Había que recluirlo. Le dijimos que se calmara porque ya le habíamos hablado a la policía. Su reacción fue desnudarse completamente y salirse corriendo a la calle. Parecía un animal que se resistía a ser capturado. Seguramente, algunas vecinas observaban la escena a través de sus cortinas, porque lo que sea de cada quien, estaba vergón. Luego de una persecución, mi hermano Pepe logró sujetarlo por la espalda. Lo llevó a la casa y de allí pedimos auxilio policiaco. Llegaron los policías y no batallaron poco para someterlo.

Para ese momento, mi hermana Guillermina había gestionado su ingreso al Centro de Rehabilitación para Enfermos Mentales, A.C. (CRAEMAC). Ese centro era dirigido por un sacerdote, quien nos hizo el favor de aceptarlo a pesar de no haber cupo. Luego vinieron las angustias de mi madre. En cada visita pensaba que ya se lo podía llevar a la casa. Como lo veía muy apaciguado por el "empastillamiento" creía que ya estaba bien. A sus constantes ruegos fue sacado y llevado a la casa en algunas ocasiones. En el último de sus ataques, sin dejarnos llevar por el sentimentalismo de mi madre, lo llevamos de nuevo al Centro para que, ahora sí, su permanencia fuera definitiva o, al menos, su enfermedad fuera controlada.

En la última visita que le hicimos, el sacerdote me habló muy discretamente para que lo acompañara a su oficina. Mi madre no perdía detalle. Una vez a solas, me dijo: "Ya no podemos tener más a Martín". Antes de que lo interpelara, me comentó: "Ya violó a muchas de las internas y no hay capacidad para separarlas de los hombres. Lo siento mucho, pero esta decisión es irreversible. Tienen que buscarle acomodo en otro lugar". En cierto modo, dije para mis adentros: "Puede que tenga cura, ya se las coge aunque no estén tuertas". Después de agradecerle sus atenciones, me dijo: "Lo que sí le voy a pedir es que no se lo diga a su señora madre". "Pierda cuidado", le respondí.

Cuando mi madre me vio salir de la oficina, de inmediato me cuestionó: "¿Qué pasó?, ¿ya está bien?, ¿ya nos lo vamos a llevar?". "Sí", le contesté, "ya se va a ir con nosotros". La única expresión de mi madre fue que se le desapareció la angustia del rostro. Guillermina y Pepe nada más me veían con cara de sorpresa y yo permanecí incólume. Una vez en el auto, me inquirió mi madre: "¿Qué te dijo el padrecito, te recomendó algún medicamento?". De la manera más sutil le dije: "El motivo por el que lo expulsaron es que ya se cogió a todas las internas y a todos los internos. Cuando el padre ya no lo soportó es cuando se lo quiso coger a él, así que cuídate". Para variar, su única expresión fue: "¡Ave María Purísima, *Cattarinus Sindrummus!*". Para ese entonces, Catarino ya había fallecido; pero su ánima convertida en verga seguía haciendo estragos.

No sé a qué atribuir el hecho de que a Martín se le terminó la violencia; el caso es que duró algunos años apaciguado en la casa; hasta que, de manera repentina, falleció de muerte natural. Dicen que cuando se vive en pareja mucho tiempo y uno de ellos fallece, el otro lo sigue en un corto tiempo y así fue. Mi hermano Victoriano lo siguió, pues falleció de igual manera. No quiero pecar de mal pensado, pero creo que también a Victoriano se lo estuvo cogiendo; y, al verse solo, decidió seguirlo para que se lo siguiera cogiendo en el Motel de San Pedro.

Podría pasarme un chingamadral de cuartillas escribiendo varios libros narrando todas las vicisitudes de Martín. Describiendo detalles, inventando o escribiendo un chingo de mentiras —como acostumbran mis nunca bien ponderados y engreídos escribidores— y, como diría Fox, las escribidoras, para el deleite de sus "leidoras" y sus "leidores", poniéndoles a esos libros títulos que no tuvieran que ver nada con el tema; como, por ejemplo, la ocurrencia de *El amor en los tiempos del cólera*, que ni al caso con la novela. Pero ya me aburrí y me cansé. Esta madre no se hizo para mí. Que conste, por si se le olvida a alguien: estoy escribiendo a güevo (aunque ya me divierto un poco).

Rodolfo

Mi cuñado Rodolfo era muy bien visto en todos los ámbitos en que se desenvolvía, especialmente en el magisterial, sin menospreciar el familiar y con su círculo de amistades. En su casa siempre hubo personas que le ayudaron con las labores domésticas, ya que tanto él como mi hermana, trabajaban. Con todas las trabajadoras era muy considerado. Recuerdo en especial a una de ellas, la Sra. Adel, quien duró una larga temporada trabajando en su casa. Tanto a ella como a sus hijos los trataba familiarmente.

Un día, cuando me encontraba en mi oficina, recibí una angustiosa llamada de Rodolfo. Quería hablar conmigo personalmente. Yo no tenía la menor idea de lo que sucedía. En ocasiones, tenía alguna urgencia económica y en ese sentido nos ayudábamos; pero no podía ser eso, me lo hubiera dicho. Cuando nos reunimos estaba abatido, no sabía cómo comenzar la plática. Sabiendo que yo era uno de sus amigos de mayor confianza, me dijo: "Me están chantajeando. Me llamaron para decirme que les tengo que entregar una cantidad de dinero si no quiero que me demanden y me desprestigien. Me dicen que saben con quién de mis alumnos he tenido sexo y que conocen todos mis movimientos". Después de hacerle varias preguntas, le expresé: "Vamos a resolver este asunto". Acudí a la ayuda de dos amigos de la policía judicial. Nada más les expliqué lo del chantaje sin entrar en detalles. Se organizó un operativo.

Le habían dado un plazo para entregar el dinero y le volverían a llamar para darle las instrucciones. La indicación de nuestra parte fue: que les dijera que ya tenía el dinero, pero tenían que prometerle que ya no lo molestarían. Como se esperaba, le llamaron y le dijeron que debía entregar el dinero en un lugar del centro de la ciudad, que debía llegar a cierto punto y allí alguien lo abordaría. Comenzó la estrategia. Desde antes de la hora fijada, los policías estarían vigilando el lugar. Nos fuimos desde su casa en mi automóvil. A dos calles del sitio acordado se bajó del auto y se fue caminando. Una vez que entregara el dinero volvería al lugar donde lo había dejado. Después me platicó que en esas dos cuadras iba cagado de miedo.

Llegó al punto de la cita cuando un menor se le aproximó diciéndole: "Profesor Carrazco: vengo por el encargo". Rodolfo le hizo algunas preguntas para cerciorarse de que se trataba de quien lo chantajeaba. El chamaco le dijo que no había ningún problema, que ya no lo iban a molestar. Le entregó el dinero y sin ver hacia dónde se dirigió, se encaminó hacia mí. Me quedé estacionado un rato en ese lugar hasta que llegaron mis amigos los policías. Llevaban con ellos al muchacho que recibió el dinero y a otros dos menores para ver si reconocía a alguno. De inmediato identificó a uno de ellos; se trataba de un hijo de la Sra. Adel, quien visitaba su casa y estaba enterado de sus actividades (principalmente de las sexuales), ya que a ese muchacho se lo había cogido.

No sabía qué hacer. Por una parte, los muchachos ya estaban detenidos; pero al hacerse oficial el asunto, tendría que ventilarse el móvil, donde quizá el chamaco dijera, ahora sí, de lo que se trataba y eso podría ser perjudicial, sobre todo en la vida laboral de Rodolfo. Los policías estaban dispuestos a lo que nosotros decidiéramos. Se tomó la determinación de llevarlos detenidos a la casa de Rodolfo, donde estaba su trabajadora, la madre del menor que planeó la extorsión. La señora se moría de vergüenza, le rogaba a Rodolfo que lo perdonara y que ella se haría cargo de que nunca volviera a intentar algo en su contra. Por una parte, Rodolfo era de muy buenos sentimientos y, por la otra, estaba su reputación. Decidió perdonarlo. Los judiciales recibieron una compensación por su discreción y todo volvió a la normalidad. El único consejo que le di a mi cuñado fue decirle que, de ahora en adelante, le diera las nalgas a puros mayores de edad.

Encargo

Me dieron el encargo de escribir algo sobre las palabras o temas siguientes: concha, el día de mi muerte y panocha.

Como únicamente se trata de comentar cualquier cosa acerca de esas palabras, se me ocurre, en primer término, lo referente a *concha.* Identifico ese término con el caparazón que tienen las tortugas, los ostiones o los caracoles para protegerse de los peligros que los rodean. Se le denomina también a un artículo que usan algunos deportistas para protegerse el pito y los huevos. Otra acepción es el apócope de Concepción, en referencia al nombre propio. En sentido figurado, también se usa para calificar a personas que no tienen vergüenza, es decir, que aunque los tilden de gorrones, huevones, o los critiquen por su manera de ser, les vale madre, porque simulan tener ese caparazón que los protege. De allí que se les dice *conchudos.* También se utiliza el término para denominar piezas de pan.

En lo concerniente al nombre propio, contaban que una vez que san Pedro se enteró de la violencia en México y, en especial, en Ciudad Juárez, envió a la Purísima Concepción y a las once mil vírgenes para ver si podían resolver la situación que imperaba. Debían de ir a convencer a toda la población para que llevaran una vida cristiana. Les dieron de plazo hasta las doce de la noche. San Pedro estaba impaciente porque no regresaban. Eran las cinco de la mañana cuando regresaron y tocaron la puerta. El guardián celestial, con todo lo cauto que era, preguntó: "¿Quién es?". De inmediato, la Purísima Concepción le contestó, con una voz aguardentosa:

"Concha y las muchachas". Ya no era purísima y, como las otras once mil, en realidad, no eran vírgenes, volvieron igual de aguadas que cuando salieron.

Respecto al *día de mi muerte*, puedo decir que pido que sea pronto, ya que el hijo de la chingada de mi hijo vaticina que voy a morir, cuando menos, a la edad de 90 años; ya que mi madre tiene noventa y tantos y aún vive y que la longevidad se hereda. ¡Que la lengua se le haga chicharrón y el culo carnitas!, si a mis 65 ya siento "pasos en la azotea" y lo único que me sostiene es que todavía disfruto de la única herencia que me dejó mi padre: de que se me pare la verga. El día de mi muerte es como cualquier otro día de la muerte de cualquiera, ya que no hay nada más allá. En mi caso, lo único que dejaría son las broncas de mi entierro. Ya ni siquiera tengo la oportunidad de dejar algún órgano útil que pudiera donar; pues hasta ahora, que yo sepa, no se puede trasplantar el pene, que ése sí, estoy seguro de que les serviría a algunos.

Por otra parte, no dejo nada que beneficie; aunque, viéndolo de otra manera, sí puede ser favorecedor el hecho de que ya no cause problemas. Y hablando de conchudos, mi mayor deseo sería que mi muerte ocurriera estando dormido. Por las dudas, si así sucede, quiero que sepan que quise mucho a mis hijos, a su madre y casi a todos los miembros de mi familia y me dio mucho gusto que no salieran como yo. Y como buen conchudo, pienso que si volviera a nacer, repetiría —si se pudiera— mi historia. Cuando era niño, me impresionaban los muertos, sobre todo los conocidos, tenía miedo. Desde joven jamás pensé en la muerte y menos en la mía. Ahora que la veo próxima, no me impresiona, no me duele y tampoco la pienso. Que sea como Dios quiera.

Otro tema, por cierto muy trascendental, es *la panocha*. Sobre este punto, tal vez me gustaría escribir varios tomos, pero lo voy a resumir. Como con las piezas de pan, también las hay. También se le llama así a un dulce y la otra acepción que conozco es la que se refiere a un confortabilísimo túnel femenino que cuenta con un clima natural, sumamente agradable, y que desde su entrada cuenta con unos labios que invitan a besarlos. Su entrada suele estar rodeada por follajes de diferentes tipos: pueden ser lacios, enrizados, con colores de diferentes tonalidades y diversos aromas. Esos túneles suelen tener unas paredes muy estrechas o muy separadas. Y pueden tener una abundante humedad hasta mucha resequedad. Podría decirse que así se diseñaron para toda clase de espeleólogos, desde los que les gusta ir haciendo brecha, hasta los que, de plano, les gusta encontrar verdaderos océanos.

Ahora bien, ese confort puede ser a la vez muy peligroso, ya que produce diferentes efectos. Hay a quienes les causa verdadero placer, pero hay otros a los que les ocasiona un irreversible apendejamiento; originado, este último, por lo regular a los inhibidos, pero para que se dé la regla hay excepciones. Existen desinhibidos pero pendejos que se quedan prendidos de la primera panocha que saborean, sin importarles otros factores, como el que la poseedora sea limpia, de buena presencia, de buen trato, incluso, de preparación.

De lo que todo mundo está consciente es que, simultáneamente, se trata de un órgano maravilloso, pero también es un arma mortífera; ya que hay panochas que pueden dominar a cualquiera. Como referencia podemos citar a Adán, a Sansón, a Díaz Ordaz, que han sido casos relevantes; pero existe un sinnúmero de apendejados.

Cercanos a mí hay varios, como ejemplo menciono a dos amigos que he tratado, Alberto y César; pero hay un chingo que no viene al caso mencionar. A ésos se les identifica como *enculados*. Benditas panochas las que son portadas por mujeres hermosas. Y como este ensayo literario se trata únicamente de hacer alguna descripción o comentario sobre los tres temas, lo que me resta decir es que como yo soy muy *conchudo*, deseo que *el día de mi muerte* se me sepulte enconchado con dos *panochas*, una en mi boca y otra en mi pito. Amén.

Entre copa y copa

Entre la época de la secundaria y la prepa (de 18 a 23 años) comenzó mi vida de desmadre callejero, de diversión de bailes, de un chingo de viejas. Desde muchachas de familia, que nunca se me iban sin cogérmelas, hasta putas de burdel. De todas, recuerdo a una que me encerraba en su casa desde el viernes hasta el lunes en la madrugada. Cogía como un pendejo, metiéndola y sacándola hasta *venirme* y las veces que podía durante el tiempo que duraba en su casa. Esa pinche vieja no me enseñó nada, ella se sentía agusto y caliente teniéndome encima. Otra que andaba por las mismas, cogía y cogía. Cuando yo terminaba ella seguía caliente y me decía: "Méteme los dedos, méteme los dedos". Reaccionaba como un pendejo. Nunca me imaginaba que le podía meter los dedos. Su desesperación forzaba a mi mente para que se me parara de nuevo, como una pinche máquina. Con el tiempo, me di cuenta para qué sirven los dedos y poco después para qué sirve la lengua. Qué pendejo, no sabía nada de erotismo.

Y así siguió mi vida, ya en la agencia aduanal, ya en la maquila, ya recién casado, ya coge y coge por todos lados, ya en los bares jugando billar, intercalando viejas de los bares, de la calle, de la maquila, incrementadas con la compañía de Nelson. A veces, quiero recordar cuántas viejas fueron y me pongo a hacer memoria. En el barrio: fulana, sultana, perengana; en la calle tal y cual; en los bailes, un chingo; en los bares, ¿cuáles?; durante la maquila, ¿cuáles?; en el motel, ¿cuántas?; en el bar, ¿cuántas? Pasan por mi mente caras, nalgas, chichis, piernas, cabellos, ojos, labios, y todas esas palabras me recuerdan algún nombre o a alguien cuyo nombre he olvidado. Quiero hacer una contabilidad y no puedo; aunque creo tener buena memoria, siempre llega el recuerdo de otra. Cuando escucho la canción de Pedro Infante que dice "Entre copa y copa dejé yo mi vida" imagino mi canción y digo: "Entre culo y culo dejé yo mi verga". Qué pinche vida tan ojete llevé. Que lástima que ya no pueda seguir viviéndola igual.

Jaurías

En el 2008, cuando ya la violencia en la ciudad estaba en todo su apogeo, el negocio ya daba muestras de decaer completamente. Se incrementó la presencia de la policía federal, llegaron otros dos mil o tres mil policías. El motel fue uno de los lugares que escogieron para hospedarse. De hecho, lo rentaron íntegro para ellos, con servicio de alimentación. Se instalaron dos agrupamientos de 120 elementos cada uno. Se ocupó en su totalidad, con la excepción de la suite #60, la mía. De pronto, de la noche a la mañana, parecía un fuerte. Las puertas de entrada con guardias. Al despuntar el día, en cuanto salí de la habitación —que, prácticamente, quedaba junto a los guardias— se me dejaron ir, diciéndome que me identificara. Me presenté y les dije que yo era el gerente del hotel y que allí vivía. En eso estábamos cuando pasó el coronel, que era jefe de todos, y a quien conocí previo a su llegada para instalarse. Me saludó y luego ya empezaron a platicar conmigo; primero los guardias y después casi todos. Se enteraron del bar y que yo lo dirigía y así se fue dando la relación con ellos.

El bar, que ya también decaía, se vio atiborrado de federales. Semejaban una jauría a la que tenían amarrada y que, de súbito, la soltaron. El primer día no podía sacarlos a la hora de cerrar. Muchos ya estaban pedos e insoportables. La única manera de lograr que se fueran fue vendiéndoles cerveza para que se la llevaran a sus cuartos.

Posteriormente, empezaron a suscitarse varios episodios. Algunos de nuestros clientes habituales, que todavía iban, dejaron de ir. Se sentían incómodos por el desmadre que hacían los federales. En una ocasión, en que estaba una chava acompañada de un cliente, uno de los policías la vio y le gustó. Le dijo al mesero que le hablara y éste le contestó que en cuanto se desocupara, se la llevaba. No le cayó en gracia la respuesta y fue a invitarla él directamente. El cliente, que ya estaba tomadón, le reclamó. ¡No lo hubiera hecho! Este cabrón lo sacó del bar. Cuando lo llevaba hacia la puerta, ya estaban amontonados un chingo de federales. En cuanto lo sacó, se le fueron encima todos y le pusieron una chinga que creí que allí se quedaría muerto. Ya en el suelo, le pateaban las costillas, la cara, la cabeza. Yo no podía contenerlos. En mi mente veía la clausura del bar y el escándalo y las consecuencias que podría tener. Algunos de ellos mismos detuvieron la masacre. No podía entender cómo el pobre cabrón se levantó, renqueando, en zigzag llegó a su auto y se fue. No faltó un pendejo que trató de justificarse y me dijo: "Si usted supiera lo que nos hacen cuando nos agarran". Este güey ya veía enemigos de guerra por todos lados.

Jotos

Adrián era una persona muy seria y respetuosa. En ocasiones, iba con él al súper a comprar lo que se necesitaba para prepararles los alimentos a los policías. La primera vez que lo acompañé lo hice ponerse muy serio conmigo. Bromeaba con él en el hotel, pero esa vez en la tienda, al llegar a la caja, le pregunté frente a la cajera: "¿Nos falta algo más, cariño?". Se me quedó viendo muy serio y la cajera también nos observaba fijamente. En especial a él. Le dije a la chava: "Ahí le encargo, m'hija, es mi pareja". Ella permaneció seria y nos cobró. Ya esperaba que al salir, Adrián me echara mis pedos; sin embargo, lo que me comentó fue: "¿Se fijó cómo se quedó la cajera?". Y enseguida se rió. De allí en adelante era lo mismo, ya cuando llegábamos a alguna caja a pagar, él mismo me decía, adelantándose: "Con esta cajera no nos había tocado". Ya le gustaba la broma. Alguna persona me dijo que las cajeras comentaban, cada vez que nos veían: "*Ahi andan los jotos*".

Eduardo

Otro mesero era Eduardo; quien, para variar, era experto en chingarse los cambios. A los pocos días de entrar a trabajar llegó con una vieja muy buena, preguntándome si ella se podía quedar a trabajar, que bailaba muy bien. De volada me la llevé a la oficina para entrevistarla (para que me enseñara a mí primero todo lo que traía debajo de la ropa). Sí estaba muy buena y guapa. Después de "leerle la cartilla" de cómo trabajábamos, y recomendándole que no se relacionara con ningún compañero del trabajo, se quedó a trabajar. Eduardo era joven y ya tenía experiencia en esa clase de bares. Estaba muy trompudo. Todos tenían apodos. David *el negro*, Benjamín *la hormiga* (por aquello de que sacaba cargando cabrones más grandes y pesados que él), etc. Me faltaba ponerle apodo a Eduardo.

Ya le decían *trompas* y yo les decía que no fueran culos, que con el aspecto físico no se llevaran. Una vez que lo vi correr a madre, casi volar para atender una mesa, se me iluminó el ingenio. Cuando vino hacia mí, le dije: "Ya lo vi, está cabrón, parece avión". Y así lo bauticé, empecé a decirle *avión*. Pronto comenzaron los demás a llamarlo así. Hasta se sentía orgulloso cuando le gritaban *avión*. En una ocasión, me preguntó Benjamín que por qué le había puesto el *avión*, si era más lento que todos. "Ah, ¡cómo es pendejo, Benjamín! Hay que buscarles un apodo que les guste. ¿No ve cómo se siente mejor que le digan *avión* que *trompas*? No le vaya a decir, pero yo no le puse el *avión*". Le escribí en una hoja y se la enseñé: "Lo apodé *el labión* por las jetas que tiene y ¡mírelo, agusto!". Ya se cagaba de risa. La recomendación de que no se lo fuera a decir hizo efecto. Ese mismo día me lo echó encima. Le dijo: "¡Cómo serás güey, el Lic. te puso el apodo y no te diste cuenta! No

te dice *avión*, te dice *labión*, por las jetotas que tienes".
Eduardo fue y me dijo que cómo era gacho, que Benjamín
le había explicado por qué le había puesto yo el apodo de
labión. Le contesté: "Parece que no conoce a Benjamín, es
un pinche amarra-navajas". Y se le quedó el apodo.

Se acostumbraba que los meseros, al terminar el
trabajo, le daban una propina al cantinero. Éste, tenía un
sueldo mayor que ellos, pero a los meseros les iba a toda
madre con las propinas. Se empezaron a hacer pendejos y
no le daban nada. El cantinero comenzó a quejarse
conmigo y yo les decía: "No sean culos". El caso es que se
fue haciendo costumbre que no le dieran ni madre, hasta
que me cansaron los reclamos. Los junté y hablé con ellos:
"¿Por qué dejaron de cooperar con el cantinero?, ustedes
saben que los atiende bien y que él no agarra propinas".
Me contestaron que casi no estaban recibiendo propias y
que, además, el cantinero tenía mejor sueldo. "Ya está" —
les dije— "hagamos de una vez un rol: el lunes va a estar
de cantinero David, el martes Benjamín, el miércoles
Eduardo, el jueves usted Meny, y así le damos vuelta. El
viernes David, el sábado Benjamín". No terminé de rolar la
semana cuando pegaron de gritos. De volada aceptaron
darle propina. Les comenté: "La próxima vez se pone el rol
y se acabó este pedo".

Un día de descanso del cantinero, Eduardo me
pidió suplirlo. Cuando estaba dentro de la barra se veía
muy acelerado, muy nervioso. Cuando un cliente se
acompañaba de su amiga y se la llevaba a un rincón que
estaba más oscuro, se salía a madres de la barra para
atender esa mesa. Cada rato lo volvía a hacer, se salía para
servir a esa mesa. Hasta que el mesero que le correspondía
esa mesa la hizo de pedo. Me quedé observando a Eduardo
y lo veía nervioso y atento, viendo la mesa donde casi se
estaban cogiendo a su amiga. En cuanto lo hizo de nuevo

le hablé y le pregunté: "¿Qué chingados anda haciendo sirviendo las mesas?, usted está de cantinero". Y ya no volvió a dejar la barra. Luego, ya cerrado el bar, iba saliendo con su amiga; les hablé y le dije que me explicara. "¿De qué se trata? —les pregunté— "¿estaban chingando al cliente o qué?". Quién sabe qué excusa me dio y se fueron.

Al día siguiente, al llegar, habló conmigo en privado. Me pidió que le echara la mano, que la verdad era que la chava no era su amiga, que era su esposa. Lo que pasaba es que este cabrón no podía ver bien si se estaban cogiendo a su vieja y por eso corría en chinga para vigilarla. Le dije que sólo podía darle trabajo a uno de los dos, que me iba a armar una bronca cada vez que viera a su vieja caliente y se la estuvieran cachondeando o cogiendo. Entonces, se fue la esposa y se quedó trabajando él. Como este cabrón era muy *rata* con los clientes, hubo muchas reclamaciones, hasta que le dije: "Esta es la última vez que se la paso, la siguiente que haga eso se va a su casa". Reincidió: de nuevo chingó a un cliente. Éste mandó llamarme con otro mesero. Cuando fui a atenderlo me reclamó el cambio que no le habían dado. Le ordené al otro mesero que pidiera el cambio en la caja y se lo diera. Eduardo, en cuanto vio la bronca, se retiró. Cuando voltee para hablar con él ya se había ido. Nunca más volví a verlo. A la que volví a ver fue a la esposa, quien fue a pedir trabajo. Me dijo que sin Eduardo ella iba a trabajar a toda madre; y, obviamente, se quedó a trabajar. A pesar de que estaba muy buena, no me la quise coger; los que sí lo hicieron fueron David y Benjamín.

Frida

En estos pasajes que escribo de mi vida, el tema principal y recurrente —como ya se habrán enterado, a estas alturas, mis lectores— es el de las viejas. Si tuviera que ponerles un título, sugeriría el de *Recuerdos de un calenturiento* o *La vida de un enfermo sexual*; o bien, *La maravillosa vida entre unas nalgas*, o el de cualquier chingadera que se le pareciera.

Una vez que andaba en las oficinas de Averiguaciones Previas me encontré a una vieja muy buena. Su nombre: *Frida*. No sé por qué nada más ese tipo de viejas era las que llegaba a conocer, o si me hago pendejo y no me acuerdo de las viejas que, a mi gusto, estaban muy pinches. Me comentó que había conseguido una cita porque tenía un problema con alguien que le había ocasionado daños a su automóvil y parecía que estaban favoreciendo al culpable; que ella siempre había ido sola a las citas anteriores y que no había logrado nada. El caso es que entré a acompañarla y, de alguna manera, se logró que le repararan los daños. Cuando salimos me lo agradeció y me invitó a comer, pero yo no pude ir. Luego me dijo que cuando quisiera visitarla, podía ir a su trabajo.

Era bailarina de tubo (puta, pues) y que trabajaba en el bar *Princess*, que estaba en la calle Bolivia, justamente donde estuvo antes —en la edad de mis andanzas— el bar *El Embajador*. De inmediato recordé las nalgas de Lupita, la que cogió conmigo por una apuesta que había hecho.

La visité y me recibió de una manera muy agradable. Se sentó conmigo y nos sirvieron una copa. Cuando pregunté al mesero cuánto era, ella le dijo que ella pagaba, que yo era su invitado. Después anunciaron una promoción de bailes privados. Ella me preguntó que si quería un baile, que ella me lo quería dar de cortesía. Esos bailes de promoción los cobraban a medio precio y una bola de cabrones escogían a la vieja que querían. Los hacían colectivos en un cuarto grande. Yo veía una línea de cabrones a mis flancos, parados, con los pantalones abajo, en donde las viejas totalmente encueradas les arrimaban el culo, haciéndoles movimientos cachondos, tallándoles el culo por encima de los calzones. Ellos nada más podían agarrarles las nalgas, las chichis o lo que les alcanzaran, pero no podían coger.

Cuando ésta me acercó su impresionante culote (tenía una anatomía exuberante que no reflejaba ninguna gordura; se me figuraba el cuerpo de algunas vedetes, como Tongolele o como Olga Breeskin) y por más que me lo arrimaba, el pinche pito no se me paró. Mientras más me lo regocijaba, más se me escondía. De ver a la bola de cabrones semi-encuerados a mis lados y de lo inesperado de la situación, se asustó mi fiel compañero de mil batallas. Ha de haber pensado mi amiga: "Este pinche viejo es maricón", o algo más benévolo: "A este pinche viejo ya no se le para". Me despedí con ganas de invitarla a salir otro día a otro lugar, pero me arrepentí; porque hasta llegué a pensar que ya nada más me servía para mear. Lo que pasaba es que todavía andaba apendejado por lo de mi divorcio.

Luego, ya en mi bar, un día se presentó una chava a pedir trabajo y mi gran sorpresa fue ver que era nada menos que Frida. Estaba igual de buena, o más. En cuanto me vio me saludó muy efusivamente y cuando supo que yo la entrevistaría, me dijo: "¡Qué padre! ¿Usted trabaja aquí?". "Sí" —le dije— "yo estoy a cargo del bar". Ya no tuve que hacerle ninguna prueba, inmediatamente le dije que me encantaría tenerla trabajando conmigo.

Como sucedía con cualquier chica que llegaba, fue la atracción del momento. ¡Pinches meseros! David y Benjamín creyeron que les llegaba carne nueva, pero cuando la veían que no se me despegaba, se dieron cuenta de que se la pelaron. Mi verga tenía una deuda conmigo y yo tenía una deuda con ella; mi pito me pagó su deuda y yo le pagué a ella la mía, con creces. Durante una temporada disfruté a toda madre su compañía.

En una ocasión que llegué de improviso al camerino la vi cogiendo con una de las putitas de allí y cuando platiqué con ella, supe que vivían juntas. Empezó a faltar al trabajo y a ir esporádicamente. Me decía que estaba teniendo problemas con su viejo, que él no quería que trabajara porque la mantenía bien. Se le veía en su vestuario y en su automóvil que eso era cierto, pero estaba acostumbrada a putear y no podía dejar de ir. Un día se presentó un cabrón que la sacó a chingadazos, era su viejo, un narcotraficante.

Mucho tiempo después, cuando ya se había cerrado el bar, me llamó por teléfono para ver si yo podía hacer algo por él. Estaba preso en Guadalajara, lo estaban procesando por sicario, y que "había bastante lana para un abogado que lo sacara". Le dije que le convenía investigar sobre algún abogado que fuera de Guadalajara. Nos despedimos y ya no la volví a ver.

Romero

Cuando mi amigo Luis, el guitarrista, me visitaba solo —
sin mi hermana Rafaela— llegaba a mi habitación y si no
me encontraba, me buscaba en el bar. Cuando éste se
encontraba sin clientes, yo le decía que metiera la guitarra
y lo ponía a tocarla. Cantábamos algunas canciones y las
chavas se acercaban a nosotros y se hacía buen ambiente.
Luego regresábamos a la habitación; yo notaba que a él le
gustaba más allí. Invitaba algunas de las chavas a que nos
acompañaran un rato y de volada me decían: "Deja
cambiarme". Les contestaba: "Así vámonos". Y allí iba la
caravana de los *artistas* y el desfile de nudistas en el
trayecto del bar a la habitación.

Cuando ya estábamos en ambiente empezaban las
chavas a pedir alguna melodía y este cabrón, encantado,
complaciéndolas. Se inspiraba viéndoles las nalgas. Y
luego mi intervención. Les dije: "Miren, muchachas, este
cabrón no trae dinero, cuando viene a visitarme deja de ir a
tocar y aquí no saca ni madre y como ustedes lo están
haciendo trabajar y tampoco ustedes traen ni madre de
dinero, les voy a proponer lo siguiente: vamos a negociar
como lo hacían antes de que existiera la moneda. El
comercio se hacía por medio del trueque. Esto quiere decir
que el que llevaba frutas, las cambiaba por lo que
necesitara y así cada comerciante intercambiaba sus
productos. Aquí, el producto que vende este señor es la
música y el de ustedes son las nalgas. Vamos a poner una
lista de precios. La que quiera que le canten una pieza, le
da un beso a Luis; cuando sean dos, permite que él le
mame las chichis; cuando sean tres, le da una mamada de
verga a Luis; y la que llegue a pedir diez piezas, le paga

con una cogida".

Pinches viejas que les encantaba el pedo, de volada aceptaron. Y así, canción tras canción, le llovieron besos; él mamó chichis en bufet, y le mamaron la verga. Este cabrón se dejaba *muy a huevo*, porque aparte de la cantada se dedicaba a dar clases de catecismo en templos de El Paso, Texas. Siempre fue muy de su casa y su familia. Su hijo enfermito ocupaba un espacio muy grande de su tiempo.

Entre las viejas estaba Iveth, una chica que tenía un hijo con el mismo problema del hijo de Luis. Ese niño tenía cinco años. Cuando supo que Luis tenía un hijo como el de ella, platicaron y llegaron a estimarse mucho. Después, él la visitaba en su casa y le daba consejos de cómo tratarlo, ya que las conductas de los niños eran iguales y ella tenía mucho que aprender de Luis. Cuando se empezaron a frecuentar más, me quedaba con la preocupación de que fueran a coger y saliera embarazada. Luego pensaba qué clase de engendro podrían procrear. Un mongol reforzado. ¡Líbrenos Dios!

Después que mi hermana Rafaela se casó, este cabrón se deprimió. Yo era su confidente. Le decía: "No seas pendejo, lo que pasa es que nunca agarraste otra vieja aparte de la tuya. Ya me imagino cómo cogían. Con el trauma del niño que nació enfermo y con la pinche onda que has vivido dando clases de religión, el día que cogiste con mi hermana sentiste la gloria; pero con cualquier vieja que cojas vas a estar más agusto que con tu esposa".

Con el tiempo, se acostó con una de sus feligreses. Cuando este cabrón las catequizaba, les tocaba la guitarra y les cantaba. Muchas viejas lo invitaban a alguna fiesta o velada en sus casas, para que amenizara. Este pendejo no sabía leer la mirada de las viejas que se lo querían coger, y que en las iglesias es donde más fácil se consiguen las nalgas. Desde que me empezó a visitar y a tener trato con otras mujeres, comenzó a darse cuenta del mundo. Cuando se comenzó a coger a esa señora, le cambió su semblante y su actitud. Después se volvió muy *viejero*. Me sentí arrepentido. Le robé a Dios una de sus criaturas.

ACPHPCCJ

Durante una época en que me buscaban muy seguido mis amigas, para que las defendiera de los pinches policías abusones —que estaban acostumbrados a quitarles el dinero con cualquier pretexto— una de ellas me llamó porque la detuvieron junto con tres compañeras, a escasamente una cuadra del motel. Las bajaron del carro y las amenazaron con llevárselas detenidas, les hicieron el alto sin haber causado motivo alguno. Que si podía ir a rescatarlas.

Me fui en chinga y llegué *patinando llanta* hasta donde estaban. Me dirigí al que la hacía de jefe. Los otros estaban revisando el interior del auto como si buscaran cargamentos de droga, explosivos o no se qué chingados. El caso es que le pregunté que cuál era el problema, que por qué las tenían detenidas. Me contestó lo mismo que todos los anteriores, que era una "revisión de rutina" y me preguntó que quién era yo. Le contesté que era el Lic. Aurelio Figueroa que yo era el patrón de las muchachas y dueño del hotel. Que ellas iban a su trabajo y que me hablaron porque las habían detenido. Me comentó que nada más faltaba que llegara una mujer policía, para que les hiciera una revisión corporal.

Me retiré un poco y hablé con la que me llamó. Le pregunté si traían algo que las comprometiera. Me dijo que nada más ella traía un pase de coca en los calzones. Me aproximé al policía y le dije: "Si no las deja ir en este momento, le voy a interponer una demanda por abuso de autoridad. Ustedes no tienen por qué detenerlas. Veo que ya registraron todo el carro, cometiendo un delito y al no encontrar nada, todavía las quieren encuerar en la vía pública. Ya tomé el número de sus unidades. De cualquier manera, si les encontraran algo, como un cigarro de mariguana o un pase, no constituye ningún delito. Yo platico aquí en nuestro restaurante, muy frecuentemente, con el capitán Tarín y el teniente Quintana, son mis amigos; y seguido les platico los abusos que cometen los policías con nuestros clientes al salir del hotel, que sin motivo alguno y en un franco abuso de autoridad, los despojan de sus pertenencias, amenazándolos de llevarlos detenidos. Ellos me contestan que los agentes no entienden, a pesar de que hay muchos demandados por abuso de autoridad. Por última vez, le digo que si no las dejan ir inmediatamente los vamos a demandar". A regañadientes las dejaron ir. Evité que las registraran físicamente, porque con cualquier cosa que les encontraran —aunque fuera ilegal la detención— se las habrían llevado y les cobrarían una multa.

De pronto, hacían redadas. Llegaban y subían a las campers a cuanta puta veían en los alrededores. Una vez que las tenían dentro de la corporación, pagaban las multas que les imponían. Las traían *asoladas*, o cooperaban o las detenían.

A raíz de todos estos acontecimientos y estando con un grupo de mis *niñas* en mi habitación, se me ocurrió proponerles una cosa. "¿Por qué no formamos una Asociación de Putas?". Lo mencioné de forma burlesca. Sin embargo, al ver que luego aparecía en los diarios alguna manifestación de homosexuales, por los mismos motivos y ver que las autoridades tenían que suspender las redadas, lo pensé casi en serio. Y me dije: "¿Por qué no?". Y empecé a platicarlo con muchas más. Les gustó la idea. Les dije que tenían que arriesgarse a dar la cara, que tal vez teníamos que organizar una manifestación frente a algunas dependencias; pero que tenían que desnudarse completamente para llamar la atención y que nos hicieran caso. Ya me sentía el líder de esa gran asociación. En mi mente empezaron a fluir ideas. Me imaginaba un membrete: "ASOCIACIÓN CIVIL DE PROSTITUTAS, HOMOSEXUALES, PADROTES Y CONEXOS DE CIUDAD JUÁREZ, A.C.". Como exposición de motivos empezaría argumentando los fundamentos de la constitución de la sociedad. Entre los cuales serían:

Tomando en consideración que la prostitución es la profesión más antigua de la humanidad y remontándonos hasta el inicio de nuestra era, no olvidemos que un señor llamado Jesús, al que le decían Cristo; quien se dejaba ser llamado *el hijo de Dios*, mismo que le dio el nombre a nuestra era, en una de sus andanzas llegó a un pueblo en donde se le calentó la hormona y buscó una prostituta. Encontró a Magdalena y desahogó sus instintos carnales. Luego continuó su camino, seguido por algunos cabrones que se encargaban de pregonar las aventuras de su mesías. A todos los lugares llegaban noticias de que hacía milagros, que hacía ver a los ciegos, que enderezaba jorobados, que resucitaba muertos —como a un tal Lázaro—; al que, cuando lo estaban ya velando y que ya apestaba, la afligida viuda, al enterarse de los milagros, le dijo: "Señor, si tú haces milagros, resucita a mi esposo". La vio tan afligida que la acompañó al velorio y al ver al muerto, delante de todos los presentes le dijo: "Lázaro, levántate y anda". Y funcionó aquello. Los pregoneros, inmediatamente corrieron la noticia.

Lo que no dijeron fue que ya en privado Jesús le dijo a la ex-viuda: "Lázara, acuéstate y ándale". Y se la cogió. Luego multiplicaba los panes, los peces y cuanta chingadera se le ocurría. Hacer milagros cansa y aburre, y ya fatigado de tanto pinche milagro, decidió volver a su terruño; pero traía la espinita por el palo que le había echado Magdalena, y al pasar por su pueblo, fue a verla y le propuso: "¿Por qué no te vienes conmigo?, quiero que seas mi puta de planta". La pinche vieja, nada pendeja, y que ya sabía todas las chuladas que podía hacer este cabrón —además de lo que estaba batallando en su pinchurriento pueblo para que le pagaran con un pinche pollo flaco por las nalgas— inmediatamente aceptó irse a coger de planta con el milagroso. Y así vivió hasta que se volvió viuda. Ya después se la cogieron todos los que se decían apóstoles, al cabo que ya no pecaban de adulterio: ya era viuda.

Con esta exposición de motivos, sin dejar de mencionar que a partir de esas fechas se había institucionalizado la profesión y que alcanzó auge mundial, no es posible que en una sociedad moderna —como la que pregonamos— se le satanice; sobre todo, cuando todos los pinches mojigatos recurren a escondidas a solicitar los servicios de las putas y luego van a confesarse ante el cura; quien, a su vez, se chinga a las beatas (que, cuando las embarazan, nacen ahijados o sobrinos).

Considerando, además, el florecimiento actual de los DERECHOS HUMANOS tan cacareados como el derecho a tragar (aunque un chingo de compatriotas se estén muriendo de hambre), o el derecho a la educación (aunque tengamos uno de los índices más grandes de analfabetismo en el planeta). O el derecho de abortar, porque la mujer es la dueña de su cuerpo. ¿Y para dar el culo qué? Y para una lista interminable de derechos, como el laboral, el de la salud, el de peerte o el de cagarte o el de chingar a tu madre, o la mamada que sea.

¿Cuál es el delito que cometen las putas por dar el culo?, o ¿en cuál inciden los homosexuales por cagar la verga? Es incomprensible que en este mismo siglo XXI nos comportemos peor que en la prehistoria. No es posible que los pinches parásitos uniformados vivan del culo de los miembros de esta asociación.

Y con estas reflexiones planeaba yo darle forma al instrumento legal que regulara el funcionamiento de esta sagrada actividad. ¡Chingo a mi madre si no hubiera logrado que nos respetaran y que fuéramos la punta de lanza para que se nos imitara en todo el territorio nacional! (¡me cae!). Total, nada se perdía, pero de que me haría famoso, seguro que lo sería.

Todos felices

En otra época llegó una putita a rentar una habitación por un mes; a quien luego se empezó a coger Adrián. Creo que ya me está empezando a pegar el pinche alemán, el tal Alzheimer, porque no me acuerdo de su nombre. El caso es que como todas, se hizo mi amiga.

En una ocasión fue a verme. Llegó llorando. Empezó diciéndome que la habían violado. La noche anterior había dejado a una amiga en el hotel *Casa Blanca* y quedó de ir a recogerla una hora después, cuando terminara con un cliente que la había contratado. Cuando fue por ella, durante el trayecto, la detuvo una patrulla de tránsito porque su carro no traía placas. Le pidieron la licencia de conducir, pero tampoco la traía y el auto no estaba legalizado. Total, que le dijeron que por esas infracciones tenían que retenerle el vehículo y llevarlo al corralón. Ella les pidió que no la infraccionaran, que le dieran chance, que por necesidad andaba trabajando. Ellos ya sabían que todas las chavas que andaban por allí se dedicaban a la prostitución. Luego les dijo que iba a recoger a una amiga suya que estaba en el motel. Cuando estos cabrones la vieron, les gustó, y le dijeron: "Te vamos a dejar que recojas a tu amiga, pero te tenemos que llevar a la delegación para retenerte el automóvil, si no puedes pagar la multa en ese momento". Les rogó de nuevo, pero no aceptaron.

La acompañaron a recoger a su amiga, que también les gustó. Uno de los agentes condujo el auto de mi amiga y a la otra chava la subieron en la patrulla, supuestamente para dirigirse a la delegación. Cuando mi amiga vio que tomaron un rumbo distinto y que se dirigían a hacia un lugar oscuro y despoblado, le pasó por la mente que a lo mejor las mataban. Una vez que estuvieron en un sitio apartado, detuvieron los vehículos y le dijeron que si quería que la dejaran ir, habría de tener sexo con él. Lo mismo le pasó a su compañera. Mi amiga, aunque paniqueada, al verse en esa situación, reaccionó diciéndole que estaba bien, que por qué nos las acompañaban al hotel. Le contestó el agente que "ni madre", que tenía que ser allí. Entonces, mi amiga optó por portarse a la altura, para evitar que le fueran a hacer algún daño mayor, y le dio confianza al agente. Le dijo: "Está bien, lo que quieras; te agradezco que no me quiten el carro, es en el que nos movemos para trabajar". Éste se cogió a mi amiga y el otro a la amiga de mi amiga; luego las dejaron ir.

Cuando mi amiga llegó a su cuarto, no sabía qué hacer, se sentía encabronada y a la vez temerosa de salir, duró toda la noche y el día siguiente encerrada, hasta que se decidió a visitarme para que la ayudara. Al ver que la situación era seria, le dije que por lo pronto no tuviera miedo, que allí en el motel estaba segura. Que iba a ver la manera de solucionar el problema. Le dije que pensara en que había la opción de demandarlos por violación y le expliqué a todo lo que se tenía que enfrentar; pero que le iban a dar la razón y que a los agentes los iban a chingar. Teníamos el número de las patrullas, la fecha, la hora y podían reconocer a los violadores. Que en la mañana podíamos tomar la decisión de qué hacer y que, por lo pronto, se fuera a su habitación y no saliera.

Inmediatamente le hablé a Adrián para que fuera a verme. Cuando llegó lo enteré de los hechos y le pregunté qué opinaba. Me contestó: "¿Usted qué opina?". El hacerme la pregunta implicaba una situación que los dos sabíamos; de alguna manera, íbamos a aparecer nosotros o el nombre del negocio en las notas periodísticas. Teníamos un buen amigo en el departamento de tránsito y le dije: "¿Qué le parece si le hablamos al comandante Rojo y le exponemos la situación, para ver cómo anda el agua?". Le pareció bien y en ese momento nos comunicamos con el comandante Rojo. Como siempre, se reunió con nosotros de inmediato. Le expusimos la situación y le comentamos que la chava quería denunciarlos y que en atención a nuestra amistad, queríamos saber su opinión. Nos dio las gracias y nos dijo: "Déjenme hablar con el jefe y ahorita mismo les llamo". En un rato nos llamó para pedirnos una cita con el comandante en jefe de la delegación, que si los podíamos recibir en la mañana siguiente a las 11:00 horas. Así lo acordamos. Hablé con nuestra amiga y le dije que necesitaba que no saliera para nada del motel, que en la mañana hablábamos para platicar.

A la mañana siguiente, antes de la hora de la cita, la fui a ver y le pregunté qué había pensado. Le dije que estuviera lista, porque si yo la necesitaba le iba a mandar hablar. Que todavía podíamos decidirlo más tarde. A la hora prevista llegó el comandante en jefe de la delegación, el Sr. Delgado, acompañado del Sr. Rojo, quien nos presentó. Pasamos a una suite y allí platicamos. Para ese momento el comandante Delgado ya sabía el nombre de los agentes, ya que me dijo: "Estos cabrones no entienden, ya los tienen en la mira en asuntos internos. Están a un paso de que los despidan por otras faltas y ¡ahora con esto! Yo lo dejo a usted que actúe como le parezca; si quiere demandarlos, adelante, aunque se manche más la reputación de la delegación. O, ¿usted tiene una salida alternativa?", me preguntó. Antes de que le respondiera, también me expresó: "Ya platiqué con los involucrados y aquí vienen conmigo, por si se necesita hablar con ellos. Ellos ya aceptaron su pendejada y vienen para ver si hay alguna solución que sea extrajudicial".

Mandó que entraran a la habitación y yo les inquirí: "Primero, antes que nada, díganme si reconocen que ustedes violaron a estas chavas". Me contestaron que sí. Enseguida, les pregunté: "¿Saben de qué manera la cagaron? A esta chava la dejaron traumada y paniqueada; aunque se dedica a la prostitución, siempre están en peligro de que las dejen tiradas y eso sintieron cuando las llevaron al lote baldío". Déjenme hablar con ella para ver si podemos resolverlo de alguna manera. Fui por la chava. Le dije que se iba a encarar con los agentes que las habían violado, pero que no les tuviera miedo y que ella era la única que podía decidir qué paso se daba. Que si era por el de la demanda, Adrián y yo le ayudaríamos; y que si se encontraba otra solución y ella la aceptaba, así se procedería. Me dijo que lo que ella tenía era miedo de salir, que había pensado en que si los demandaba, no iba a poder seguir trabajando, porque iba a haber represalias en su contra, que en mí confiaba para que se buscara otra solución que la tranquilizara.

La llevé a la reunión y en cuanto se sentó le pregunté: "¿Son ellos?". Me dijo que sí. Le dije: "No quiero que les tenga miedo, ellos ya reconocieron que abusaron de ustedes y están aquí para ver si se puede solventar la situación de alguna manera". Les pregunté a los agentes: "¿Se podrían disculpar?". Enseguida le ofrecieron disculpas, le dijeron que se les había hecho fácil, que ellos no tenían ninguna intención de golpearlas, ni mucho menos. Les pedí que salieran para quedarnos platicando con el comandante Delgado y el Sr. Rojo. Ya solos, el Sr. Rojo intervino para preguntarme: "¿Y si se les ofrece algo de indemnización para que el asunto quede terminado?". Rápidamente le contesté que no se trataba de lucrar con una situación de ésas. Le dije que buscábamos una solución duradera, que ella no tuviera miedo de transitar por la calle, que la habían dejado paniqueada y que, de por sí, cada rato la detenían, ahora ¿qué iba a suceder? Que ella necesitaba trabajar y tenía que moverse de un lugar a otro. Debía recibir una seguridad para que ningún agente que la detuviera la amenazara con quitarle el vehículo o perdonarla a cambio de favores sexuales.

Intervino el comandante Delgado y le dijo: "Mire, señorita, si usted les hace el favor de perdonarles el abuso, yo le puedo asegurar que ningún agente de la corporación se va a meter con usted. Para eso, le puedo dar una tarjeta personal con indicaciones de que a usted no la molesten por ningún motivo". Me dirigí a ella y le dije: "Tú tienes la última palabra, en tus condiciones a mí me parece que lo que te proponen es una buena solución. El comandante Delgado es el jefe de toda la delegación y es una persona seria y todos sus agentes lo respetan y lo obedecen". Aceptó. El comandante sacó dos tarjetas de presentación y escribió en el reverso unas instrucciones con claves que sólo ellos conocen. Una se la dio a ella y le dijo: "No dude en avisarme si batalla con cualquier agente que la moleste y aquí está mi número telefónico para que me llame inmediatamente; le aseguro que nadie la va a molestar en cuanto les muestre mi tarjeta. No tiene que decirles nada, únicamente se las muestra". La otra tarjeta me la dio a mí. Pinche tarjeta: me sirvió como salvoconducto como por tres años.

Los despedimos y los agentes culos quedaron muy agradecidos, al menos a mí cuando me veían en la calle me saludaban cortésmente y con los que no conocía, cuando cometía alguna infracción, me la pelaban. A ella lo mismo. La empezaban a conocer todos los que la detenían y después ya ni la paraban, aunque no trajera placas el carro. Ella quedó contenta, me lo agradeció. Nunca pensó que esa cogida iba a ser la más bien pagada de su vida. ¡Todos felices: los violadores, la putita y yo!

Dayana

Así se llamaba otra de mis *niñas* del bar. Delgada, bien formada, extraordinaria para bailar en el tubo. Le decían *La Changa*. Era brava como la chingada, peleaba como boxeadora; en cualquier pedo de pleito, aunque fuera ajeno, tenía que andar participando. Recién llegué al bar tuvo un altercado con una muchacha que acababa de entrar. De pronto, me dijeron que en el baño de las mujeres había una bronca. Resultó que era Dayana, quien había agarrado a chingadazos a la chica recién llegada. Cuando las compañeras las separaron, la otra chava se fue y no se qué chingadas razones me dio Dayana. En tan sólo unos momentos me dijo el guardia que afuera estaba la policía y que la chica nueva venía arriba de la patrulla. Los policías (a quienes ya conocía yo) llegaron preguntando precisamente por Dayana, porque había golpeado en el vientre a una muchacha que estaba embarazada. Fui a ver a la chava; estaba sentada en la banqueta quejándose de dolores en el vientre, lloraba y se contraía por las dolencias. Le pregunté que qué le pasaba y me dijo que tenía muchos dolores, y que estaba embarazada, que sentía que iba a abortar.

Cuando Dayana supo que la estaban buscando, salió muy confiada y mamona, diciendo que esa pinche vieja se la había hecho de pedo y que por eso le había puesto sus chingadazos. La detuvieron y la subieron a la patrulla. Era mi *bautizo* en esa clase de broncas. Los policías querían hacer de volada el reporte a la Procuraduría y a Gobernación, que eran las áreas responsables de controlar todas las actividades de esos bares y que, por menos de eso, clausuraban los negocios involucrados en lesiones. No sabía qué hacer, les pedí a los policías que me esperaran un rato, que a lo mejor no había mayores problemas con la chava, que todavía no hicieran el reporte. Les solicité que me dejaran llevarla a una clínica que estaba muy cerca del bar para que la revisaran. Me respondieron que me iban a esperar un rato, pero que fuera pronto. En chinga llevé a la clínica a la chava. El personal que estaba de urgencias la vio y me dijeron que tal vez tenía un desprendimiento de no se qué, y que si era eso tendrían que provocarle un aborto. Que le iban a llamar al ginecólogo para que le hiciera un ultrasonido. La dejé esperando al galeno.

Me fui de regreso al bar para hablar con los policías y les dije que ya la iban a revisar, que me aguantaran otro rato, que yo los iba a recompensar por su tiempo. Aceptaron aguardar un poco más. Volví a la clínica y estuve esperando un buen rato y el pinche ginecólogo no llegaba. Y así anduve como calzón de puta, para arriba y para abajo: por un lado, a la espera del médico y, por el otro, intentando convencer a los policías para que siguieran esperando. Cada vez se me hacía más difícil persuadirlos (aguantaban porque mientras más tiempo, más lana; y además, ya tenían detenida a la agresora). Cuando me acerqué a la patrulla para hablar con Dayana, ya le había bajado de huevos. Tenía casi dos horas arriba de la patrulla y con la información que le llegaba, se le iba aflojando todo. Ya me decía: "¡Ayúdeme, Lic.!". "¿No que muy viva?, ¡aguántese!, y ruegue porque todo salga bien".

Por fin llegó el ginecólogo y revisó a la golpeada. Cuando terminó de auscultarla me explicó que no había alcanzado a tener ningún desprendimiento, que había que suministrarle algunos medicamentos y que debía guardar reposo por tres días, que él creía que con eso salía del peligro. Luego hablé con la embarazada y le dije: "Mire, m'hija, a mí lo que más me interesa es su salud y al ver que no tiene nada grave, yo me voy a encargar de todos los gastos de sus medicamentos que le van a recetar". Le dije, igualmente, que ya había escuchado lo que decía el médico y que también le iba a pagar su sueldo por los días que tuviera que descansar. Pero que después de ella me importaba que el negocio no tuviera problemas. Que hablara con los policías y les dijera que ya estaba bien, que nada más fueron los golpes, pero sin consecuencias.

No quería aceptar, decía que contra el bar no tenía nada, pero que tenía mucho coraje contra la que la golpeó; que ella no la provocó, que cuando fue al baño de pronto apareció y la empezó a golpear. Y que ella quería demandarla. Le expliqué que yo acababa de agarrar el bar y que si no me hacía el favor, me iban a cerrar. Que lo que yo le prometía era cuidar de ella y a Dayana la iba a correr, que lo hiciera por mí. No sé cómo estuvo, pero al final admitió hablar con los policías. Allá voy otra vez en chinga al bar a dialogar con los policías para que me hicieran el favor de ir a hablar con la golpeada. Como que no querían; decían que ya tenían que hacer el reporte. Pero de una manera muy sutil, les pregunté: "¿Cuánto les puedo dar para que me hagan la *balona*?". La pensaron y me acompañaron a la clínica. Platicaron con la chava y ella no se rajó. Les dijo lo que habíamos acordado. También conversaron con el médico y se dieron cuenta de que no iba a haber problema. Me dijeron cuánto me iba a costar, me acompañaron de nuevo al bar para darles el dinero y se fueron, dejando a Dayana conmigo.

Me fui a la clínica a pagar los gastos y luego me llevé a la embarazada. Pasamos a la farmacia, la llevé a su casa, le dejé una lana por los días que no iba a trabajar y se terminó el asunto. La chava ya no me habló, Dayana siguió trabajando y en ese episodio me dio la hora de cerrar el bar.

Dayana era muy solicitada por los clientes; a pesar de ser muy joven, ya tenía muchas millas recorridas. Era muy chingona para bailar en el tubo. No sé en qué momento ni cómo le hacía, pero de repente andaba en lo más alto; se subía como chango, de allí le venía el apodo. Lo hacía totalmente encuerada, logrando toda clase de piruetas. Cuando veo en la televisión a muchas bailarinas advierto que esta cabrona no les pedía nada.

A la postre, se vio involucrada en muchos pleitos más. En el último, que fue en el camerino, estaban otra vez como en una lucha campal. Cuando me metí a retirar a alguna de ellas, justo en ese momento, esta cabrona le tiró el agarrón de las greñas a otra y lo que encontró con sus pinches uñas fue mi cráneo. De volada sentí los hilillos de sangre sobre mi cara. ¡Vieja hija de su pinche madre!, yo no sé si lo hizo a propósito. Entre la bola no se supo.

Cuando ya estaban los policías federales ocupando el hotel, un día, como a las seis de la mañana, tocó a mi puerta uno de los guardias y me dijo que me buscaba una chica, que si la dejaba pasar. No le pregunté quién era, solamente le dije: "Por favor, déjela que pase". Era Dayana. Venía recién bañada con una faldita ajustada que parecía que venía encuerada. Se veía chulísima. A mí, todas las viejas que se visten sexys y provocativas me encantan. "¿Qué andas haciendo", le pregunté. Me dijo que había salido del trabajo y que la *había seguido*, pero que como gastó toda la *feria*, venía conmigo a ver si le conseguía a alguien para cogérselo. Que con 500 pesos estaba bien. Yo, por lo regular, siempre estaba casi encuerado en mi habitación, con bikini y camiseta. El clima que tenía estaba regulado para estar siempre agradable. En tiempo de frío estaba muy acogedor y en el de calor siempre estaba muy fresco, refrigerado. Me vestí y le dije: "Ya estás, tú nada más acompáñame. Vamos a hacernos pendejos como que vamos al restaurante y con eso tenemos".

Salimos de la habitación tomados de la mano y *luego luego* provocamos la calentura en los mirones. No faltó el que me hablara y me preguntara que qué onda, que qué andaba haciendo tan temprano. En realidad, me buscaba plática para ver si esta cabrona andaba puteando. Les contestaba: "Pues, aquí, mostrando la mercancía, el que no enseña, no vende". "¿De veras se puede?". "Desde luego que sí, y barato: 500 pesos, pero en mi habitación". En todas las habitaciones estaban hospedados cuatro cabrones y si se la llevaban, ya estando allí, se la cogían todos por un solo pago. Les decía: "Si se animan, nada más me avisan".

No tardó en tocar el primer cabrón y, con pena, me dijo: "Aquí están los 500 pesos, pero son puras monedas" (quién sabe a qué pobre pendejo se las había robado). "No hay pedo", le dije. Me entregó unas bolsas llenas de monedas y, dirigiéndome a Dayana, le dije: "Órale, m'hija, échele un buen palo al señor, vamos a hacer la cruz". Al rato de que salió el primero, llegó otro. Ése sí pagó en billetes. Le echó su palo y ¡pa'fuera!, y el siguiente. Total, fueron cuatro. Dieron las ocho de la mañana y era el cambio de turno.

Esta cabrona se bañó y ya se iba cuando llegó Adrián, quien le dijo: "¡Hola! ¿Cómo andas, guapa, qué andas haciendo?". "Lo ando buscando a usted", le contestó. Luego intervine y le dije a Adrián: "¿Qué no se ha dado cuenta de que esta *culita* quiere coger con usted?".

Me siguieron un poco la corriente y Adrián terminó cogiéndosela.

Hermosa juventud de algunas que tienen esos culos, pues aunque se los llenen de mecos no se aguadan. Este cabrón creyó que era el primero del día. Salió Adrián y ella se despidió. Le dije: "Espérate, toma estas bolsas con las monedas". "¿Qué?", me contestó. "Me verás muy jodida, pero yo nunca pido limosnas: ¡quédatelas, pinche *muertodehambre*!". Me las dejó y se fue. Después, yo le hacía propaganda en el bar. Anunciaba que cualquier persona que trajera monedas, ella le daba las nalgas por ellas. Me decía: "¡Cómo eres cabrón!". Yo le reviraba: "Está bien, tú les das las nalgas, y como yo soy limosnero, me quedo con las monedas". Esta hija de la chingada fue la que en el último de sus pleitos me aflojó un diente.

Don Arnoldo

Entre los clientes que llegaron a hospedarse al hotel estaba don Arnoldo, un señor muy espléndido con el personal del negocio. Era medio raro para platicar, repetía mucho las cosas, tenía ciertos rasgos de que había quedado afectado por no sé qué enfermedad u otra cosa. Iba acompañado de su hijo, un joven cabrón que nomás de verlo, todo tatuado y con una cara de maleante que no podía disimular, nos dábamos cuenta de que no se dedicaba a nada bueno. No se le despegaba a su papá.

Don Arnoldo no tenía trazas de maloso. Como casi todos los clientes, llegó a intimar conmigo. Pedía viejas y hacía buen revuelo con ellas. Siempre les pagaba bien. Presumía que él tenía mucho dinero y me enseñaba su chequera. Me decía: "Mire, en esta cuenta, tengo este saldo". Era un chingo en dólares. No se dedicaba al narcotráfico, porque siempre que llegaba con su hijo, le mandaba comprar dos o tres pases con alguno de los vendedores que siempre andaban por allí. En una ocasión que iba a salir, me pidió el favor de que le cuidara dos *cuernos de chivo* que traía en su camioneta, porque iba a cruzar a El Paso, Texas. Y que al rato volvía por ellos. Me cagué por dentro, pero se los cuidé. Muy seguido nos decía que iba a salir para Michoacán; otras veces a otros lugares. Viajaba mucho.

En una ocasión que apareció con su hijo y otro amigo, el hijo me pidió que por favor lo llevara a Zaragoza, que está cerca del hotel. Lo llevé a él y al amigo que yo no conocía. Primero, llegamos a una casa donde le entregaron una pistola y después a recoger un carro

Mustang negro. Ya de regreso al hotel, empezó a decirme: "Ahora sí, Aurelio, ese cabrón no se nos escapa". Y me quería seguir platicando, pero le dije: "Si tiene alguna bronca, mejor hábleme de otra cosa, prefiero no saber nada que no deba". Cuando llegamos al hotel metió el carro *Mustang* en su cochera y allí los dejé.

En la noche, cuando estaba oyendo las noticias del canal 44, en la nota roja, salió la noticia de dos ejecutados en el barrio de *La Chaveña*, con el acompañamiento acostumbrado: "Los agresores huyeron". Algunos testigos dijeron que habían sido dos personas que conducían un carro *Mustang* negro.

Nada pasaba, todo seguía igual. Un día, llegó don Arnoldo en un taxi al hotel y me pidió si lo podía llevar a una cierta dirección. Era la de un despacho de abogados en la colonia Melchor Ocampo. Luego, me empezó a platicar que por su barrio rondaba un pinche ratero que ya tenía asolado a todo el vecindario; que era un cabrón que allí se mantenía, que dormía en donde fuera, pero que no vivía en el barrio. Era una lacra que a todo mundo chingaba. Que en la noche anterior se había brincado la barda de su casa para robarles el estéreo del jeep. Su hijo oyó ruidos y salió armado al patio. Vio al ratero adentro del jeep quitándole el estéreo, y lo sorprendió vaciándole toda la pistola. Luego se peló a esconderse. Que al rato llegó un judicial y que interrogó a toda la familia. Su nuera le dijo que su esposo lo había matado porque lo había hallado adentro de la casa, robándoles; que había sido en defensa propia. El judicial hizo su trabajo y se llevaron al muerto y al jeep para asegurarlo y levantar las evidencias. Que el judicial les había dejado una tarjeta con su número de teléfono para que se comunicaran con él.

Alguien le había recomendado buscar a esos abogados para que le ayudaran a resolver la situación de su hijo. Para esto, el hijo iba con él en el taxi y se había quedado en una habitación. Llegamos al despacho preguntando por el abogado recomendado. Lo atendió otro y don Arnoldo le explicó lo sucedido. El abogado no dio señales de nada. Dijo que él no atendía casos penales y que el otro no sabía a qué horas iba a llegar. Nos devolvimos y en el trayecto me preguntó que si estaría bien comunicarnos con el judicial para ver qué se podía hacer y que si yo podía intervenir platicando con él. Le dije que sí. En ese mismo momento le marqué al agente Ramos y le expliqué quién era y de qué asunto se trataba, que si podíamos hablar. Me dijo: "Seguro, si quiere lo espero. Estoy en la subprocuraduría".

Don Arnoldo no quiso ir y lo dejé en el hotel. El agente me recibió en un privado de la subprocuraduría y me empezó a explicar cómo estaba el asunto. Me dijo que la misma esposa lo había delatado y que, como yo sabía, no había legítima defensa. Le dije que yo no iba a tratar asuntos judiciales, que mi visita se debía para preguntarle si se podía hacer algo por mi cliente. Que lo que le pasó fue que le dio mucho coraje encontrar a ese malviviente dentro de su casa y que allí estaban sus hijos; y que si él no hubiera estado, quién sabe si hubiera atacado a su familia. Que en el momento no pensó más que en partirle su madre. Que ya los había robado anteriormente y que ya tenía a todo el barrio asolado. Y que no se sabía de dónde era y no tenía ningún familiar entre los vecinos.

Me dijo que él ya había investigado todo eso; pero que de cualquier manera no había legítima defensa para echarle la mano. Le pregunté más claro. Le dije: "Mire, mis clientes no son de dinero, pero si se puede hacer algo para que ese expediente se *duerma*, nada más dígame; si se puede, bien, y si no, pues ¡ni hablar!, que se pele de la ciudad". La pensó un rato, se hizo pendejo y me dijo que ese asunto lo estaban trabajando él y un compañero. Que tenía que tomarlo en cuenta. Le dije: "A mí nada más dígame de cuánto estamos hablando y yo le resuelvo hoy mismo". Me dijo que con seis mil dólares, pero que tenía que entrevistarse con la familia para rehacer las declaraciones y rehacer el expediente. Le comenté que me permitiera responderle en un rato más. Me dio su número de celular y así quedamos.

Cuándo salí de las oficinas dije: "¡Ya chingamos!", precisamente por estar al tanto de la lana que tenía don Arnoldo; seis mil era una pinche bicoca. Llegué al hotel y le dije cuánto le costaba y lo que se tenía que hacer. Que si aceptaba, su hijo debía estar escondido en la habitación hasta que el asunto quedara arreglado y hubiera entregado el dinero. Accedió. Le hablé al agente Ramos y nos pusimos de acuerdo para vernos en un restaurante. Allí debíamos estar don Arnoldo, su esposa, su nuera y yo.

Nos juntamos. Empezó a entrevistar a cada uno de ellos. Como ya estábamos de acuerdo, yo era el que declaraba por ellos. No se supo quién le disparó y se acabó el asunto. La devolución del jeep no estaba contemplada en la negociación. Don Arnoldo ya nunca lo reclamó. Dijo que él ya no lo iba a usar aunque le cambiaran los asientos.

En otra ocasión, cuando estaba don Arnoldo en su habitación, llegaron unos sujetos y lo despojaron de todo el dinero que traía. Reconoció a uno de ellos, quien ya sabía que don Arnoldo siempre cargaba mucha lana. Fue conmigo y me dijo lo que le había pasado en la habitación, que estaba casi frente a la mía, y me dijo: "Ese hijo de su pinche madre no sabe con quién se metió. A ese cabrón lo cuelgo de los huevos". A los pocos días aparecieron unos ejecutados en la plaza de Zaragoza, como ya se estaba haciendo costumbre. Esa misma noche me platicó: "¿Qué le dije, Aurelio?, ese hijo de su pinche madre no se me iba a escapar. Ya los descabezamos". La noticia en los diarios salió hasta el día siguiente.

Cuando los federales ya tenían ocupado todo el hotel, don Arnoldo dejó de ir. Ya no se le podía rentar. Luego me fue a visitar varias veces y ya después nada más me hablaba por teléfono. Aquí en el exilio donde me encuentro actualmente le recibí una llamada. Todavía está vivo.

Larper

La maquila siguió trabajando algunos años más. La misma rutina, muchas importaciones y exportaciones, *fayucas*, culos (ahora en mayores cantidades), hasta que falleció el dueño, el Sr. Korman, en Nueva York. Fue el presagio de la terminación de una era.

El negocio lo siguió manejando la viuda y los hijos, pero sus intereses fueron dejando de ver hacia México. Negociaron con Johnson & Johnson y fue esta empresa la que, al final, se quedó con el negocio; y luego desaparecer Acapulco Fashions, para quedar como Surgikos, su filial. La política de estas transnacionales era diferente a la del Sr. Korman; se hizo el cambio de patrón y todos los empleados pasamos a ser empleados de la nueva empresa. Por principio de cuentas, esta compañía no trabajaría nada de *fayuca* y para ese entonces ya se estilaba que cada empresa podía tener un apoderado aduanal, empleado de la empresa, que hacía las veces de agente aduanal.

Yo era el único que podía seguir trabajando en la empresa, porque nada más yo conocía el procedimiento y el manejo del ambiente aduanal. Para ese entonces, el Sr. Lara ya se había preparado. Desde que vio venir los golpes, ya había puesto por su cuenta una empresa maquiladora. Me mandaron a hacer un examen para apoderado aduanal, a la Dirección General de Aduanas, dependiente de la Secretaría de Hacienda; y, de pronto, me convertí en el apoderado aduanal de Surgikos. El Sr. Lara y yo acordamos que era lo mejor: que yo me quedara.

De los tres ingresos que tenía, el de la agencia aduanal, el del departamento de aduanas de Acapulco Fashions y el que se me compartía por la *fayuca*, quedó sólo uno: el de apoderado aduanal. Ese sueldo se negoció, pero de ninguna manera podía igualar todo el ingreso anterior. Un buen sueldo, pero no entré al equipo de los que estaban en la nómina de dólares. Allí sólo estaban los gerentes de planta y de producción. Así como el de todos los empleados que provenían del extranjero. El resultado fue más trabajo porque ahora todo se tramitaba por medios legales. Según el criterio de la empresa no se acostumbraba dar mordidas por contrabando.

Así seguí unos años, hasta que llegó una devaluación. El señor Lara, a quien seguía tratando y frecuentando, me aconsejaba que exigiera mi sueldo en dólares, que mi puesto era importante, que si no lo querían ver así, que los mandara a la chingada y los dejara que tuvieran que trabajar a huevo con una agencia aduanal; ya que para tener otro apoderado, tendrían que esperar un año. Y que si eso pasaba, me fuera a trabajar con él, que ya estaba empezando a poner otra maquiladora más pequeña y que yo siempre tendría un lugar en su empresa. En un tiempo más lo intenté. Hablé con el gerente general, que era el mismo que tuvimos siempre y que se quedó en su puesto y le pedí que gestionara para que me pusieran en la nómina de dólares, pero no lo consiguió. Él sí lo intentaba, pero la política de la empresa tenía sus criterios.

Cuando hablé con él la última vez sobre el tema y vio que no se podía lograr, él mismo me aconsejó la siguiente estrategia: "Mira, hemos trabajado mucho tiempo juntos. Ustedes le daban muy buen servicio a la empresa y ya ves que hasta a mí me tocaba lana por la *fayuca*; y como estos cabrones prefieren pagar caro en vez de dar su brazo a torcer, si decides irte, no nos avises con anticipación. Te vas de repente, y en cuanto no estés, se va a armar el pedo. Yo les voy a decir que nosotros mismos tenemos la culpa por no valorar tu trabajo y yo me voy a tener que encargar de resolver el problema de inmediato. El mismo día que ya no vengas va a explotar la bomba, porque no vamos a poder cruzar nada. Le dices al Sr. Lara, para que esté listo. Yo les voy a resolver el problema ocupando inmediatamente los servicios de una agencia aduanal, que va a ser la del Sr. Lara; y entonces sí les va a costar un chingo de lana, mientras se consigue otro apoderado".

Todos nos pusimos de acuerdo y fue así. Para ese entonces, ya había instalado la otra maquiladorcita el Sr. Lara y estaba listo mi puesto de gerente. El día que dejé de ir sucedió todo lo que se había previsto. Al día siguiente me presenté a trabajar a LARPER, S. A. DE C.V. Empezó otra etapa de mi vida, ya era el año de 1983.

Para ese momento la agencia aduanal ya estaba a nombre de la esposa del Sr. Lara, se la había comprado a Mundo unos años atrás; y el Sr. Lara le ordenó a la Sra. que del cobro que le hiciera a Surgikos, me diera una cantidad mensual. Y así perduró hasta que la empresa pudo nombrar otro apoderado. En ese entonces, el que me decían que era mi hijo, cumplió diez años. Ya jugaba en la categoría *infantil* de beisbol.

No me interesa saber

Los federales seguían haciendo su desmadre en el bar. Se creían los dueños. Algunos eran tan malandros, que cuando no traían dinero, se ponían frente al bar, en medio de la calle, para atracar a cuando automovilista pasaba. Así, sin motivo alguno, los detenían, revisaban, amenazaban y les quitaban lo que podían para ir a seguir tomando y conviviendo con las viejas.

En una ocasión que estaban en el comedor a la hora de la comida, me dijo uno de los policías que se hizo amigo: "Si se imaginara usted, don Aurelio, quiénes están sentados entre los compañeros". Le pregunté: "¿Quiénes?". "Un grupo de sicarios", me contestó. De volada le dije: "No me diga cuáles son. No me interesa saber". Alguno se quejaba de que no sabía a qué chingados los mandaban a esa ciudad, porque cuando detenían a personas armadas hasta los dientes y lo reportaban ante el jefe, éste, después de hacer algunas preguntas, les ordenaba que los dejaran ir. Me decía que él no sabía si ellos venían como parte de alguno de los bandos.

Muchos de estos policías se volvían líderes de extorsionadores con uniforme. ¡Pinches federales!, llegaron a convulsionar más la vida de la ciudad. En una detención que hicieron unos de los agentes que estaban hospedados en el motel, no sé cómo, pero dejaron hacer una llamada a uno de los detenidos. Luego, se fueron a cierta esquina en la colonia Granjero. Al llegar a ese lugar fueron abatidos por los cuatro costados. Murieron seis agentes. Después, en una revisión de la habitación de uno de ellos encontraron un chingo de dólares. Esto ocasionó que al día siguiente abandonaran el hotel. Quedamos desiertos. Como al medio año volvieron otros agrupamientos y duraron otra temporada.

Orden de aprehensión

Anteriormente rondaba por esos lugares un cabrón delincuente que se mantenía robando negocios. Había cometido algunos homicidios y contaba con dos órdenes de aprehensión. Algún judicial conocido había ido a visitarme para pedirme que si lo veía por allí que de volada le hablara. Este cabrón había sido pareja de una de las chavas que trabajaban en el bar y le dio por estarla molestando; iba a su casa y le ponía sus chingadazos. Todos lo conocíamos porque había estado hospedado en el hotel. La chava había dejado de andar con él hacía años, pero este cabrón nunca dejó de molestarla. La chica había pedido a la policía que le ayudaran a quitárselo de encima. Nunca lo agarraban. Traía *asoleados* a los departamentos de robos y homicidios de la Procuraduría.

Cuando se le empezó a ver que rondaba por esos lugares, la chava le habló a unos judiciales para avisarles. En ese entonces ya estaban los federales en el hotel. Entonces, la chica le dijo al judicial que ella tenía amistad con el jefe de los federales y que se había puesto a sus órdenes, que ella podía decirle a su amigo el jefe cuando viera a ese malandro para que lo detuviera. El judicial le dejó a la chava copias de las órdenes de aprehensión que tenía. En una ocasión que la chava supo dónde estaba el sujeto, fue con el jefe de los feos y le dijo que si lo podían aprehender, que era el malandro que no dejaba de fastidiarla y que en ese momento estaba en un lugar muy cercano al bar y le enseñó las órdenes de aprehensión.

El jefe, *luego luego* ordenó a un grupo de subalternos para que fueran a detenerlo. La llevaron a ella para que les indicara cuál era. Llegaron y ella se los señaló. Le llegaron y lo aprehendieron. Lo llevaron al motel. Le pusieron un cubrecaras para que no supiera dónde estaba. El jefe ordenó que lo trasladaran al C-4, que era el cuartel general. Se lo llevaron, pero nunca lo entregaron. El mismo jefe supo que no lo iban a entregar, quién sabe qué les dijo el malandro porque les entregó 15,000 pesos que traía y lo soltaron. Luego, él fue a reclamarle a nuestra empleada a su casa y le metió un balazo en una nalga. Nos quedamos como pendejos. ¿Cómo era posible que con las órdenes de aprehensión en la mano no lo hubieran entregado a la Procuraduría estatal? ¡Pobre vieja!, ya no fue a trabajar y nunca supe en qué quedó finalmente su situación.

Todos unidos por Juárez

Antes de que empezara la violencia en la ciudad, un señor llamado don Lorenzo, construyó cerca del puente de Zaragoza un negocio que tenía albercas, campo de futbol, salones para eventos, toboganes y equipos para diversión. Le puso por nombre *Las Margaritas*, en alusión a su esposa y a su hija. Era un sitio lujoso. El *vox populi* decía que era un blanqueador de dinero del único cártel que había en la ciudad: *La Línea*.

Al comienzo de la violencia llegó a ese negocio un comando armado buscándolo. No estaba, andaba en El Paso, Texas. Ejecutaron a todo el personal del local. Don Lorenzo se quedó en El Paso. Poco tiempo después llegaron muchos militares, a quienes instalaban en bodegas de la ciudad militar. Muchos de ellos se quejaban de que los federales —que también comenzaron a llegar— se alojaban en hoteles, con muchas comodidades y a ellos los tenían en galerones. Un destacamento importante de militares que arribó después fue ubicado en las instalaciones de *Las Margaritas*. Allí, los situaron con todas las comodidades. Contaban con helicópteros que nunca se usaban para perseguir a delincuentes. En ese lugar continuaron instalados desde que llegaron hasta que salí de la ciudad.

En una ocasión se presentaron al bar tres militares y uno vestido de civil para decirme que necesitaban a todas las muchachas para que fueran a animar una fiesta donde se celebraba el cumpleaños de su general, que cuánto les iba a cobrar. Les dije que no podía dejar que se fueran todas, que si les servían unas cuatro, que se arreglaran con ellas en el precio, que por mi parte no les cobraba nada, pero que había que preguntarles para ver cuáles aceptaban ir. Hablé con ellas y les manifesté de lo que se trataba. Las que aceptaron dijeron que ellas irían, pero que sólo podían acompañarlos durante dos horas. Y que querían que yo las llevara para saber dónde iban a estar. Les informaron del precio y ellos aceptaron. Creo que las viejas pendejas se pusieron un precio muy barato. Las llevé escoltado por los militares. La ubicación: *Las Margaritas*.

Desde antes de llegar había un impresionante número de soldados resguardando el lugar; y, además, lo sobrevolaban tres helicópteros. Cuando llegamos a la entrada de uno de los salones se escuchaba a toda madre la música de una orquesta tipo la *Sonora Santanera*, en vivo, y un ambiente colmado de lujo. Muchos oficiales, un chingo de viejas y licor a lo pendejo. Me indicaron que permaneciera en la puerta, que luego me avisaban si se quedaban. Al rato volvieron acompañados de ellas. Me dijeron que al jefe se le había hecho muy caro, que todas las viejas que estaban allí les habían cobrado la mitad. ¡Qué piojos!, querían putas gratis o hasta que les pagaran por estar con ellos. Nos devolvimos al bar y así quedó.

Después empezó el *vox populi* de nuevo para decir que los soldados venían apoyando al cártel que le disputaba la plaza a *La Línea*, al del *Chapo* Guzmán. Lo cierto es que todas las detenciones que se hacían, los medios informativos las anunciaban como de miembros de *La Línea* y nunca de otro cártel. Posteriormente se supo que la esposa de don Lorenzo era prima de la esposa del presidente. Yo, con lo ingenuo que soy, no supe qué conclusiones debía de sacar. El mayor problema era que ninguna pinche autoridad estaba coordinada con ninguna otra. Los militares por su lado, los federales por el suyo, los estatales por el de ellos y los municipales igual. En la nota informativa siempre se informaba acerca de una gran coordinación que la denominaban *Operativos conjuntos*, algo así como *Todos Unidos por Juárez*. Más bien debería haberse dicho: "TODOS LOS POLICÍAS UNIDOS PARA CHINGAR A CIUDAD JUÁREZ". Luego, a nivel nacional aparecían comandantes de policía, presidentes municipales, generales del ejército en la nota roja como consignados por tener nexos con la delincuencia organizada. ¡Pobre Juárez y pobre México!

Abuelo

Paola se convirtió en mi compañera desde que nos conocimos; todas las aventuras que vivía en el motel, ella las vivía conmigo. Hubo una comunión como yo no había tenido con nadie; todas las chingaderas que me pasaban a mí o a ella, las convivíamos. Casi vivía en mi habitación, era raro el día que no dormía conmigo. Salió embarazada. Yo la atendía como a nadie atendí. Cuidaba de su salud, me preocupaba por cualquier malestar que tuviera, a cualquier hora de la noche iba a la farmacia para traerle algún medicamento. Ella se identificaba conmigo en todo. Disfrutaba cómo trataba a todas las putas delante de ella. En la cama no se diga, aprendí a coger como nunca y a preocuparme por alguien como nunca.

Cuando dio a luz, la atendieron. ¿Dónde? En la clínica de Myrna y Luis. Me agarraban el chivo, me decían que era el único abuelo que tenía un hijo y yo les decía: "Para que vean, ustedes son jóvenes y son los únicos conocidos que parieron un hijo prestado; pero no se *agüiten*, así es la vida". Al principio, el niño dormía con nosotros, pero luego se lo llevó a su casa. Yo no sabía si yo lo había procreado, pero las fechas más o menos coincidían; y en los hechos, y en los sentimientos, era mío, aunque las fechas no coincidieran.

El culo es otro

Una de mis amigas y compañeras del bar, Sandra, había agarrado la costumbre de que cuando se le antojaba a ella, o a mí, nos metíamos a la oficina y me mamaba la verga. Muchas veces se le salían las lágrimas de las arrimadas bruscas que le daba, pero le encantaba hacer gárgaras con mi leche.

Se quejaba de que Benjamín, cada vez que la agarraba en el camerino sola o en la planta alta con el D.J., se la cachondeaba. Que a veces ella aceptaba, pero que en otras, la hacía cachondear a huevo.

En una ocasión que le advirtió que al rato se la iba a cachondear donde la agarrara, ella me lo comentó y se me alborotó la burbuja de las ideas y le dije: "Vamos a la oficina". Ya estando allí le comenté: "Dame unas mamadas y enjuágate la boca con mi leche como sabes hacerlo, y luego yo hago que te encuentres con este cabrón. Te vas a escoger algunas canciones con el D.J. y yo lo mando a llevarte un recado. Cuando llegue, si no te cachondea él, te lo cachondeas tú, para que saboree todos mis mecos. A ver a qué le saben".

Lo hizo. Ya de vuelta en el bar ella se fue cuando se lo indiqué. Luego le hablé a Benjamín y le dije: "Sandra está con Roberto, vaya dígale, por favor, que no se le olvide apuntar las canciones que le pedí". En chinga se subió a darle mi recado. Después de un rato volvió y me dijo que ya le había dado mi mensaje. Le di las gracias y se retiró. Cuando bajó Sandra me contó que llegó Benjamín y la empezó a cachondear *luego luego*; y que se lo había cachondeado también ella como le dije, metiéndole toda la lengua en el hocico.

Después, fui a preguntarle a Benjamín que cómo me veía, que me sentía muy débil. Me contestó que me veía bien, pero que si se me ofrecía algo de la farmacia él iba a traérmelo. Le respondí que no. "Lo que me pasa es que hace como quince minutos la pinche Sandra me dijo que quería hablar conmigo en la oficina y lo que quería era mamarme la verga; me dio unas mamadotas que me vació. Se tragó toda mi leche y por eso creo que me siento débil. Pero gracias". Al rato se fue al baño, me imagino que se fue a lavar el hocico con *clorox* o no sé con qué chingados.

Después ella me platicó que le había preguntado Benjamín que para qué la quería cuando le hablé a la oficina. Y que ella le contestó: "¡Qué te importa, yo sé mis pedos!, pregúntale a él; porque no tiene pelos en la lengua, lo que él te diga es cierto". Creo que no le quedó ni la menor duda. Ya después le preguntaba a ella: "¿Qué pedo?, ¿ya no te ha cachondeado?". "No, ya no". "Ahora vamos a hacerle al revés, me voy a ir a la oficina y le voy a decir a Benjamín que te diga que pases conmigo y cuando salgas, lo buscas y le dices que quieres darle unas cachondeadas, a ver qué te dice". Este cabrón agarró la onda y luego, en alguna ocasión, me dijo: "Pinche don Aurelio, ¡cómo es culo!". Yo nomás le contesté: "El culo es otro".

Está bien

Cuando se empezó a generalizar la violencia en nuestra querida Ciudad Juárez, ya era común saber de negocios que cerraban. Ejecuciones diarias, extorsiones y desempleo como consecuencia. Todo eso aparentemente lejos de nosotros, pero nos llegó el turno. Estaba sentado en un sillón, muy agusto platicando con algunas de mis *niñas* cuando, desde lejos, una persona me apuntó con la mano, indicándome que me dirigiera a la oficina. Al ver el arma que portaba, le obedecí de inmediato. Eran dos sujetos. Le habían preguntado a un empleado acerca de quién estaba a cargo del negocio y les dijo que yo. Al empleado lo traían por delante. Entramos a la oficina. Uno de ellos se quedó en la puerta. El que entró lo único que me recitó fue: "Vengo a decirle que a su negocio no le va a pasar nada, no se lo vamos a incendiar, va a poder tener a menores de edad trabajando, va a cerrar a la hora que quiera. Si quiere que todo esto pase, comuníquese a este número (me dio un papel) en 30 minutos y si no habla es que no aceptó". Se salieron. Luego supe que en la puerta principal se habían quedado otros dos tipos armados y que fuera del local estaban dos camionetas esperándolos. Le hablé a Adrián y le dije: "Ya nos cayeron, vinieron los de la *cuota* (extorsionadores)." Llegó Adrián y lo platicamos en privado. Me preguntó que qué debíamos hacer. Le dije: "Hay que hablarles para saber lo que pretenden, porque si no lo hacemos, quién sabe qué pase para mañana".

Me comuniqué. Me contestó una voz muy soberbia: "¿Quién es?". Le expliqué: "Me dejaron este número para que llamara, soy del bar *Las Musas* y le llamo para saber más detalles". Me dijo: "Qué bueno que habló.

Se trata de brindarle protección para que no le pase nada a su negocio. Tiene que darnos una cuota mensual y le garantizamos que nadie lo va a molestar, ni comercio ni gobernación, ni ninguna autoridad. Va a poder trabajar libre, como usted quiera; si alguien lo molesta, nosotros nos encargamos". Le contesté que me interesaba su proposición, nada más que se me fijara una cantidad que yo pudiera pagar; porque si era mucho, tendría que cerrar. Le comenté: "Ustedes conocen mi negocio y yo no los conozco a ustedes; también deben de saber cómo estamos de clientes, la clientela ha bajado y apenas nos sostenemos, pero si es una cuota módica, a todos nos puede ir bien, porque me interesa trabajar sin horario". Entonces me dijo: "Me da gusto que usted sí comprenda. Le voy a fijar la cuota de diez mil pesos mensuales, ¿qué le parece?". Le contesté: "Le propongo darle cinco mil y si el negocio mejora, y eso usted lo puede ver, yo mismo se lo digo y como quiera nos emparejamos. Lo único que le quiero preguntar es qué pasa si viene otro grupo a proponernos lo mismo". Me respondió: "No se preocupe, nadie va a ir, esta zona es nuestra. Y está bien, comenzamos con los 5,000 *baros*. El primer lunes de cada mes van a ir a recogerlos. No queremos sorpresas, que el dinero esté listo en la caja; luego le doy la clave para que reconozcan a nuestro *cartero*". "Está bien", le contesté. A partir de ese momento nos engrosamos a la lista de los extorsionados.

EL MANUAL DE LA PUTA
By Aurelio

Reglas básicas para la dignificación de la profesión

PRIMERA. Tomando en consideración que el ejercicio de la profesión atiende primordialmente a las necesidades de dos personas, tanto la de percibir un ingreso lícito (por parte de la puta), como la de recibir atención (por parte del cliente) en sus necesidades de obtener sexo, el presente manual pretende orientar de una manera sencilla — mediante algunas reglas de comportamiento que debe observar la prestadora del servicio— para lograr el objetivo de dar satisfacción al cliente.

SEGUNDA. Lo primordial es que la puta siempre debe, con sus actos, dignificar la profesión; esto por encima de todas las cosas. Lo cual equivale a "Creer y adorar a un sólo dios sobre todas las cosas y santificar su nombre".

TERCERA. Toda aquella interesada en ingresar al gremio deberá tener unos cursos previos si desea ser una puta, cuando menos, de cierta categoría. Tales enseñanzas las puede obtener ya sea de manera autodidacta, consultando libros, biografías, o por cualquier otro medio similar. O bien, acompañarse en su inicio por una puta certificada; o sea, como aprendiz, hasta que se emancipe y trabaje por su cuenta.

CUARTA. Una pequeña lista de recomendaciones:

1. Fijar un precio inamovible. Esto es: que no se admita regateo como si fuera un tianguis. El cliente que regatea es mejor descartarlo.

2. Estar dispuesta —y demostrarlo al cliente— de satisfacerle en todas las formas en que lo hayan pactado. Un cliente satisfecho siempre vuelve; y si es espléndido, se inscribe en la lista de clientes preferentes.

3. Presentarse limpia a su trabajo. El uso de cosméticos siempre debe de ser discreto y los aromas que se aplique deben ser tenues. Su vagina debe estar siempre inodora, al igual que su culo. Invariablemente debe de proveerse de accesorios que son indispensables: tales como vaselina y/o lubricantes (los hay de sabor) en caso de que lo haga por el culo y se encuentre con una verga que la pueda lastimar; estrechadores de panocha, por si se encuentra con un pito muy pequeño; un kit de lavado vaginal y un consolador, por si el cliente lo necesita.

4. Debe practicar la simulación de gozo, sin exagerarlo descaradamente. De igual manera, la adulación debe ser en el momento adecuado. Si un pito es muy pequeño, jamás debe decirle "¡qué rico pito!". En cambio, le puede expresar: "los pitos que me gustan son los pequeños, los grandes no me permiten gozar", o algo por el estilo, para que el cliente se sienta complacido, por si traía por ahí algún complejo de pequeñez.

5. Otra recomendación fundamental: nunca apurarlo para que termine; esto causa incomodidad y sólo lo acostumbran las putas baratas y corrientes. Si el cliente resulta incómodo de alguna manera, soportarlo sin que lo advierta; total, ya nunca se vuelve a meter con él.

6. Otro consejo muy importante es el siguiente: no involucrarse con sádicos ni masoquistas; estos cabrones son muy peligrosos, pueden dejarla incapacitada. Lo mejor será huir de ellos. A aquellos que consuman drogas, hay que consecuentarlos. Si la invitan a consumirlas, hay que

rechazarlas de una manera inteligente, sin involucrarse. De ser así, la profesión le va a durar muy poco tiempo y pronto se va a convertir en una puta de ínfima categoría; al final, va a andar dando las nalgas hasta por un jalón de coca. Estos cabrones, muchas veces, resultan buenos clientes; ni se la cogen y le siguen pagando espléndidamente para que continúen acompañándolos.

QUINTA. Es necesario recordar y tener en cuenta que esta profesión, para que sea digna, tiene una corta duración. Hay que aprovechar bien los ingresos. Coger cuanto se pueda, administrar los ingresos, planear el futuro, utilizar el culo a marchas forzadas, al fin que ese órgano no tiene desgaste: ¿qué le puede pasar al hoyo? En cambio, la apariencia física y presencia, se van desmejorando y cada vez va siendo menos solicitada; la irán reemplazando las más jóvenes.

SEXTA. Hay que fijarse metas. Hay personalidades — como políticos, industriales, magnates, gente de la nobleza, y hasta narcotraficantes— *decentes* que pueden llegar a proponer una relación seria. Hay que recordar que muchas primeras damas comenzaron así. Para mayor información, sugiero investigar acerca de la princesa Diana, o sobre Irma Serrano, Sasha Montenegro, u otras más recientes. Pero, de cualquier manera, primero hay que afianzarse económicamente, por si las moscas.

Con el seguimiento disciplinado de estas reglas, aun en el peor de los casos, se puede forjar un futuro.

Nota: en todas las profesiones y actos de la vida influye algo de suerte.

Posdata: No hay que olvidar que todos los oficios y las profesiones tienen un santo patrón. Así como los albañiles celebran el Día de la Candelaria, como los intendentes son protegidos por san Martín de Porres, las solteronas por san Antonio (parado de cabeza, por cierto), san Malverde por los narcotraficantes, san Chó a los adúlteros, el santo Niño de Atocha (que no sé quién chingados es ni tampoco a quién chingados protege). Entonces, si la puta es creyente, que tenga presente llevar siempre consigo una estampita de la protectora de su profesión: la santa y siempre amantísima María Magdalena.

Chanito

En el motel había tres supervisores: Meny, quien cubría el turno matutino, de las 08 a las 16 horas. Nos llevamos bien, era muy responsable, bromista. Chanito, que se encargaba del turno vespertino. Medio sordo del oído izquierdo y a quien, desde luego, le hablábamos por ese lado; buena bestia. Y había otro cabrón que no recuerdo.

Algunos pasajes sobre Chanito me llega a la mente. Meny me prestó un consolador que tenía forma de trompo, pero sin punta metálica. Su longitud aproximada era de tres pulgadas (casi ocho centímetros). La parte ancha terminaba en una circunferencia con un diámetro más o menos de dos pulgadas (poco más de cinco centímetros). En la parte central tenía incrustado un perno que, por la otra orilla, estaba unido a una base de forma cuadrada por donde se podía sujetar con la palma y los dedos de la mano.

Una noche en que me visitó Paola con una amiga de su barrio, llamada Bety —a quien yo le había ayudado en la adopción de su sobrina— estábamos platicando cuando, de pronto, tocaron a la puerta. Era Chanito, que como siempre que veía que yo estaba acompañado con algunas chavas, llegaba haciéndose pendejo para ver si le tocaba algo, preguntándome qué se me ofrecía. Paola le dijo "pásele Chanito" y éste se sentó a conversar. A Paola se le ocurrió hacerle una chingadera y le dijo al recién aparecido: "Mire Chanito, ella es mi amiga Bety y le gusta que se la mamen, y por eso vino. ¿Se anima?". Chanito contestó que sí. Bety nada más seguía la corriente. Creía que era cotorreo, pero luego Paola le hizo un guiño.

"Ándele pues, Chanito", le dijo. Enseguida, se dirigió hacia Bety: "Vamos a bajarle los pantalones" y empezaron a tratar de bajárselos, cuando Chanito les dijo: "¿Para qué?, si nada más le voy a mamar". "Para que esté más agusto", le contestó Paola. Y así estuvieron un rato, a que ellas se los bajaban y él a que no se dejaba.

Hasta ese momento yo no sabía de qué se trataba, pero intervine. Les dije: "Tiene razón Chanito, ¿para qué se los bajan?". Le comenté a Bety: "Véngase", y la encaminé a la orilla de la cama en la parte opuesta a la cabecera. Se quitó los pantalones y subió las piernas hasta las corvas. Luego, Chanito se acomodó entre sus piernas y le quiso quitar las pantaletas. Ella le dijo: "Primero por un ladito, para que sea más emocionante". Chanito se agachó y empezó a mamarle: ya por encima del calzón, ya por un ladito. Para eso, Paola se puso detrás de él y trataba de bajarle el pantalón. Chanito ya no sabía dónde poner las manos, si en el cuerpo de Bety o evitando que le bajaran los pantalones. Y ahí voy otra vez de metiche. Me subí a la cama por el lado de la cabecera y me puse de rodillas. Le dije a Bety: "Sujétele el cuello con las manos". Al cabo este cabrón estaba sordo y no me oía. Lo inmovilizó del cuello y yo le tomé las manos para que no pudiera evitar que le bajaran los pantalones. Ya no batalló Paola para bajárselos. Después de bajárselos le dijo: "Ya ve, Chanito, así se ve más bonito" y se fue al baño.

Chanito le quitó las pantaletas a Bety y ya estaba a mame y mame. Cuando volvió Paola del baño ya traía en la mano la perinola que me había prestado Meny, llena de crema. Chanito no se daba cuenta de nada. Se acomodó Paola de nuevo detrás de Chanito. Yo, al verla, le sujeté de nuevo las manos y le volví a decir a Bety que le agarrara el cuello. Enseguida, repentinamente, Paola le bajó los calzones a Chanito, quien no pudo evitarlo. Empezó aquella cabrona a querer ensartarle en el culo el consolador. Chanito empezó a menearse para los lados, hasta que se lo ensartaron. De repente, se quedó quieto y Paola me hizo una seña, mostrándome la otra mano con el pulgar levantado en señal de logrado. Le dije a Chanito en voz alta: "Ahora sí aprovecha, cabrón. ¡Muévete!". Casi nos cagamos de risa. Cuando Chanito se incorporó y se puso el pantalón, nada más nos dijo: "¡Cómo son cabrones!".

La perinola fue lavada con jabón, alcohol, pinol y cuanta madre había cerca y, al último, un baño de desodorante aerosol. Al día siguiente, antes de que llegara Chanito, le llevé la perinola a Meny y le conté todo lo que había pasado. También se cagó de risa y me comentó: "Quiero que estés aquí cuando le entregue el turno a Chano". Cuando éste llegó, Meny le pasó el turno y enseguida le dijo: "Oye, Chano, no quiero que anden agarrando el consolador, lo dejaron así nomás en el cajón y ni siquiera lo limpiaron, huele a mierda". Yo, callado. Nos salimos del módulo y de imprevisto volvimos a entrar. Lo primero que vimos fue a Chanito con su sentido de culpa: estaba oliendo el pinche consolador. Nos cagamos de risa y Meny le dijo: "¡Cómo estarás de guango, cabrón!, ¡¿cómo te pudo entrar toda esa chingadera?!". Chano nada más me veía.

En el motel se inventaron luego nuestros apodos. A Chanito le decían *el descuadrado* (por lo de la base cuadrada) y, a nosotros, *los discretos*. ¡Ah raza!

El perro del carnicero

No puedo mencionar en estas vivencias situaciones inexistentes. Recurro frecuentemente al tema de las nalgas porque esa fijación se me quedó. Así como a otros se les quedan puras borracheras, otros pendejos se la pasan toda su pinche vida en su rutina de albañiles, acarreando mezcla y acomodando adobones, comiendo, volviendo al jale; ya cansados, en su casa, echando el palo obligado, cogiendo como todos los matrimonios: *A güevo y aguado*, al estilo del gallo; y al día siguiente lo mismo, y así por *saecula saeculorum*.

Bueno, hasta hay unos pendejos que se les queda la fijación de estar estudiando toda su pinche vida la física — como mi hijo— y las matemáticas; y no hacen nada más que eso, buscan y rebuscan el origen del universo cuando es tan fácil saber que todo lo hizo nuestro Dios, así sea Jehová o Mahoma, o Alá, o el que sea, chingue su madre cuál. ¡Qué hueva estar buscándole!

Tal vez, podría inventar la vida de alguien, como en la canción de los *Tigres del Norte*, cuando narran el corrido de una vieja que tenían encerrada porque sus padres se dieron cuenta de que se veía con un tratante de ilegales ("pasa-mojados") allá por Tijuana y le pusieron un portón negro con cadenas y un chingo de candados para que este güey no se la fuera a coger. Como este cabrón no pudo entrar, se acordó de que tenía un conocido que era cerrajero y alquimista y en chinga se fue a buscarlo. Cuando llegaron, el pinche alquimista subió la barda como iguana, entró y como Houdini, en un dos por tres abrió todos los pinches candados. Los padres estaban dormidos, muy confiados. El novio fue hasta la ventana de la chava y por allí la sacó. Se la llevó a vivir con él.

En menos de quince días ya le había aguadado todo el culo y cada vez que se la cogía parecía que se metía a la alberca. Ya no sentía ni madre y la abandonó. La chava se fue a la casa de sus padres, pero encontró que el pinche portón estaba más asegurado. El padre le había puesto una reja por dentro y un chingo más de candados, no por temor a que se pelara su esposa también, sino para que ya no entrara la pinche puta de la hija. Él ya sabía lo que iba a pasar, que lo del culo guango se hereda y que ese cabrón la iba a botar. No todos eran como él, que guardaban la religión, y que si se casaban era para toda la vida, aunque tuvieran que estar practicando la natación cada vez que cogieran y estuviera a punto de convertirse en delfín.

Como no pudo entrar la chava, intentó por su cuenta ser *coyota* y pasar ilegales, pero estaba muy pendeja y la migra se la llevó presa. Cuando la deportaron no le quedó más remedio que dedicarse a coger con borrachos en los burdeles más pinchurrientos de Tijuana. De 20 pesos para arriba, todo era ganancia; y aprovechando la historia de su vida, los únicos que se lograron fueron *Los Tigres del Norte*.

Pero eso de las invenciones no se me da, como a algunos cabrones que hasta famosos se hacen, contando puras historias ficticias. Nada más se refaccionan con sus dosis de mota y un culo cerca, tienen a la mano una ciber-enciclopedia para buscarle sinónimos a cada palabra y se adornan con vocablos rebuscados. En sus pinches viajes motorolos les nace cada inspiración para hacer novelas mamonas, que luego son premiadas con premios Nobel y que hasta vuelven fanáticos a sus lectores; máxime si son presidentes o expresidentes de nuestro supercultural país. Si yo pudiera ponerme bien motorolo y me diera esa inspiración, ¡qué chulada! No estaría aquí como el perro del carnicero, con tanta chuleta cerca y lamiéndome los huevos.

Si quiere, ¡límpiela usted!

Había un programa de televisión que hacía un resumen de noticias. Daban las notas dos mamones que se creían muy graciosos y entre nota y nota decían ¡cada sarta de pendejadas! Además, nunca dejaban de lucirse diciendo que "mi esposa hoy me preparó tal cosa" y el otro cabrón siempre lo trataba de apantallar con que la suya le había cocinado otra igual o mejor y así, puras pendejadas.

Una vez llegó un auto al motel y se metió en la cochera. Pronto se asomó por la puerta el cliente, esperando a la recamarera para pagarle la habitación. Alguna de ellas —que en ese momento estaban en bola— reconoció al cliente y dijo: "Miren, es el de las noticias", y allí quedó el asunto. Un rato más tarde se abrió la cochera de la habitación y salió el carro. La recamarera Alicia fue de inmediato a cambiar la ropa de cama y limpiar la habitación, para que estuviera rentable de nuevo. Se regresó y le dijo a Meny: "Yo no limpio esa habitación. La dejaron muy sucia". Meny le respondió: "¡Qué delicada!, ¿cómo que no la limpias?, si es tu trabajo". "Ya le dije que yo no la limpio. Si quiere, límpiela usted". Entonces, él les dijo a las otras recamareras: "Vamos a ver por qué esta cabrona no quiere limpiarla". Fueron. Encontraron las sábanas tiradas, todas llenas de mierda.

Después, Alicia —que era muy cabrona— habló a la televisora cuando estaban los mamones dando las noticias al aire. Le contestaron. "Buenas noches, gracias por llamar, a sus órdenes". Alicia les dijo: "Soy la recamarera. ¡Cómo son cochinos, pinches maricones!, dejaron la cama llena de mierda", y les colgó. Ya no se volvió a ver nunca a esos cabrones por el motel.

Brisa

Una de las viejas que heredamos en el bar: cuerpo relleno, piernuda, fea, mucho maquillaje, muy *talona*, muy peda. Me metió en muchas broncas con los clientes.

Nos platicaba que en su casa no sabían que trabajaba en el bar, que creían que lo hacía en el restaurante. Que su esposo era pastor de un templo cristiano y que tenía dos hijas, una de diez y otra de doce años. Que en su familia era otro pedo. La corrí como cinco veces. Le iba a llorar a Adrián, quien la estimaba y luego él hablaba conmigo: "Vamos a darle chance" y a jalar de nuevo.

Esta cabrona sacaba lana *a huevo*. Tenía algunos clientes con los que le iba muy bien, la buscaban; pero, por lo general, tenía que andar en chinga. Cuando no la querían invitar se les pegaba como piojo, chíngueles y chíngueles hasta que le pagaban una copa para quitársela de encima. En una ocasión que estaban cinco clientes en una mesa y no querían compañía, esta cabrona los fastidiaba una y otra vez. Los clientes no dieron su brazo a torcer y entonces utilizó el "plan B". Les dijo que por 50 pesos les mamaba la verga. Los animó y se llevó al primero a un rincón. Acabó de mamársela y le dijo: "Mándame al que sigue". Cuando el mesero se dio cuenta, me lo dijo y fuimos a ver, ya había acabado con los cinco. Como esos clientes no nos convenían, hablamos con ellos y nos dijeron que ellos no tenían la culpa, que había sido ella la que se los había propuesto. Les dijimos que la próxima vez que los viéramos hacerlo, les íbamos a prohibir la entrada (por aquello de que se les hiciera costumbre).

De vez en cuando, alguna chava salía espantada del baño porque luego encontraban a algún hombre. Mandábamos sacarlo; siempre decían que se habían equivocado. En una ocasión estaba un cliente muy molesto reclamándole algo a un mesero; me di cuenta y fui a ver qué sucedía. Estaba encabronado porque una vieja le había cobrado 100 pesos por echarle un palo en el baño y lo había dejado esperándola; quería que le devolviera su lana. Primero le dije que él debía de saber que eso no estaba permitido, que era el baño de las damas y que, además, ese lugar no era para coger y menos por pinches 100 pesos. No entendió razones y me dijo que le valía madre, que a él le tenían que devolver su dinero. Le pregunté que cuál vieja era. Me la señaló, una que estaba cachondeando con un cliente. Era Brisa. La mandé llamar y le dije que el cliente estaba reclamando la devolución de su dinero que le había cobrado por coger con él en el baño. Me dijo que a poco iba yo a creer que lo que me había dicho ese pendejo era cierto. El cliente intervino y le dijo: "No te hagas güey, ya lo hemos hecho muchas veces". Le repliqué a Brisa: "Le regresa el dinero o se lo doy de la caja". Se me quedó viendo. Abrió su bolsa, sacó el billete y en cuanto el cliente lo recibió, esta cabrona le plantó una cachetada que hasta a mí me dolió. Nada más le dijo: "¡Poco hombre!". El cliente se encabronó y la quiso golpear, pero para ese momento ya estaba Benjamín detrás de mí, me hizo a un lado y se metió entre el cliente y Brisa. Ni estando cerca me pude dar cuenta cómo este cabrón en un *dos por tres* ya lo llevaba cargado con los brazos en la nuca. Lo acarreó hasta la banqueta, lo aventó al suelo y le dijo: "Mejor vete porque te pongo una chinga".

Y así era esta chava: nos metía en un chingo de broncas; duró trabajando hasta que se cerró el bar.

Un tiempo después, salió en la nota roja la ejecución de dos mujeres menores de edad, una de 13 y otra de 15 años. Que unos desconocidos las habían sacado de un bar y las habían abandonado, muertas, en la calle. Luego salió entrevistada la madre, una señora con apariencia de 50 años, fea como su puta madre, diciendo que no era cierto que estaban en ese bar, que ellas eran hijas de familia, que su padre era pastor de una iglesia y que ella trabajaba en un restaurante. Era Brisa.

Pedro Matus

Me presenté a mi nuevo trabajo. Esa pequeña maquiladora producía prendas de vestir: blusas, pantalones y camisetas. Estaba situada en la colonia Margaritas.

Yo no conocía nada del proceso de ensamble de las prendas. Durante un tiempo me dediqué a hacer algo que no requiere de estudios: hacerme pendejo. Al mismo tiempo, me fui dando cuenta del funcionamiento, desde la manera en que se producían las prendas, hasta la de saber acerca de los contratos de maquila que se celebraban con los contratistas extranjeros. En realidad, éramos un apéndice de la otra maquiladora del Sr. Lara: TRIMEX, S.A.

En materia de textiles había otra serie de restricciones. Los gringos, dentro de sus estrategias proteccionistas, otorgaban *cuotas* a México. Asignaban determinado número de docenas de productos, separándolas por contenidos. Una cierta cantidad de docenas para blusas de algodón, otra para blusas de sintéticos, otra para las de diferentes contenidos y así para cada producto. A su vez, la Secretaría de Comercio y Fomento Industrial (SECOFI) las asignaba a todas las empresas exportadoras de textiles registradas. Era un pedo conseguir, para el inicio del ciclo, las cantidades que se requerían. Además de que no podíamos obtener contratos sobre prendas de las cuales careciéramos de *cuota*. En cada exportación se tenía que llevar la factura a la SECOFI para que estampara una visa en la que señalaba el total de docenas de cada categoría que se iba a exportar. Como siempre, había empresas a nivel nacional que acaparaban las cuotas y nosotros siempre estábamos batallando para nuestras asignaciones. Y aunque nosotros nunca habíamos participado en ninguna transa, tuvimos que entrarle a la corrupción: pagábamos una lana para que nos visaran una factura si ya no teníamos saldo disponible.

Allí conocí a Ramón Espino, un contador público que era auditor fiscal de la Secretaría de Hacienda. Años atrás, había llegado a Ciudad Juárez a realizar auditorías. Entre las empresas que revisó estaba, precisamente, la del Sr. Lara. Se conocieron, se trataron, se cayeron bien y el Sr. Lara lo invitó a trabajar para él. Se quedó. Ramón, que se hizo buen amigo mío, era mayor que yo. Vivía en el D. F. y se llevó a su familia (esposa y dos hijas) a vivir a El Paso, Texas. Tenía muchos conocidos, entre ellos, al contador Javier Macías, que en ese entonces fungía como presidente municipal.

En una ocasión, un amigo de él —quien, a su vez, era amigo de otra persona que vivía en la ciudad de Chihuahua— fue a visitarlo para proponerle un asunto. En Ciudad Juárez, desde hacía algunos años, había aparecido un líder de colonos que agrupaba a personas de escasos recursos económicos y que empezaron a ocupar terrenos ajenos para establecer sus viviendas. Este grupo fue creciendo y por varias partes de la ciudad fueron apareciendo, asentándose de manera irregular en grandes extensiones de terrenos. Esas colonias que formaban las denominaban *Comité de Defensa Popular*. El líder se llamaba Pedro Matus. Pronto se hizo famoso y las autoridades no podían actuar contra verdaderas turbas que formaban los afiliados. La persona que vivía en Chihuahua había sido afectada en sus terrenos por uno de esos contingentes de colonos. A pesar de haber interpuesto la demanda de desalojo desde hacía quince años, no podía echarlos aunque obtuviera sentencias favorables. Se enfrentaba ya a un problema social, nunca los iba a poder recuperar.

Los colonos que se establecían en esos predios, bajo presión, habían logrado que les instalaran servicios como energía eléctrica, agua y teléfono, pero no tenían el título de sus posesiones. Nunca podrían vender. Le traspasaban la posesión a algún interesado. En ese estatus se encontraban sus propiedades. El amigo que tenía en Ciudad Juárez, y que fue a visitar a Ramón, sabiendo que éste tenía amistad con el presidente Macías, le expuso el asunto. Se trataba de convencer al alcalde para que, mediante alguna estrategia política, se solucionara el conflicto de sus propiedades. Ésta consistía en que el alcalde hablara con el Sr. Matus, líder de los colonos, para que a través de una buena comisión convenciera a los colonos de la regularización de sus posesiones, mediante la compra, a un precio razonable por metro cuadrado. Y que fuera en abonos.

En esta parte entraba el cabildo como intermediario y aval, pues la titulación de los predios sería gratuita por parte del municipio. El ofrecimiento para el alcalde era de veinte millones de pesos para su campaña, ya que en esas fechas estaba por postularse a candidato a gobernador. El presidente aceptó, el Sr. Matus aceptó y los colonos aceptaron. En su último informe como alcalde resaltó el hecho de que su administración había logrado la regularización de la tenencia de la tierra por un chingamadral de hectáreas. Fue incluido como precandidato y no logró la candidatura.

Una lágrima

Una de las cosas desagradables de mi nuevo trabajo fue que el total de las trabajadoras estaban más feas que una mentada de madre. Sólo tuve una de mis buenas experiencias al respecto.

Por allí pasaba una vecina que iba a la prepa. Estaba buenísima. Nada más la veía pasar. Eso no podía ser, me estaba desconociendo yo mismo. Me decidí a abordarla. La saludé y le pregunté que en cuál escuela estaba. Me contestó que en la prepa y que le gustaría estudiar para ser abogada. Platicó un momento conmigo, me hizo algunas preguntas acerca de la fábrica; y yo, por dentro, dije: "¡Ya chingué!". Le comenté que, si quería, podía trabajar medio turno en las oficinas y que yo le podía ayudar en sus tareas, que si le gustaría saber algo más de la carrera de Derecho, que yo la orientaba. Accedió y muy pronto empezó a trabajar. Le enseñé cómo hacer la nómina y algunas otras pendejadas. Lo que yo quería era estar viéndole el culo. Cada vez que le mostraba cómo hacer algo, aprovechaba para darle sus tallones. No podía fallar. En un tiempo, y como iban las cosas, la invité a salir y aceptó. Fue una de las pocas viejas que tenía orgasmos a chorros.

Cuando describo a las viejas lo hago de forma corta, porque cada vez que menciono a una, la recuerdo como si la tuviera enfrente y, de repente, me sale una lágrima de orina. Temo quedar con los calzones y los pantalones empapados. Con el tiempo a ella la vi en los juzgados. Ya era abogada y estaba casada con un abogado conocido mío.

Mercedes

Al llegar al trabajo me dijo el vigilante que el auto que estaba estacionado enfrente lo habían dejado con las llaves puestas desde el día anterior, que si le hablaba a la policía. Le dije que no, que yo lo arreglaba. Le hablé a Ulises Torres, un amigo judicial que jugaba dominó conmigo y le expliqué. Era un carro Mercedes Benz de modelo reciente. Llegó en un rato con unos compañeros y después de abrirlo, le revisaron el interior y nada. Abrieron la cajuela y encontraron droga. Se lo llevaron. Me dio las gracias y se fueron. En un tiempo más se presentó a jugar dominó, iba en su flamante Mercedes Benz. Luego me recompensó el favor en otro asunto.

Ancianidad

Dicen que los ancianos son como los niños y algo en ello hay de razón. Como cuando mi hijo me dice *anciano*, cosa que me caga y me *recaga* los huevos; sobre todo, porque lo hace por dos razones: la primera, por mi edad y mi figura; y la segunda, porque dice que nunca maduré, que mi cerebro no evolucionó y que la inteligencia no tuvo la oportunidad de asomarse siquiera. En pocas palabras: que soy un verdadero pendejo, que en mi organismo salieron sincronizados el culo y la boca, de manera que cada vez que hablo, la cago. Por mi parte, yo lo catalogo como *masoquista*, ya que no deja de invitarme a salir con él, llevándome a comer y a charlar con sus colegas, a pesar de saber que mi costumbre es participar en las pláticas, aunque la cague. Tal vez me tiene bajo estudio como su conejillo de indias para hacer de ese dicho una teoría, ya que para eso se pinta solo, como buen científico que es.

Y sí, de pronto me vi niño. Me transporté a esos tiempos en que todo era vagancia. Como de costumbre, jugaba en la calle Emilio Carranza cuando, *sin decir agua va* se desató una tormenta que nos hizo refugiarnos en la casa. Llegó mi madre preocupada para ver si sus polluelos estaban bien. En esa región desértica era raro ver un suceso de esa naturaleza y ése duró varias horas que fueron de zozobra hasta quedar dormidos. Las sirenas de las ambulancias nos despertaron. Lo primero que vi fueron los destellos de las torretas y aunque la lluvia había amainado, seguía una leve llovizna. La calle situada al poniente de nuestra casa, la Gabino Barreda, sirve como arroyo que encauza las aguas provenientes del Cerro de La Cruz llegando como afluente al arroyo Colorado; el cual, a su vez, desemboca en el río Bravo.

Recordé ese arroyo crecido y desbordado que, a veces, arrastraba lo que se atravesaba a su paso, fuera basura, juguetes, gallinas y hasta un puerco. En esta ocasión, el ruido que nos despertó obedeció al rescate de un niño ahogado "y muerto". Tenía razón nuestra madre para llegar preocupada. Con el tiempo, otra gran tragedia se dio en el arroyo Colorado: un rutero, con el afán de ganarle a la corriente, logró convertir su camión en el gran ataúd donde murió un buen número de pasajeros.

Luego, vi a don Dionisio, un anciano que — decían— estaba loco. Siempre mugroso y desarreglado, caminaba por los alrededores; no tenía familiares y había quedado como dueño de la casa donde vivía, que daba de la calle Altamirano hasta la Gabino Barreda, propiedad a la que repentinamente llegaron nuevos *inquilinos*: don Arturo el peluquero y su mamá, doña Agripina, una vieja bizca, mal encarada y culera (como casi todos los viejos), quienes se encargaron de atenderlo, al tiempo que establecían la peluquería en nuestra manzana y, por cierto, donde aprendí mi primer oficio. Ya el barrio contaba con dos personajes que eran muy referenciados: don Dionisio, a quien se le mencionaba como *el loco del cerebro* y a doña Agripina, a quienes unos le decían *la gripa* (por el malestar que causaba con sólo verla) y otros como *la bizca de los ojos*. Por su parte, don Arturo se tenía bien ganado el mote de *el puto*, ya que muchos púberes de la época habían *mojado la brocha* en su cubeta.

A todos nos llega nuestra hora y le llegó el turno a don Dionisio: lo encontraron masacrado en el arroyo. El *vox populi* decía que *el puto* lo había mandado matar para quedarse con la casa. No sabían (yo menos), sino hasta después, que tiempo antes del crimen la casa ya estaba escriturada a nombre de don Arturo. La verdad legal quedó como víctima de un asalto, seguramente le robaron la valiosa vestimenta.

Me vi sentado presenciando tanto ruego e insistencia de mi madre hacia mi padre para que me cortara el cabello. Recordé el tormento que eso significaba; ya que, cada vez que la máquina manual salía de su ritmo me daba unos jalones que parecía que los cabellos que me arrancaba provenían desde el fundillo, aunque en esas épocas todavía era lampiño de ese maravilloso órgano; provocando ayes de dolor que, para él, significaban *joterías* o *mariconerías*, concretándose a decirme con un maravilloso léxico: "¡'Tate sosiego, chivato!", "¡Qué carajo éste!". Ése era su lenguaje explícito, jamás lo escuché decir tan siquiera "una chingada"; ese vocablo sí era propio de mi abuela y, por herencia, también de mi madre.

Y ya hablando en ese lenguaje, recordé el de mi madre cuando les advertía a mis hermanas: "Y cuidado que cuando regrese las encuentre de *machetonas* o *arrecholadas*". En cuanto a lo primero, no le gustaba que anduvieran jugando con los hombres, teniendo toda clase de contactos; y en cuanto a lo otro, se refería a que no se escondieran en algún rincón fajando con algún cabrón, *restregándose* las *miaderas*. Y tenía razón; ya que, al menos una vez, a alguna de ellas la había sorprendido en tan agradables tareas. A los varones no nos reprimía en ese aspecto. Conmigo sí lo hizo, aunque ya en mi juventud, cuando supo que me estaba cogiendo a Sonia, y eso porque la señora tenía pareja. Si hubiera sabido que desde mi adolescencia —y casi ante sus narices— me habían cogido varias señoras casadas del barrio, tal vez no la hubiera hecho de pedo.

Y pensar que estos desvaríos obedecen al vocablo *anciano* que tantas veces me propina Aurelio Jr.; y ahora, para rematar y para chingarla de acabar, le agregó otra palabrita más: *cobarde*. Pero ni pedo, me dice la neta.

Con "T"

Una de las maneras de ayuda a las que mi madre Aurelia recurría, en las épocas en que se fue a vivir con mis tías, era la de acudir a una estación radiofónica donde celebraban concursos de canto y otras habilidades. Contaba mi madre que, a veces, cantaba y que en una ocasión participó en un concurso que consistía en articular palabras que comenzaran con determinada letra en el término de un minuto. El locutor le indicó que mencionara palabras que iniciaran con la letra "T", y que ella le dijo que se la puso fácil. Le dieron la hora de arranque y en chinga se soltó diciendo: "Tonto, tarugo, talegas, tarado, tullido, transero". El locutor le ordenó suspender y le dijo: "¡No le dije que me ofendiera!, pero ¿cómo se le ocurrieron esas palabras?". "No lo estoy ofendiendo ni se me ocurrieron, es el modo de gritarles a cada uno de mis hijos". Se ganó una despensa.

Mi madre cantaba muy bien y mi hermana Rafaela tocaba la guitarra y también cantaba muy chingón. Eran las que amenizaban todas las reuniones familiares. Luego, extendieron su arte hasta en los velorios: sabían un chingo de melodías *ad hoc*. Yo les decía que sufrían por pendejas, que se anunciaran para amenizar funerales, *me cae* que hubieran sacado buena lana; pero como eran muy católicas no podían lucrar con el dolor ajeno.

El baile

Aprendí a bailar no tanto por la música sino por el ritmo que me permitía el acercamiento físico. Ya se había metido en mi sangre la calentura y esa actividad me facilitaba tener siempre una panocha prácticamente untada a mi verga. ¡Qué sensaciones! Si no se cumplía el objetivo de ir a coger, ya con el pito parado, para evitar dolor de huevos, no se cuántas duelas recibieron mi semen. Nueva forma de masturbación; nada más se me doblaban las corvas.

Duró bastante la afición al baile, se convirtió en una actividad obligada. Mi compañero peluquero, Toño, y yo fuimos afines en eso; durante mucho tiempo fuimos inseparables. Nos convertimos, por necesidad, en buenos bailadores. Podíamos entrar a cualquier bar, salón o fiesta privada donde hubiera baile. Las mujeres que frecuentan los bailes se sienten felices bailando con compañeros que las sepan llevar y como ya éramos expertos, desde la primera pieza ya sabíamos si las podríamos llevar… pero a la cama. Cuando no había futuro con una, fácil: cambio de pareja. Con algunas de esas parejas se establecían relaciones sexuales temporales exhaustivas. No puedo presumir como lo hace un pendejo amigo mío que se llama Enrique, quien platica que en un fin de semana echa 72 palos. Nada más lo dejo en que quedaba exhausto.

Ángel

Rondaba por aquella zona del motel un personaje acompañado por su hija, una muchachita de doce años. Comenzó a visitar al personal, llevándoles un mensaje de la palabra de Cristo. Se hizo común verlo por ahí. Acostumbraba ir en un horario en que las recamareras podían estar sentadas esperando la llegada de algún cliente, ya que de las cuatro a las siete de la tarde había poco movimiento, y como el susodicho era muy atento, a ellas les caía muy bien.

Algunas veces, nos sentábamos a comer con la presencia del visitante. Lo hacíamos en una mesa de madera de uno por tres metros que parecía ser la de *La última cena*, pues con frecuencia se unían a las reuniones algunos huéspedes malandros; estaba situada a la intemperie, donde se dominaba desde la entrada hasta el fondo del negocio. Había católicas, cristianas y dudosas; el caso es que se ponía interesante la conversación, ya que se hacían cuestionamientos de todo tipo, desde una fanática creencia hasta la negación de Dios. Yo me divertía escuchándolos; una preguntaba: "A ver, dime, ¿quién hizo entonces la Tierra y las estrellas?". Alguna respondía sobre algo de un Bing Bang que no sabía en qué consistía, pero se lo habían enseñado en la escuela y ahí entraba Ángel para explicárselos, dándoles una verdadera cátedra sobre la Creación, ya que su misión era reclutar feligreses para la iglesia de los Testigos de Jehová y cayó en un terreno muy fértil para sus propósitos, ya que había candidatos de sobra para evangelizar. Allí acostumbraban hospedarse una verdadera ralea de delincuentes, a quienes invitaba a que *vieran la luz* y encontraran en Cristo su salvación.

El caso es que esta persona resultó ser muy

servicial. Se ofrecía para los mandados a la tienda (que estaba algo retirada), les daba muchos consejos, les leía pasajes bíblicos. En esos momentos mi intervención era escasa, lo dejaba para cuando me visitaba en mi famosa *Habitación 60*, lo que sucedió varias veces. Allí sí me descosía cuestionándole todos sus comentarios. Cuando me leyó alguno de los versículos que rezaba "Será más fácil que un camello entre por el ojo de aguja que un rico entrara en el reino de los cielos", le pregunté que a qué se referían con aguja. "Pues al pedazo de metal que se utiliza para coser", me respondió. "No", le dije, "la utilizaban los hebreos para referirse a unas puertas o agujeros muy pequeños que hacían en las murallas donde se protegían de los enemigos; por ahí cabía una persona que tenía que agacharse por lo que un atacante no se animaba a entrar". Yo no sé si será cierto, pero lo convencía; lo mismo sucedía con otros pasajes bíblicos. A mí me gustaba contrariarlo. Tal vez por eso le gustaba platicar conmigo, me decía que le gustaba instruirse.

Siempre acompañado por su niña que no se le despegaba, su misión era aprender todo de su santo padre. Yo lo llegué a estimar algo, era muy servicial, ameno y sencillo. La niña siempre denotaba un *algo* de tristeza y ¡cómo no!, si le estaban robando su niñez escuchando todo el día la doctrina cristiana. En mis contradicciones, yo esperaba que la chamaca no se dejara influenciar tanto y me atrevía a decirle que ella era libre de creer, que siguiera estudiando y después que ella leyera e investigara lo que quisiera. Su padre nunca me lo reprochó. Esas visitas de, cuando menos, una vez por semana se dieron durante seis meses. De pronto cesaron, todos nos preguntábamos si se habría ido de la ciudad, lo extrañábamos.

De repente, llegó *el negro*, asiduo cliente del motel, ladrón de autos profesional que, por enésima vez, había sido encarcelado durando cuatro meses *a la sombra*. Sabíamos que llegaba con nuevos bríos para ofertar sus servicios sobre pedido. La primera noticia que esparció por el motel fue que Ángel estaba en la prisión, que lo andaban buscando porque se había robado a la niña, que no era su hija y abusaba de ella, que cuando supo por qué lo habían detenido ni de chiste comentó que era su conocido, no fuera a ser que se desquitaran también con él. Nos dijo: "Pobre bato, primero le pusieron una chinga, luego se lo cogieron muchos y después lo estacaron. Nosotros seremos ratas o narcos pero violar a una niña son chingaderas". Se rompió el encanto, todas las recamareras estaban espantadas. Alicia decía: "Y yo que una vez ¡lo invité a la casa!"; otras, que no había que confiar en nadie, ni siquiera en el viejo de una.

Nunca nos dimos cuenta de la noticia en los diarios, en ese entonces las de ocho columnas daban cuenta de las ejecuciones y los incendios por amenazas cumplidas por las extorsiones por *derecho de piso*. Me tocó verlo en la prisión una vez que fui a visitar a un cliente, lo saludé y como colofón le dije: "Ahora sí necesita creer en Cristo". Esta anécdota me vino a la mente porque supe *de oídas* que por estos rumbos habita una persona con una historia semejante, a diferencia de que no es hijita sino hijito. Los rumores son fuertes, pero nadie lo ha denunciado, es muy atento (como Ángel). He platicado algunas veces con ellos y le busco al morrito aquel *dejo* de tristeza, pero no; más bien, le veo brillo en los ojos, por lo que asumo que, de ser cierto, le gusta que le raspen las almorranas. Y, tal vez por lo sugestionado que me tienen con *los chismes*, sólo por eso, percibo un leve olor a caca cuando hablo con ellos. Que la sombra del padre Maciel lo cubra con su manto protector.

Frustración

Hoy escuché de nuevo el nombre de Brenda y lo primero que me provocó fue el recuerdo de las hijas de la jarocha Inocencia, con quien tuve una relación después de mi divorcio.

Una noche, a los pocos días de conocerla, me encaminé desde mi casa por la calle Altamirano hacia la 16 de septiembre, enfilando luego hacia el poniente por el rumbo de la *cárcel de piedra* pasando la calle M hasta llegar al final donde desemboca con el *arroyo de las víboras*; dirigiéndome después hacia el norte, rumbo al río Bravo, vía de terracería algo accidentada que colinda con varios lomeríos. Al llegar a una cuadra antes de mi destino hice un alto. Allí se encontraban dos muchachas jóvenes. Una de ellas se me aproximó para preguntarme: "¿Qué andas haciendo?". Para mí, ese lenguaje era ampliamente conocido, quería *pelea*. Me concreté a decirle: "Voy aquí enseguida".

Avancé hasta llegar a la casa de *Ino*, justamente a la hora concertada. Salió de inmediato acompañada por una de sus hijas, Yuridia, de diecisiete años, de cara muy bonita y cuerpo escultural. Para mis adentros dije: "¡No puede ser hija de dos jarochos!". Me la presentó como si se tratara de buenas familias, a lo que respondí de igual manera; no creí oportuno recitarle uno de mis coloquiales piropos, todavía no las conocía bien. En ésas estábamos cuando llegó corriendo la otra de sus hijas, Brenda, la que me abordó en la esquina. Hasta ese momento advertí su fisionomía. Diecinueve años, cara no bonita (como su hermana) pero nada despreciable, cuerpo bien proporcionado, ataviada con unos *shorts* ajustados que dejaban ver su cintura y unas piernas que, me imaginé, fracturarían mis omóplatos.

Nos seguimos tratando. En esas fechas cambié mi domicilio al oriente de la ciudad por el rumbo de la calle Teófilo Borunda, donde mi amigo Miguel, empleado de un despacho jurídico, me rentó una casa que estaba sujeta a un juicio hipotecario y sus moradores la habían abandonado. Allí se quedaba Inocencia algunas noches, le gustaba mucho la casa y me cocinaba, presumiéndome sus artes culinarias con platillos típicos de su pueblo. También en esa época conocí a su prima Ana y al esposo, Isidro; quienes, a la postre, se convirtieron en mis amigos. Yo seguía tratando esporádicamente a las hijas Brenda y Yuridia.

Brenda le había salido rebelde y vaga, se casó con un compañero de trabajo de una maquiladora, tuvieron una niña; luego se separaron para que, finalmente, la niña quedara a cargo de Inocencia. Les tramité el divorcio. Por su parte, Yuridia le resultó ser una buena (muy buena) muchachita, estudiaba la prepa a la vez que trabajaba en una tienda de ropa próxima al mercado Hidalgo en el centro de la ciudad; pero para mí tenía un gran defecto: tenía novio y para chingarla de acabar joven, de buen ver, pudiente y con el plus de ser karateca, lo que mataba mis esperanzas.

Se aproximaba el cumpleaños de Inocencia y mi casa fue seleccionada por unanimidad para ser la sede de tan importante acontecimiento. Mi regalo sería un vestido muy bonito y muy sexy que, para elegirlo, yo ya tenía vasta experiencia, lo mismo con la talla ideal. Se lo entregué un día antes, sabía que lo estrenaría en tan solemne acto. Llegó la fecha y la hora de la celebración; los primeros en hacer presencia fueron los primos Isidro y Ana, acompañados de su hijo Luis y otros parientes que no conocía. Inocencia llegaría con sus hijas y el novio de

Yuridia. En cuanto aparecieron, quedé impresionado. Era otro pedo verlas recién bañadas y con atuendos apropiados para una fiesta. Mi gran sorpresa fue ver a Yuridia con su maravilloso cuerpo rematado con el vestido que me costó algunas caminatas encontrar. Una cara angelical con un cuerpo de sirena con el vestido perfectamente ajustado a su figura. No tuve ni quise tener tiempo para auscultar a las otras dos.

No se hizo esperar mucho para que el ambiente tomara su justa dimensión. Eran jarochos y de inmediato el cobre salió a relucir, nada de hipocresías, de *hijos de puta* para arriba eran las agradables pláticas en las que se remontaban a sus ayeres y a su pueblo, entre copa y copa, desde luego. En cuanto a mí, para mi complacencia, se rompió el turrón y ya nos mentábamos la madre como si todos fuéramos viejos conocidos. Sólo dos no participaban, Yuridia y su novio, pronto se retiraron. Se rompió el encanto de estar disfrutando la pupila, quedando como consuelo el agradable ambiente y las piernas de Brenda. La fiesta duró lo que duró Inocencia en caer como fardo en un sillón; había tomado de todo: cerveza, tequila, brandy y cuánta madre pudo. Se retiraron todos, sólo quedamos: Inocencia, Brenda y yo.

Luego de infructuosas cachetadas la subimos al segundo piso a rastras hasta dejarla como cayó en la cama. Jamás me emborraché hasta perder el sentido y en esa ocasión andaba a *medios chiles*; me despedí de Brenda para irme a tomar un baño y acostarme en mi recámara. Andaba un poco mareado y pronto me dormí. Repentinamente, desperté al sentir un cuerpo junto al mío y de inmediato mi libido me llevó a Yuridia, a la cual todavía traía en mi mente; pero no, eran las piernotas de Brenda. No era momento para cuestionamientos, sino para estrujamientos que hacía largo tiempo no ejercitaba. ¿Qué pensar quién estaba en la otra recámara? Para nada, lo único que tenía que meter en mi cerebro que quien estaba allí *era* Yuridia. Sólo así pude asimilar lo caliente que resultó ser Brenda, quien luego de terminar su faena se quedó dormida como si nada. Despertó temprano y salió para volver con una bolsa con ropa diciéndome que iba a una lavandería que estaba cerca y sin advertirlo ya había salido de la casa. Bajé a ver si estaba bien cerrado y me volví escaleras arriba.

En ese momento me dio la curiosidad de ver cómo estaba Inocencia. La encontré completamente encuerada, con sus paradas nalgas de lado. Se me antojó acostarme junto a ellas y como si hubiera tomado algunas *viagras*, se me enderezó el pito. La abracé por la cintura, la *arrepegué* y continuaba dormida. Me quité la trusa, le separé las nalgas y, al primer intento, encontré la entrada. No hubo oposición alguna y en su culo fue el remate de la celebración. Me fui a acostar hasta que regresó Brenda. Se bañó, se vistió y nos encaminamos a la operación rescate. La sentamos en la cama, otras leves cachetaditas y café cargado hasta que se alivianó. Pasado un rato, comentando ya todo lo sucedido el día anterior y con el humor característico, hicimos de comer y enseguida las llevé a su casa. Jamás me preguntó si le habían dado por el culo, yo creo que ya estaba acostumbrada. Más pronto que tarde aparecieron en mi vida otras aventuras, se me hizo fácil olvidar ese capítulo. Sus parientes siguieron siendo mis amistades. Todavía recuerdo a Yuridia como una de mis frustraciones.

Corvette blanco

Eran las diez de lo mañana, en el motel se sentía la calma acostumbrada de esas horas. Platicaba con Lola, recamarera del turno, quien estaba atenta, presta para cualquier eventualidad, ya fuera el ingreso de un nuevo cliente o para atender algún requerimiento de los existentes. En el motel había toda clase de ocupantes, desde ocasionales hasta permanentes. Casi adivinábamos lo que sucedía en cada habitación. Unos estarían dormidos, reponiéndose del aquelarre de la noche anterior, otros continuando con las orgías. Sabíamos dónde estaban las putas que habían sido contratadas. Algunas habitaciones eran ocupadas como guaridas de delincuentes, que salían sólo de noche para realizar sus actividades, ya fueran robos de automóviles, de negocios y *pasadores* de droga hacia El Paso, Texas.

Era la hora propicia para las adúlteras, que, después de dejar a los niños en la escuela, aprovechaban para desquitarse de sus infieles maridos; aunque no faltaban las otras, que lo hacían simplemente por putas. Intermitentemente, aparecían personajes conocidos para entregar pedidos de coca. Llegaban, entraban, entregaban, cobraban y a continuar con su jale, que era arduo; ya que esos pedidos les llegaban desde los moteles de la zona hasta de domicilios particulares. Lola tenía ojo de águila. Ni el intento hacía de moverse cuando los veía, incluso los olfateaba; ya que, de pronto, llegaba un nuevo repartidor y lo presentía, acertando en la gran mayoría de los casos.

En eso estábamos, cuando ingresó un *Corvette* blanco que yo nunca había visto. Lo conducía un gringo.

Le dije: "Órale, quien quita y te echas una liebre", refiriéndome a que si buscaba nalgas, se las diera mediante una lana. Era broma, era casada y su esposo era mi amigo, aunque eso no significara un obstáculo. Me comentó: "No es cliente, viene buscando a alguien, sólo da un recorrido y se va". Dicho y hecho, dio un paseo a marcha lenta alrededor de todas las habitaciones y desapareció. "¿Cómo supiste?". Me dijo: "Es el *gringo*; de vez en cuando viene y hace lo mismo, algunos de los que se hospedan trabajan para él". Quise saber más y me explicó. "Estuvo preso en El Paso por narcotraficante y cuando salió se vino a trabajar de este lado. Tiene contactos con *La línea* y es distribuidor de mota y de coca; tiene un equipo de menudistas y pasadores que la entregan a sus conocidos allá. De vez en cuando viene a dar sus rondas, supervisando a su gente. *Lalo*, *El negro* y *El burger* trabajan para él. Presiento que algo malo va a pasar, ver a ese señor es como un presagio".

Lalo —a quien sí conocí— tenía, a la vez, un grupo de subalternos que frecuentemente celebraban sus negocios con pachangas, donde llevaban grupos musicales y hacían la fiesta en grande, ocupaban muchas chavas y pedían cervezas durante toda la noche (a precio de clandestinas), lo que provocaba el contento de las recamareras por las comisiones que ganaban. Pasado un tiempo se supo que lo habían *levantado*. Frente a una gasolinera vecina, una patrulla policiaca lo detuvo, lo sacó de su auto y lo subió a la patrulla, enfilando hacia rumbo desconocido. Nunca volvió a aparecer, a pesar de que algunos testigos informaron de los hechos, dando a conocer el número de la unidad policiaca que lo detuvo y se lo llevó, a pesar de que intervino el consulado estadounidense por ser ciudadano de Estados Unidos. Pasó a ser uno más de los desaparecidos. Se volvió un secreto a voces que todo venía del *gringo*, por habérsele *barrido* con la lana de la mercancía.

Era un aviso muy conocido que debían entender todos los repartidores; sin embargo, se seguía dando, ya que por ser adictos, en un momento determinado y ya en ambiente, consumían las existencias con el consabido riesgo. El *gringo* vivía en la cima de una loma, en unos departamentos que se veían desde los poblados de Zaragocita y El Sauzal; era común ver varios automóviles frente a su domicilio. Muy pocas veces me tocó verlo en sus rondas por nuestro motel, personalmente nunca lo traté. Contaba con un equipo de *cobradores*, entre ellos el *Mike*, que por lo regular se hospedaba en la habitación número uno, frente a la mía. Con él si tuve relación, me respetaba. En una ocasión que salió a hacer *un cobro* a la ciudad de Nuevo Casas Grandes me *encargó* a su pareja, Gaby, una chulada de chava que le aguantaba toda clase de malos tratos. Pienso que me la encargó porque se daba cuenta de que conmigo llegaban un gran número de chavas, que más bien lo hizo para advertirme de que no me la fuera a coger. Le dije que con gusto estaría al pendiente de ella, que se le proporcionaría todo lo que necesitara. Más tardó en salir a que Gaby me visitara. En la plática me dio muchas quejas, pero era común escuchar eso, muchas andaban por las mismas pero no los dejaban. Me limité a darle unas fajadas, no me la cogí por culo. Ya en épocas posteriores, cuando él fue preso, entonces sí me logré. Valía la pena.

Me comentaba que ella seguía con él porque lo quería, que le podía aguantar los chingadazos, pero que lo que más le encabronaba era cuando llevaba a otras chavas a la habitación y delante de ella se las cogía, que la menospreciaba, pero que un día se iba a llevar una sorpresa. Me platicó cuál era su actividad, que era empleado del *gringo* y que cuando no conseguía que le pagaran, los ejecutaba, que ella había visto caer a varios.

En unos días *Mike* regresó del viaje y me dio las gracias. Tiempo después Gaby salió embarazada y a medio embarazo la abandonó, se desentendió por completo de ella. No podía seguir pagando el cuarto ni los alimentos. Habló con Adrián y conmigo, pidió que le permitieran permanecer hasta finales de mes, que iba a buscar a una pariente para que le diera alojamiento en su casa. Luego nos dijo: "O si ustedes quieren, me pueden hablar cuando un cliente pida una chica". Su estado ya era notorio, Adrián y yo intercambiamos miradas, con sólo eso nos interpretamos. Le dijo Adrián: "No se apure, Gaby, puede quedarse hasta que se alivie, el Lic. y yo la vamos a apoyar, por la comida no se preocupe, nada más vaya al puesto, voy a dar órdenes de que le den lo que necesite". La verdad es que aun en ese estado se veía guapísima, no hubieran faltado clientes que la ocuparan, pero la sombra del *Mike* estaba cabrona.

Finalmente, se internó en la Clínica de La Familia, hospital municipal para partos. Una vez que se alivió no la dejaban salir porque tenía que pagar. Fui a rescatarla, la directora de ese centro opuso una tenaz resistencia para dejarla salir; pero ante la amenaza de denunciar ante la Procuraduría por el delito de privación de la libertad, aceptó que mediante la firma de un pagaré le permitiría la salida. Se le firmó (aunque ella sabía que nunca sería pagado). Volvió al hotel con su niña, tal vez esperando que regresara el padre, pero ni sus luces, había vuelto a vivir con su esposa, a quien también había abandonado. Se fue a vivir con la pariente y tiempo después reapareció; para, ahora sí, ejercer el oficio más antiguo del mundo. No denotaba rencor, pero estoy seguro de que fue la fuente de información para que el *Mike* apareciera detenido, acusado de cometer catorce homicidios. Me comentaba que había recibido llamadas de él, que le ordenaba que fuera a visitarlo al CERESO, pero me decía que ya había "abierto los ojos". En una visita que me hizo al bar, resultó lo que con algunas otras, allí me di cuenta de lo que me había perdido. La invité a que bailara en el tubo, la conduje a los vestidores donde advertí su bien formado cuerpo sin huella alguna del embarazo. Ahora sí pude disfrutar otro de mis platillos favoritos.

Otra vez vi rondar al *gringo* por el motel, dando la acostumbrada vuelta por todo el derredor. Nunca supe cuál fue la siguiente víctima, las cosas siguieron su normalidad.

Desperdicios y más

Me siguen llagando recuerdos que se aglutinan de tal manera que parecen ser presagio de la llegada de alguien que sería bienvenida, siempre y cuando no sea ninguna de las odiosas personas apellidadas Parkinson o Alzheimer.

Veo, de pronto, las figuras de todos mis familiares, vivos o muertos. Pasan por esa visión toda clase de lugares de mi ciudad natal; tales como: las compuertas del río Bravo ubicadas al norponiente, los patios de los ferrocarriles, la zona roja en todo su esplendor nocturno, el centro con sus comercios, cines y demás. Muchos barrios, como El Barreal, La Chaveña, Bellavista, Altavista, Hidalgo, Melchor (*Malhechor*) Ocampo, Magisterial, Leyes de Reforma, López Mateos, Díaz (odioso) Ordaz, Progresista, Cuauhtémoc, Arroyo Colorado y tantos otros. Sitios en donde a mis diferentes edades recorrí por diversos motivos, desde hacerme *la zorra* (pinta), laborar, vagar, divertirme. Y cómo no recordar momentos tan felices cuando mi hermano Martín, algún condiscípulo y yo, evadíamos las clases de la escuela primaria, rentándole bicicletas a don Carlitos para irnos infinidad de veces a la compuertas, donde inventábamos juegos y nos desnudábamos para darnos chapuzones en el río sin medir los peligros; al igual que en los patios de los ferrocarriles donde competíamos para ver quién saltaba más vagones en movimiento, que frenaban o avanzaban sorpresivamente.

Luego, en la edad púber las frecuentes visitas al cine Alcázar, donde por tres pesos disfrutaba un maratón de películas de El Santo, de Cantinflas —con permanencia voluntaria que era aprovechada hasta el último centavo—

desde las once de la mañana hasta las diez de la noche, valiéndome madre no poder comprar siquiera un paquete de palomitas de maíz. Recuerdo las ambivalencias de mi madre, ya enfurecida, dándome una tunda de cabronazos por desobediente o una tremenda preocupación por una enfermedad o por algún peligro. Rememoro mis épocas de peluquero, de lavaplatos, de escribiente y, ahora sí, de estudiante (al menos, asistiendo a la escuela).

De pronto, se cambia el cuadrante en mis memorias y me encuentro en diferentes lugares y épocas; no obstante, la mayor recurrencia se da en actividades —que algunos considerarían *non sanctas*— donde siempre aparecen unas nalgas. Tendría yo unos veintisiete años. Me desempeñaba como gerente del departamento de aduanas de la empresa maquiladora SURGIKOS, S. A. DE C.V., ubicada en la avenida López Mateos, con grandes instalaciones. Mi desempeño era muy bien estimado por la eficiencia con la que evitaba tropiezos en la producción, por lo que me sentía influyente y muy *sácale punta*. Mi presencia física era (a decir de otros) aceptable, así como mi carácter. Era de los pocos que rompían la formalidad y me codeaba sin distingo con intendentes y gerentes. A solicitud del líder sindical, administraba la caja de ahorros y préstamos de los trabajadores, lo que hacía más llamativa mi presencia.

Cierta tarde, al retirarme de mis labores elegí salir por la puerta del personal operativo, ya que Carlitos debería estar terminando de lavar mi coche que estaba en esa área; cuando, inesperadamente, me vi frente a una preciosidad de muchacha, a quien antes de dirigirle alguna palabra ya la había escaneado. Blanca, cabello trigueño, 1.63 m. de estatura, acinturada, sin delgadez ni gordura alguna, bien proporcionada de pies a cabeza; y que daba la impresión de exuberancia, aunque no tuviera alguna parte exagerada, y como remate, además de una cara bonita con piel tersa y juvenil, unos ojos verde claro que la hacían más bella, vestida con una falda que daba arriba de la rodilla, mostrando unas bien torneadas piernas. En una palabra: un culo de vieja a quien nunca había visto, por lo que imaginé sería una proveedora o una visitante.

Antes de cualquier saludo, me dijo: "Aurelio, a usted lo venía a buscar, ¿ya se va?". "Sí", le dije, "pero, ¿qué se le ofrece?". De manera concisa me lo expresó: "Solicité un préstamo y no aparezco en las listas de este viernes ni del que sigue y me urge". No la dejé continuar y de inmediato le dije, ya tuteándola: "Vente, vamos a ver". En ese corto trayecto me reprochaba no haber visto a semejante presa, ya que me sentía el más grande depredador. En la oficina estaba, como casi todos los días, mi fiel secretaria Hortensia, preparando la papelería para los trámites del siguiente día, y a quien nunca me cogí por fea (o, al menos, no era de mi gusto). Entramos, saludó y le señalé el lugar dónde sentarse. De inmediato, Hortensia me inquirió: "¿Ya terminó Carlitos?, quiero que me lave mi carro, ¿puedo ir a decirle?". "Claro", le dije. Detalles que, ella sabía, eran estimados por mí; pues intuía cuándo quedarse o no, conocía mis gustos.

Ya entrando en materia, revisé el folder donde estaban las solicitudes de los préstamos pendientes, preguntándole a la vez, su nombre. Ella se llamaba Martha (*ella se llamaba así*, dijera Napoleón). La gran cantidad de solicitudes de préstamos fluctuaban entre dos a cinco mil pesos; y eran las que se listaban primero. Martha había solicitado diez mil pesos, situación que le expliqué, a lo que ella me narró su urgencia, pidiéndome que de ser posible se incluyera en la lista siguiente. Hasta allí todo era profesionalmente tratado, pero mi mente maquiavélica había comenzado a funcionar desde el mismo momento en que me abordó. Hurgando un poco más acerca de su urgencia se explayó hasta que terminó por decirme: "¡Cómo se lo voy a agradecer!". Sentí que iba en el camino correcto y la estrategia debía seguir su desarrollo.

Para ese momento, hasta su plática me parecía bonita y le pregunté: "¿Cuánto tiempo tienes trabajando aquí?". "Un año", me dijo. Su respuesta la sentí como una recriminación por no haberla visto antes. Lo que sucedió es que ella estaba en el área de costura donde se manufacturaban batas y sábanas de papel desechables para usarse en quirófanos y dentro de la planta debían usar gorras de papel y cubre-bocas; lo que entre el montón era difícil distinguirla, además de que esa área la visitaba en pocas ocasiones. Las gorras eran para evitar que los cabellos se impregnaran en el material y los cubre- bocas para evitar alguna clase de infección. Yo odiaba ponerme esas protecciones cuando visitaba el área y les preguntaba a los supervisores a modo de mofa si acaso en el culo también tenían que usar toallas sanitarias para evitar que un pedo contaminara el material.

La plática siguió de manera amena sin advertir que se quisiera retirar, todavía no le había resuelto a propósito, para tratarla un poco más, hasta que sentí oportuno hacerlo diciéndole: "Aparte de muy agradable me parece que eres sincera y quiero pedirte un favor". De inmediato me respondió: "Lo que se le ofrezca" (ya estás, dije). "No te voy a poner en la siguiente lista (a la vez que leía su semblante), te lo voy a dar mañana. El favor que te pido es que seas discreta". "¿Puede?", me preguntó. "¡Claro!", le respondí, al tiempo que sacaba la chequera y elaboraba el cheque a su nombre y por la cantidad solicitada. Lo firmé y le dije: "Mañana recaudo la otra firma, para mediodía te lo puedo entregar". "¿Cómo se lo puedo agradecer?". "Muy fácil", le dije, "siempre que nos veamos, salúdame con esa preciosa sonrisa". Y sí, sí me lo parecía, adornada con una pequeña cicatriz que tenía debajo de un pómulo. "No me diga eso", me respondió. "Yo siempre lo voy a saludar así y no por el favor que me está haciendo". Todo se seguía encaminando, así que le dije: "Entonces, invítame a un café, a una nevería o a donde sea" (le iba a decir: un día de estos invítame, pero lo dejé abierto). No la pensó en absoluto y me dijo: "Cuando guste, si quiere hoy, aunque a lo mejor está muy ocupado". La labor estaba hecha y daba frutos; ahora ella me estaba echando el calzón, era el preludio de una maravillosa noche.

Nos encaminamos hasta el auto, donde Hortensia estaba muy despreocupada platicando con Carlitos, quien ya estaba lavando el coche de ella; nos dimos el "hasta mañana" y enfilamos alejándonos del lugar. Ya encaminados, todo fue mi iniciativa, ya no preguntándole hacia dónde sino diciéndole: "Hay un bar bohemio aquí en el *Pronaf* donde tocan guitarra y cantan y me gusta, vamos allí". Su respuesta fue: "No sé cuánto cueste, pero hasta cuanto acabale, le invito". "Ya estás", le dije, "y otra cosa que no es un favor que te pido: tutéame". Resultole muy agradable el lugar y el ambiente, el alcohol cumplió su función y, de pronto, estábamos cantando en voz alta las melodías que, a su vez, cantaba mi amigo el guitarrista, a lo que le siguieron contactos físicos y luego besos a medio dar. Mis toques eran de galeno, ya que de repente le auscultaban las mejillas, el cuello, el talle, los muslos, los pechos, con su plena disposición; pues, a su vez, me oprimía lo que me tocaba, las manos, mis muslos, mi cuello, actos significativos de que su caldera comenzaba a hervir. Lo que vino después fue una simple pregunta:

"¿Vamos a otra parte donde estemos solos?". "Vamos", me respondió.

Comenzaba a oscurecer, agarramos rumbo. A falta de *OXXOs*, me detuve en un *Del Río*, compré un par de cervezas, una pasta dental y un jabón *Dove*. Llegamos al motel Flamingo, cerca de la curva de San Lorenzo. En cuanto cerré la puerta comenzó un faje frenético a la vez que, por debajo de su blusa desabrochaba su brasier, subía su falda y le bajaba sus pantaletas besándole en el trayecto lo que se atravesaba en mi boca; y ella, por su parte, haciendo lo suyo para que mis pantalones quedaran en el suelo. Allí le paré.

Con los pantalones en los tobillos la tomé del brazo y nos encaminamos a la bañera, donde terminé por desnudarla, quedando más convencido de lo que vi desde mi primera vista. Ya desnudos fui por el jabón y a la regadera. Fue más faje que baño, enjabonándole todo su cuerpo con ese cremoso jabón que invitaba a lamerlo comenzando por el cuello, luego en el ombligo, dando un giro para ir al coxis, luego en su trasero, otro giro para el delantero. Por un momento, no sabía si me quedaba lamiéndola toda o ir a coger. Las tallas que tenían los brasieres eran S, M, L, XL (*small, medium, large, extra large*; en español: chico, mediano, grande y extra grande). Su talla no encajaba en ninguna de ésas, fluctuaba entre M y L, era MAMALÓN, ideales para mamarse, así como todo lo que portaba, era perfecto para besarse y acariciarse. Por un momento, le rogaba a Dios que no me fuera a fallar el pito como con Yolanda la del bar El Tarrito; sería mi más grande vergüenza y desgracia. Ella, por su parte, me enjabonaba y lamía lo que podía, sin olvidar los testículos, por supuesto. Quedamos limpios, nos secamos, nos desencremamos las encías y el paladar; quise lavarme los dientes pero sólo había pasta, que puse en un dedo; pero ella sí llevaba cepillo y lo usamos los dos. Además, llevaba una loción con un discreto aroma que me cayó de perlas.

Luego, acostados en un frente a frente donde podía admirarle todo lo que la naturaleza le dio, sus ojos que parecían cristalinos, su belleza natural sin necesidad de cosméticos para después besarle de nueva cuenta todo, mientras recibía sus caricias, provocando que mi valiente compañero de mil batallas permaneciera firme, al grado de darme la sensación de que era pétreo, su anatomía toda firme correspondiendo a su edad de veintiún años.

Fue una estancia plena de satisfacción, parecíamos conocidos de siempre, entre palo y palo, pláticas muy agradables; para luego, súbitamente, reclamarle: "¿Por qué chingados no me habías hablado antes?". "Sí", me dijo, "con la fama de presumido que tienes, dicen unas chavas que eres muy apretado, que como eres de los jefes no te metes con las mugrosas, una dice que te conoce y que te crees muy influyente, ésa te trae ganas pero tú ni la pelas, ¡ya mero que te iba a hablar!, si ahora lo hice fue por necesidad". "Sí", le respondí, "y ya ves, te sacaste la lotería: pocas pueden tener a este muñeco —como tú— aquí en la cama. No te creas, lo que sí es cierto es que, si te hubiera visto desde que entraste, te hubiera lanzado los canes; pero lo que vale es que estés aquí, me encanta tu modo de ser, tus ojos, tus piernas, tus nalgas y todo lo que traes encima. Espero que no sea *la primera y última* vez, quiero seguir disfrutando de tu compañía".

Lo dije por si acaso esa entrega fuera producto del préstamo, pero de verdad sentí su sinceridad en la refriega. Le volví a decir a qué horas pasara por el cheque y me sugirió que mejor se lo entregara a la misma hora de salida. Le dije: "Ah, quieres volver a estar conmigo". A lo que me replicó: "La verdad, sí". Y así fue, pero al día siguiente nada más la llevé un rato al mismo bar y le dije que todavía era hora para que lo hiciera efectivo en una casa de cambio de un conocido. Me reprochó el no querer estar con ella (no supe si era pose); le comenté: "Ya me dijiste cuándo deben hacer el pago pero prefiero que lo hagan mañana mismo y se quiten la preocupación, no vaya a ser que les salgan con una chingadera; me avisas cuando todo esté resuelto, para que, entonces sí, me invites a salir de nuevo". Aceptó, nos fuimos, cambiamos el cheque y la llevé a su casa en la colonia Altavista. Me regresé para dirigirme al bar El Embajador, ya extrañaba verle las magníficas nalgas a Lupita, la mesera, postre que parecía imposible de degustar y que gracias a una apuesta, en un futuro saboreé.

El siguiente día, ya teniendo información de ella, revisé el tarjetero de las asistentes y no estaba su tarjeta, no había ido a trabajar; después supe que había pedido permiso para faltar, pues pensaba ir al banco a cambiar el cheque y a acompañar a su madre con un agiotista a quien le debían el dinero. Al otro día, Hortensia me dio el recado de que *la bonita* había ido a buscarme y al no encontrarme iría a la hora de salida. Ella apareció y Hortensia de nuevo salió a *sacar unas copias*. Brevemente, me dijo: "Gracias, ya salimos del problema, ¿podemos salir hoy?". No cabía duda, no había poses, seguramente mi compañía le agradó, independientemente de mi posición. De inmediato asentí, me había encantado, la deseaba; de hecho, había una parte de mi ser que hubiera querido verla siempre, estar con ella, pero además de estar casado, la otra parte de mi ser me reclamaba estar con muchas, con todas las que pudiera y me decidí por esta última. Era una época de competencia no entablada para ver quién conquistaba *la joya* más atractiva del lugar que se frecuentaba, ya fuera en centros de diversión, en el trabajo o en cualquier otro sitio, hasta en las propias calles. Contra mis costumbres, estuve relacionándome con ella dos meses, cuando si acaso duraba alguna semana o, a veces, el único día de la conquista; había muchas por todos lados.

Ese día lo disfrutamos igual que la primera vez, intimamos más acerca de nuestras vidas, resultando muy fácil abordar toda clase de temas, aunque parecería paradójico hablar con más honestidad que con el consorte. En mi caso, ya tenía dos años de casado; me había sido imposible realizar la actividad sexual como con Martha, debido a prejuicios y represiones que jamás logré erradicar por completo, resultaba ser pecaminoso. Me contó de su familia, hija de madre soltera, con un hermano de dieciocho años. Aunque me pareció acelerado que para ese momento le hubiera contado a su madre todo lo sucedido conmigo, si bien sin detalles explícitos; pues me explicó que se trataban como dos hermanas y que entre ellas no había secretos y como colofón, que quería conocerme.

Tengo conocidos que, con mucho menos que esto, se sentirían probables víctimas de un chantaje; algunos, como Jorge Torres, quien llega al extremo de pensar que con un simple beso se entabla un compromiso de matrimonio. A los pocos días se dio la presentación, una tarde que la llevé, su madre nos esperaba; me invitó a pasar y ofrecerme un refresco. Sí parecía su madre, de allí se originaban el color de sus ojos y su figura. A sus cuarenta años no había desmerecido, ambas tenían también un carácter parecido. Nos hablamos sin tapujos; sin que yo lo hubiera dicho, sabían que era casado, tema que no apareció en la conversación; en vez de recomendarme el cuidado de su hija me agradeció que la hiciera feliz. Me sentí descontrolado, esperaba ver una cara adusta, auscultadora;

pero no, por el contrario, me puso su casa a mis órdenes. Por un momento, en mi mente calenturienta pensé: "Si yo viviera aquí con ellas, me las cogería a las dos"; la señora estaba todavía apetecible y aún no le tenía yo tanta fobia a las mujeres mayores, hasta cierta edad y condiciones físicas, por supuesto.

Luego, en algún momento que estábamos de retozo y que salió a relucir su madre por algún motivo, le dije lo que mi mente pensó en aquella ocasión. Se quedó mirándome, para luego decirme: "Preséntame a tu papá, para ver si se me antoja cogérmelos a los dos". Le dije: "No te creas, es una manera burda de decirte que tienes una madre muy guapa y muy agradable". Si supiera que mi padre era ya muy adulto y que le colgaban los cueros; aunque de parte de él, sí estoy seguro, se la hubiera querido coger. Tiempo después, titubeaba para hacerme una pregunta; de modo que le dije: "Al chile, ¿de qué se trata?". "De mi hermano", me dijo, "¿habría posibilidad de que le dieran trabajo?". No, le respondí en ese instante, sabía que era complicado que ocuparan hombres. Para la costura, en ese entonces, sólo mujeres ingresaban y para otros puestos ya estaba saturado; además, había compromisos para cualquier vacante y se lo dije, preferí resolverlo de tajo. Sin embargo, sembró la burbuja en mi cerebro de cómo ayudarlo; era buen chavo, estudiaba y me trataba bien, al igual que su madre. Me decía "cuñado" y le parecía bien que me estuviera cogiendo a su hermana, no se le veía el recelo que había advertido con otros *cuñados*. Luego, ya en calma, le dije: "No te preocupes, algo puede saltar, vamos a ver".

Ya me sentía algo encariñado, lo que ocasionó que dejara de ver a algunas que se me antojaban y a otras que ya les tocaba mi visita; pero no las extrañaba, esta pinche vieja era de las que merecen estar siempre a su lado, en ese momento así lo sentía. Vivían humildemente, aunque no con marcada pobreza, ya que en esos tiempos con dos salarios mínimos esa familia podía sostenerse, pero con el cuñado en la escuela tenían ciertas limitaciones. Mi contribución por el *uso de culo* era vestir a mi vieja a mi modo, yo le compraba el vestuario a mi gusto y se lo entregaba y quedaba asombrada, diciéndome: "Ni yo la hubiera escogido así".

Era difícil que aceptara dinero, ya que me decía que estaba conmigo por amor, que no era una puta. Otra manera de apoyo era que, varias veces, me presenté en su casa llevándole a su madre una gran caja con ropa interior separando la de su uso. Yo tenía carta en blanco para disponer de esas prendas que se producían por millones en otra división de la empresa, de modo que cada vez que salían nuevos estilos acostumbraba regalar al personal de la aduana; ya que en cada revisión de las exportaciones pedían un *moche* y como las cargas debían llegar completas conforme a los pedidos, yo era el conducto para la entrega y nada más indicaba al jefe de embarques la cantidad y los estilos y colores que necesitaba me diera en cajas aparte.

En cuanto vio el contenido, dijo: "¡Qué preciosos! ¿Y esto qué?". Le respondí: "Lo que está en esta bolsa es para usted y lo demás lo puede vender para que se ayude un poco". Con sumo gusto comenzó a revisar prenda por prenda sin dejar de admirar cada pieza. Y es que se trataba de juegos que no se veían en la ciudad, ni siquiera en El Paso, Texas. Eran estilos de moda para otros territorios, iban directamente hasta Nueva York. Hasta después de la sorpresa *agarró el veinte* y me preguntó: "¿Y por qué los de la bolsa son para mí, cómo sabe mi talla?". Podría haberle dicho que era una estimación mía, pero saltó mi acostumbrada diplomacia; así que le contesté: "Es que he visto tantas viejas primero vestidas y luego encueradas que conozco las tallas con sólo verlas, sé cuáles deben usar, si con esponjas las despechadas, si con varillas las colgadas y las pechugonas sin esa clase de engaños". "¿Y de cuáles soy yo?", me preguntó. De nueva cuenta, mi diplomática respuesta: "De las perfectas, es usted una copia fiel de mí adorada, su hija; si la hubiera conocido antes que a ella, usted sería mi novia". Les caían bien mis pendejos comentarios y no era fingido, se les notaba en su actitud. Se me acercó y me dio un beso en la mejilla, demostrándome su gratitud a lo que reaccioné diciéndole: "Calmada, aquí está su hija y yo nunca he sido promiscuo".

Luego me dijo: "Son tan hermosos que quisiera que todos fueran míos. ¿Y a cómo los debo vender?". Le respondí: "Vea los precios en las tiendas y compárelos, ninguno lo vaya a dar en menos de diez dólares, nada más una cosa le voy a recomendar: no los abarate aunque se le queden, estoy seguro de que al vender uno, le van a comprar los demás. Haga de cuenta que no los tiene, me dejo chupar un huevo si no los vende pronto y los dos, si nadie se los compra". Ya se veían madre e hija como vendedoras sin venderlos rápido, chupándome un huevo cada una.

Seguía trayendo la burbuja en el cerebro respecto al trabajo de *mi cuñado* y de súbito explotó. Recordé haber visto en el taller mecánico de mi amigo Arturo unos trozos de papel azules de las batas desechables que se producían en la empresa y me comentó que le eran muy útiles, que limpiaban muy bien la grasa, que se los había vendido un empleado de la empresa *Convertors*, que era la competencia, pero que ya no había vuelto.

Nuestra empresa importaba miles de kilos diariamente. Los artículos eran producidos para Johnson & Johnson, quien surtía a todos los hospitales públicos de la Unión Americana y debido a su uso, había estrictos controles de calidad; por lo que una gran cantidad de piezas, ensambladas o no, pasaban a ser *desperdicios* — que, por cierto, era obligado por la ley aduanera retornarse al exterior— así que, cada semana se acumulaban en una caja de tráiler para luego proceder a su exportación. Le pregunté a Arturo si estaba dispuesto a comprar el papel explicándole que podía ir tanto en cortes como en batas ensambladas; a lo que me contestó que sí, que de volada, ya que en cuanto a las batas le agradaba, porque la podían utilizar como overol. Le expresé que había disposición de venderle, pero que era en cantidades más o menos considerables; entonces, me respondió después de maquinar un poco: "Yo le puedo comprar hasta cinco mil pesos, siempre y cuando el precio sea igual al que me lo vendió el chavo". Me dio los datos y le volví a preguntar: "¿Entonces usted lo puede comprar en cualquier momento?". "En cuanto los traigan", me indicó.

Luego me di cuenta de que él, por su lado, pensaba revenderlos en talleres de amigos que sabían del buen uso. El siguiente paso fue hablar con Víctor Núñez, el gerente general, para decirle que yo necesitaba parte de los desperdicios y él estaba enterado de las disposiciones aduaneras; pero, de igual manera, sabía que esas regulaciones para mí era fácil evadirlas, además de las buenas relaciones que teníamos con el personal de esa dependencia. Por lo que, de inmediato, autorizó para que un particular recogiera ese material, hablándole al jefe de guardias, Gil Hermosillo, para decirle que yo le indicaría quién sería.

Ya estaban dados los pasos principales. Para esos tiempos ya cogíamos en la recámara de Martha, nos daban los espacios de privacidad cada vez que era programado. A medio palo le dije: "Necesito hablar con los tres, con tu jefa, con tu carnal y contigo. Voy a esperarlos hasta que estén todos juntos". "¿Para qué los quieres", me preguntó. "Es que hoy te voy a mandar a la chingada y no quiero que queden dudas del por qué, así que échale enjundia porque es la última vez que me disfrutas". Lo dije tan en serio que logró el efecto de terminar el palo en forma desabrida.

Una vez que llegaron ellos, les dije que quería comunicarles algo. Asentadas las ocho posaderas le dije al muchacho: "Tú quieres trabajar, ¿verdad?". Me respondió asintiendo, preguntándome que en dónde, él ya sabía que no era en *mi* empresa. "Te voy a proponer un plan, pero debes tener una *troquita*; se trata de que vendas un material en los talleres mecánicos, ya tengo dónde podrías comenzar y puede ser en ratos, sin horarios, por tu cuenta. El material no te va a costar nada, yo te lo voy a dar, es el papel que queda de desperdicio de las batas en la maquila, no va a ser difícil que lo vendas, vas a ganar más que en cualquier empleo".

Se le notó el gusto que le dio, sobre todo, por las condiciones en que se lo expuse, en tiempos libres; pero luego vino la pregunta: "¿Y la *troca*?". "El sábado vamos a buscarla, con doce mil pesos la conseguimos, te los voy a prestar y me los vas a pagar después de separar una lana como si fuera un sueldo; si el negocio fracasa la *troca* es tuya y puedes buscarle otro uso para que te alivianes". La mirada de mi *ojiverde* me decía que se arrepentía de no haber cogido con todas las ganas, la mirada de la *suegra* —

por su lado— me decía que quería cogerme; el chavo no sé, pero tal vez también y algo tenía de las nalgas familiares; sin embargo, yo era incorruptible, no hubiera aceptado, o... tal vez sí.

Con suma facilidad (dinero en efectivo) compramos *el mueble* en *la curva*; que aunque viejito, funcionaba bien. Luego de explicarle a detalle la operación fue a recoger el primer cargamento, sin mencionar parentesco, llevó una parte con Arturo y de inmediato se echó a la bolsa las cinco mil lanas, lo que le abrió las ganas y siguió ofreciendo a otros talleres, donde acomodó en partes más pequeñas el material hasta venderlo todo. Quiso abonarme gran parte, pero le recomendé que fuera menos, que guardara porque no se sabía cómo le iría la siguiente semana; y que, además, necesitaría gasolina para ir a semblantear en otros lugares mientras se llegaba el día de la recolección.

Salió talón el chavo y en un mes me reintegró el total. En ese momento le dije que no se confiara demasiado, que buscara todas las opciones, que no se sabía cuánto iba a durar esa situación; tiempo después era común ver esos *trapos azules* en muchos lugares de la ciudad. Yo seguía encantado, todos me querían en esa casa, pero sabía que no podía ser duradero por varios motivos.

Estaba casado y jamás pasó por mi mente divorciarme, tenía ya dos muñecos y de mi esposa no tenía queja alguna, más que la manera de coger; y, por otra parte, nunca fui partidario de relaciones duraderas fuera del matrimonio, siempre me sentí propiedad del pueblo; había tantas viejas disponibles que no era posible desdeñarlas. Fue cuando me dije: "Cuidado chaval, te estás enamorando".

Ya me dio hueva, quisiera seguir escribiendo ahora la historia de Iveth, otra preciosa güera que me cogí a mis dieciocho años en el cine Plaza el mismo día que la conocí. ¡Qué desperdicio de vida! Tiene razón alguna personita por allí que me tilda de enfermo sexual; pero *C'est la vie* y cada quién vive la suya.

Dominó

Estaba disfrutando de un merecido descanso. Era domingo. Después de haber pasado una semana completa sin realizar tarea alguna, me estaba rascando los huevos cuando, de pronto, llegó mi hijo sin previo aviso para ordenarme que lo acompañara. No había manera de replicarle, ni preguntarle siquiera a dónde nos dirigiríamos, ya que las órdenes del jefe se deben de obedecer; no hay de otra, sobre todo, si te está dando de tragar.

Nos dirigimos a un centro comercial. No imaginaba el objetivo de que lo acompañara, tal vez sería para cenar, ya que en ocasiones eso sucede; aunque sabe que nunca ceno y por un momento creí que le atinaba, pues me dijo: "Vamos al último trago". ¡En la madre!, me dije: #YaSeCansó de darme de tragar, va a ser la última vez. Pero no, se encaminó hacia una sala de cine donde se exhibía la película *El último trago*. Compró los boletos, faltaba media hora para que comenzara la función.

Al inicio, no advertí si la película era extranjera o mexicana, iba ensimismado con mis pensamientos. Quise preguntarle si entraríamos a verla, pero reaccioné, ya que su respuesta hubiera sido: "No, pendejo, vamos a oír misa". Decidió matar el tiempo comiéndose un antojito, ya que tenía poco tiempo de haber comido. Pidió dos combos, consistentes en un enorme *Subway* con papas y un refresco *marca diablo* de un litro. Al tiempo que lo deglutía, no me imaginaba cómo siendo tan esbelto, con un estomaguito tan pequeño, le podía caber semejante alimento. Llegó la hora de ingresar a la sala, nos acomodamos plácidamente, todavía estaba iluminada la sala. Me quedé meditando:

"¿Por qué me traería? Si en sus cuarenta años y veinte meses jamás lo invité al cine. ¿Acaso será una de las películas que vemos en su casa y que no les entiendo ni madre?". En esas reflexiones estaba cuando apareció la oscuridad y, con un sonido lastimante, comenzó lo que sería una larga serie de propaganda política que parecía no tener fin.

Una vez pasado el mal sabor, apareció el filme. Desde la primera imagen sentí la gran decepción. Aparecieron cuatro reconocidos actores, ya *vetarros*, en una cantina jugando dominó: José Carlos Ruiz, Eduardo Manzano (uno de "Los polivoces"), Luis Bayardo y Pedro Weber "Chatanuga". De inmediato, supe de lo que se trataba: era el retrato de su padre. Lo miré de reojo, me había llevado para burlarse, al menos eso denotaba su rostro y no faltaba ser adivino para saber lo que, en su silencio, me decía: "Mira nomás, viejo pendejo, así perdiste como veinte años de tu vida, en ese sórdido ambiente de idiotas albureros y, al parecer, así te quieres morir; ya que cada vez que te llamo para preguntarte dónde andas, por lo regular tu respuesta es: 'en el billar', donde juegas dominó y, según tú, bien. Te traje para ver si recapacitas y por fin decides realizar alguna actividad de provecho". Y lo peor es que casi todo lo que me dice es verdad, en ese entretenimiento perdí el equivalente de tres licenciaturas y un doctorado.

Pero no parecía que ése fuera todo el mensaje, ya que al continuar viendo la película, se fueron dando episodios de la vida familiar de cada uno de los personajes; donde, invariablemente, todos eran un problema para sus familiares, ya que —como yo— representaban un estorbo y molestias para los parientes. En el caso de uno de ellos, que no tenía casa, la nuera urgía al esposo para que dejara libre el espacio que ocupaba. Justo en ese momento, ahora fue él quien, de soslayo, me miró. De inmediato advertí el mensaje subliminal, donde —como al anciano de la película— pretendían que lo enviaran y me dije: "¡Chin, me quiere mandar al asilo!". Pero al parecer no, ya que nuestro caso encuadraba más en el de otro de los protagonistas (Chatanuga), pues dependía de un hijo puto que sí lo protegía, aunque se encabronaba por las pendejadas que hacía.

El caso es que, al ponerme a escribir el tema del dominó, encuentro que sí fue una actividad de las que me arrepiento, ya que desde mis treintas hasta mis cincuentas fue una constante ir casi a diario a jugar, alejándome durante una decena de años; en donde seguí jugando, pero con culos, de lo que no me arrepiento. Y ahora, por falta de estos últimos, tal vez regreso por inercia.

El asegurado

Apareció por el motel un cliente nunca antes visto. Llegó en un auto último modelo con placas de El Paso, Texas. Eligió la cabaña número 16, le tocó atenderlo a Lolys.

Las recamareras habían desarrollado el sentido del olfato para advertir cuándo habría buenas propinas y en esa ocasión no se equivocaron. Al tiempo que pagaba el hospedaje, le pidió unas cervezas preguntándole si le podían enviar una *chica*. "Desde luego que sí", le respondió Lolys, dándole las tarifas y preguntándole, a la vez, por las características: si la quería morena, blanca o güera. Una vez que el cliente le indicó los atributos que debía tener, se le dijo que en unos minutos la tendría, recibiendo en el acto una buena propina. Ella tenía una gran agenda de chavas que andaban taloneando que, de inmediato acudirían, y tardarían según la distancia en que se encontraran; sin embargo, también sabía que en mi habitación podrían estar algunas, ya durmiendo la mona, ya bañándose para salir en búsqueda de calenturientos o, sencillamente, dándose un *jalón*, por lo que siempre ésta era su primera opción.

Y sí, encontró a tres de buen ver, con diferentes fisonomías, preguntándome primero a mí si estaban disponibles. "Desde luego que sí, llévatelas a las tres, ojalá sea tan pendejo que las ocupe a todas así como están de jodidas, porque ya me tienen harto". "Por eso te queremos, por franco", respingó alguna. Las aleccionó Lolys, diciéndoles que le hicieran un buen jale, que parecía buen cliente, que le había dado un precio más alto que el acostumbrado y que no había chistado, que allí les podía ir bien a todas, incluyéndose ella, desde luego.

En chinga se dieron una *mano de gato*, tanto, que hasta yo las desconocí. Lolys, por su parte, fue a avisarle al cliente que en un momento llegarían, *por aquello de que no te entumas*. A pesar de que estaban tan sólo a cien metros, se llevaron mi carro; según esto, porque les daba más categoría. Sabían trabajar, sabían cómo llegarle al cliente y lograron que las quisiera a las tres, ordenando de inmediato que les llevaran más cervezas, lo que significaba más ingresos para la inolvidable Lolys; quien cobraría su comisión por cada una de ellas y por las cervezas vendidas, más lo que se acumulara, ya que las chicas podían repetir, pues el trato era por una hora y mis *niñas* sabían *trabajar*.

Casi al cumplirse la hora mi coche llegó a la cochera, por lo que creí que habían terminado el *jale*; pero no, apareció sólo una de ellas para decirme: "Estamos a toda madre, nos va a seguir ocupando pero me encargó unos *pases* y yo le dije que sí, que sí iba por ellos, le di otro precio y me dio doscientos dólares, háblales".

Le llamé a uno de los surtidores conocidos, diciéndole: "Necesito seis de arena pero de volada". "10-4", fue su respuesta. *En menos de lo que canta un gallo* o de que sale un pedo, tocaron a mi puerta; era el emisario que llevaba el encargo: seis paquetitos más uno de pilón. Cada *pase* costaba doscientos pesos, así que le di cien dólares dejándole de propina los cincuenta pesos restantes. La rapidez con que llegaban obedecía a que andaban haciendo entregas por el sector y de la base les ordenaban a dónde entregar. Los otros cien dólares quedaron en mi custodia. El negocio se tripleteó; fueron tres servicios, tres horas con los mismos componentes, cervezas y *pases*.

Llegaron contentas, les había ido *bien*. Me contaron todos los detalles. Llevaban sus doscientos dólares cada una, más cien para cada una que tenían en mi resguardo fueron trescientos. Me decían que descontara lo mío, a lo que les contestaba que yo no vivía de culos ajenos y menos de culos tan jodidos. Siempre las traté así y eso me dio buenos resultados. Se chingaron dos *pases* que habían escamoteado y dos de ellas decidieron irse a sus casas, ya habían resuelto algunos problemas domésticos y pensaban descansar algunos días. La otra les dijo: "Acuérdense que aquí va a estar algunos días", refiriéndose al cliente y únicamente le dijeron: "A ver si venimos". La otra se quedó, se veía contenta pero un poco cansada. Me dijo: "Me voy a dormir". Y, sin decir *agua va*, se despojó de sus prendas frente a mí, como invitándome a seguirla pero no, ya sería en otra ocasión. Se tendió cuan larga era en paños menores y yo me salí a platicar con las recamareras, incluida Lolys; que con un guiño me agradecía: le fue igual o mejor que a ellas. *Una de cal por las de arena*. Había veces que el pato nadaba y había veces que ni agua bebía.

Ese huésped duró alrededor de una semana. Salía del cuarto para comer en el motel, semblanteando al personal. El segundo y tercer día se repitió la obra, pero con distintos actores; ya que las dos chicas no regresaron durante unos días. La que se quedó participó en tres actos, acompañada por otras dos que suplieron a las ausentes. Para el tercer día el cliente ya había identificado a casi todo el personal, sabía de mí por las chicas. El caso es que le dijo a una de ellas que necesitaba hablar conmigo. Lo recibí ofreciéndole un trago, me saludó afablemente y tomó asiento frente a mí. Para ese entonces yo ya estaba *curado de espantos*, nada de lo que me dijera me sorprendería. Bien podría ser un policía infiltrado, un distribuidor de droga o lo que fuera; aunque me intrigaba un poco que fuera precisamente conmigo con quien quería hablar. De inmediato comenzó el diálogo. "¿Con quién tengo el gusto?", le pregunté. "Me llamo Juan Rodríguez, licenciado", me respondió. "Vivo en El Paso, Texas y aprovechando una semana de vacaciones vine a pasármela de reventón y como sé que usted conoce todo el movimiento aquí, quise venir a saludarlo".

"Ya veo que semblanteó el terreno, ¿qué se le ofrece, para qué soy bueno?". "Me gusta su franqueza y me inspira confianza, así que le voy a responder igual. Quiero vender mi carro, barato. Lo que pasa es que me la estoy pasando a toda madre y quiero seguirla unos tres días". Sacó su ID y me la mostró, junto con algunas tarjetas de crédito para corroborarla, al tiempo que me dijo: "Le voy a hablar al chile: necesito venderlo en unos tres mil dólares para seguirla y cuando me vaya lo voy a reportar como robado". Sacó de un sobre el título del carro y la póliza de seguro, todo a su nombre y con su dirección. Y enseguida el "¿Cómo la ve?".

Para ese momento, ya bullían en mi cerebro las ideas; de modo que le respondí: "A mí no me interesa, pero déjeme ver, hay algunas personas que se dedican a la compra-venta de autos, así que yo le aviso". "¿Cuándo?", me preguntó. "Esta misma tarde". Me dejó dos asuntos por resolver: la compra del auto y una reunión con mi equipo de putas.

Rondaban por allí dos de los hermanos Chávez, procedentes de un poblado serrano que se dedicaban precisamente al negocio de los autos y que por atajos los llevaban de contrabando. ¿Mal habidos, bien habidos? Creo que bien habidos, nunca lo supe. Lo primero que hice fue platicar con Adrián para enterarlo, dándole santo y seña del asunto. Lo primero que me dijo fue: "Trátelo con los Chávez, ahorita le mando a Manuel". Para los Chávez, el motel era como su segunda casa, tenían años hospedándose allí; por lo mismo, tenían muy buena relación con todo el personal. Era común ver a todas sus familias que los acompañaban, seguido cocinaban carnes asadas que aromaban todo el ambiente. Llegó Manuel, a quien le expuse los acontecimientos. De inmediato le interesó. Al tiempo que me preguntó: "¿No será un *cuatro*, que ya esté reportado como robado?". Otra vez la frase de: "¿Cómo la ve?". "No lo creo", le dije, "todos los documentos están a su nombre; él entra y sale sin preocupación, pero existe la posibilidad". Se decidió por el sí, para luego darle mi recomendación: "Se trae una factura y la llena con los datos, le pone un precio creíble, le pone la dirección del vendedor y le pide copia de su identificación; si acepta, es que no está reportado y al mismo tiempo si le cae pedo se sabrá que el fraude lo cometió únicamente él".

El auto estaba impecable, era un Honda; Manuel ya lo había visualizado. Se hizo el negocio, me pidió que fuera testigo, lo único que le exigió al vendedor fue que le diera una semana para reportarlo y quedaron de acuerdo. Durante una temporada las aguas volvieron a su nivel hasta que apareció de nuevo con otro auto. La operación se repitió tres veces y nunca más volvimos a saber del cliente (tal vez esté en La Tuna, por defraudar a las aseguradoras). Por otra parte, se sabe que las regiones serranas del estado dan cabida a toda clase de autos *chuecos*; probablemente, remarquen las series o quizá les importe madre; si el gobierno es corrupto, ¿por qué ellos no? Son cotos de impunidad donde campea el narco con sus socios, los policías.

En cuanto a la reunión con mi equipo de putas fue para darles recomendaciones. Una vez instalada la mesa redonda, con una postura muy digna, les solté: "Lo primero que tengo que decirles es que sean cautas. ¿Saben lo que significa?". Una de ellas dijo: "Discretas". "¡Exacto!" —le repliqué— "que usen el intelecto, ¿saben lo que es eso?". La misma contestó: "Que no seamos vulgares". Otra dijo: "Que hay que leer". Y la más honesta preguntó: "¿Intele... qué?". No esperé más respuestas para decirles: "No cabe duda de que son unas verdaderas pendejas. Significa que usen el cerebro, que no hablen a lo tonto, que cuando estén jalando no hagan comentarios que después las puedan delatar o que embarquen a otras personas, que no suelten la sopa de nada; si saben algo de lo que los clientes platican, *finjan demencia*, que no las identifiquen simplemente, pueden meter en broncas a mucha gente; ustedes nunca saben si alguien anda buscando información. Que no sean estúpidas, pues, ya que si a alguna se le ocurre hacer una chingadera, muy fácil dan con ella y con todas. Ya he tenido algunas malas experiencias. Cuando un cliente desconocido se dirige a mí, diciéndome: 'Licenciado, quiero hablar con usted', de inmediato pienso: Estas hijas de su puta madre ya abrieron el hocico, en su pinche loquera me mencionaron y dieron santo y seña de mí. Y no *manteca*, ya he tenido algunas broncas por eso, por hociconas. ¿Qué les parecería que yo llevara a sus domicilios a un cabrón al que robaron y quiere partirles su madre? Cuídense, protéjanse, aliviánense; si de por sí el ambiente está cabrón, ¿para qué *buscarle ruido al chicharrón?*".

Por último, para destensar el ambiente les dije: "Yo las quiero a todas ustedes y quiero que progresen, por eso les doy consejos, por eso las apoyo en lo que puedo y para que sean buenas meretrices (no entendieron); les recomiendo que hagan el sexo *a la matemática,* esto es, que eleven el miembro a la máxima potencia, que lo encierren entre paréntesis, que le saquen el factor común y que lo reduzcan a la mínima expresión. Con eso el cliente quedará más que satisfecho".

Al ver sus caras de asombro les hice la traducción al idioma vulgo. "Para que sean buenas putas, deben saber parar la verga al máximo, colocarla entre sus nalgas, sacarle toda la leche para que les quede chiquita, casi desaparecida". Eran buenas chicas, al menos en ese momento aceptaron que la estaban cagando y prometieron mejorar. Por mi parte, yo estaba encantado con esos episodios; incluyendo, por supuesto, mi premio que recibía sin buscarlo, cuando menos lo esperaba, cuando lo hacían por ganas y no por lana.

Otras opciones

Hoy recibí una llamada que me causó mucho gusto, máxime que fue en uno de esos momentos en que me encuentro actualmente, de inutilidad y de hueva, que me duran las veinticuatro horas del día y que dio pie para que me pusiera a teclear. Era *el ganso*, Benja le dio mi número.

¿Y cómo no darme gusto?, de inmediato me transporté a una de mis nostálgicas épocas. Su saludo fue efusivo, deseándome que estuviera bien, haciendo alusión a ciertos episodios que vivimos en el motel; sigue trabajando en uno de los hoteles del Sr. Barrón, pero dice que ya no es lo mismo, que allí no tiene aquellos momentos de distracción, que ahora es pura chinga, pero que no hay más remedio que jalar.

Desde que lo conocí, cuando lo llevó Adrián para ayudar en el desalojo de un local de ferretería en la calle Jilotepec, me cayó bien. Muy activo y obediente. Una vez que estuve instalado en el motel y que conocí a todo el personal (con el cual hice migas muy pronto), *el ganso* fue uno de mis huéspedes frecuentes. Empleado de mantenimiento, era común verlo en chinga lavando y barriendo cocheras, deshierbando, enjarrando, impermeabilizando, todo un estuche de porquerías; siempre solícito para hacer mandados, en bicicleta que era el único móvil que sabía conducir. De inmediato me identifiqué con él, por lo comedido y trabajador, *sobre todo*.

Le encantaba echarse su cerveza y su *churro*, a escondidas, desde luego; y no pudo haber encontrado mejor guarida que la *habitación 60*, a donde acudía para responder a sus necesidades, visitas fugaces para volver con más vigor a sus faenas; recomendándome, al inicio, que no le fuera a poner el dedo con Adrián. Lo que no sabía es que su patrón se enteraba de todo, tenía muchas *antenas*, incluyéndome. En nuestras pláticas, Adrián me decía: "Estos cabrones de *el ganso* y *el tatú* creen que no me doy cuenta de que vienen a echarse su *churro*, que a escondidas o con cualquier pretexto vienen con usted; pero es mejor así, que sigan creyéndolo y que no se descaren, son muy jaladores los hijos de la chingada".

Una vez me preguntó *el ganso*: "Oiga Lic., ¿cómo le hace para que vengan tantas *morras* con usted?". De volada le repregunté: "¿Lo dice porque estoy viejo y culero y porque se necesita mucha lana para que me acompañen?". Enseguida le dije: "Tengo otras opciones. Las apoyo en sus broncas y aquí se dan sus jalones, se hacen mis amigas. Pero ellas son de categoría, no como los pinches *moteros*. Y nada más a algunas me las cojo". Su respuesta: "¡No!, ¿cómo cree?, no lo digo por eso; pero sí, sí lo pensaba, también yo".

Recordé cuando lo induje a hacer un trío con una pareja de gringos que buscaban un *latin lover*, a lo que al principio se resistió; pero al insistirle diciéndole que se ganaría una buena *feria* en una hora y que, además, había suficiente coca, y también de que la gringa estaba muy guapa, ¡que más daría que también le diera pa' sus tunas al gringo! Y que me respondió: "¿Y qué tal si él me quiere dar a mí?". A lo que le expresé: "No hay bronca, ya pedos, *cocos* y calientes, ¿qué tanto es tantito? Nadie se va a enterar, ni a mí me lo platica". Así que finalmente aceptó y dio lugar a que, por primera vez, lo viera bañado y con otras *garras* que encontró por allí: era otra persona. Agarró la lana que nunca había visto en una semana de jale, platicándome: "Querían que me cogiera a la ruca y el bato estar viendo y luego ella quería ver que me cogiera al gringo". Le pregunté: "¿Y a usted, se lo cogió el gringo?". "¡¿Cómo cree!?", me dijo, "¡ni madres!". Así quedó, pero para mis adentros supuse que sí se lo cogieron; no se trataba de creencias sino de sospechas fundadas, a mí ya me había tocado estar, al menos una vez, en esas vicisitudes.

No puedo dejar de referirme a sus andanzas por el *table* a donde tenían prohibido ir, ya que nuestras suripantas los desvalijarían en un tris tras del sueldo semanal; sin embargo, en una ocasión en que trabajaron desde el amanecer cambiando el mobiliario y haciendo unos arreglos en el bar, se ganaron como premio —además de una gratificación— el derecho a tomarse unas copas (tres), al mismo tiempo de la compañía gratis de quien eligieran. Se les olvidó el cansancio, fue la segunda vez que lo vi bañado. Llegaron *partiendo plaza*, sintiéndose los clientes más importantes, ya se sentían sultanes. *El ganso* ya había elegido de antemano, sería *Michel*, a quien conocía cuando por las tardes la veía llegar, provocándole que se lamiera los bigotes, una señora chaparra que parecía tordo (*con las patas flacas y el culo gordo*), gordísimo —diría yo— quien le conocía las nalgas *a capela*, como a todas sus compañeras en los vestidores.

Una vez acomodados en los nuevos sillones, acompañados por las suertudas elegidas, me hice presente para hacer ciertas recomendaciones: "Están ustedes acompañadas por estos dos distinguidos miembros del departamento de mantenimiento del motel, invitados por la casa, por tres copas". Lo dije con la intención de que no se crearan falsas expectativas; ya que estaba seguro de que si los habían visto antes por los alrededores, bañados no los identificarían, también para que no intentaran sacarles alguna propina extra. De inmediato aprovecharon las cortesías, ya las montaban o se montaban ellos y, en un abrir y cerrar de ojos, se acabó el corrido. Con la pena tuve que mandarles decir que el evento había concluido, para ellos. *El tatú* no tuvo más remedio que retirarse, lo único que cargaba en los bolsillos era lo del pasaje de la ruta; *el ganso*, por su cuenta, se había refaccionado de algún numerario, por si hacía falta. Y sí la hizo, le pidió a Michel que lo siguiera acompañando, con mi discreta recomendación de que cuidara su lana. Pronto se retiró, con la sorpresa de que al fin de semana volvió a aparecer buscando a su *Julieta*.

Posteriormente, y para mi asombro —como ya lo he comentado— resultó siendo su padrote. La visitaba y le cuidaba sus propinas, de allí compraba sus *cheves* mientras su amada daba vuelcos con los clientes en los sillones. Michel era casada con un transportista, quien cuidaba a sus críos cuando ella laboraba. Intimaba mucho conmigo, me confiaba todos sus secretos familiares, me visitaba en mi habitación acompañada de un enamorado cliente del bar y me pedía que *a capela* les cantara *Tres regalos*; o sea que dejaba al cornudo en la casa y le quitaba lana al enamorado para dársela a *el ganso*.

Una vez que llegó *el ganso* con ganas de que lo acompañara, la encontró fichando con un cliente y, sea como sea, era una regla de oro no retirarlas de sus acompañantes al momento; aunque las buscara el más adinerado parroquiano, había maneras sutiles de solucionarlo. Michel no tenía trazas de dejar al cliente; seguramente, además de la lana le estaban gustando las cachondeadas que le daban, por lo que *el ganso*, desesperado, se hizo acompañar por Karen, quien no tuvo empacho en regocijarse con él. Y, para mi admiración, desde ese día cambió de vieja, cuidando ahora los haberes de Karen. Yo avizoraba alguna bronca, pero no, Michel era tranquila. Ya no necesitaba ir bañado, ya había hecho fama y del jale se encaminaba al bar.

Ya con su estima en alto, se le hizo fácil invitar a Blanca un día que Karen descansó, todo apuntaba a otra más; pero allí sí se dio la trifulca, en cuanto se encontraron juntas en el vestidor, al grito de "¡Se están peleando!". Corrí por enésima vez y no para separar a dos celosas, sino a dos bandos; me imagino cómo me vería entre todas esas verijas. En una plática que tuve con Michel, le pregunté: "¿Pos' que les da *el ganso* que tiene tanto pegue?". En confianza, me dijo: "Es que está bien, pero bien portado". Allí confirmé que las viejas mienten cuando dicen que no importa el tamaño, sino el trato y la forma de hacerlo, justificando a los que —como yo— tenemos el pito chiquito. Conversando luego con *el ganso*, le pregunté: "¿Cómo le hace para que lo peleen las viejas?". Se acordó de cierta plática y me reviró: "¿Me pregunta porque me ve jodido y mugroso? Tengo otras opciones". De inmediato supe a lo que se refería.

Terminó la llamada, me dio mucho gusto saludarlo y que me recordara. Ya sentado ante el teclado y para olvidarme un poco del hastío, me vinieron a la memoria algunos nombres: Hortensia, Juanita, Judith y Marina; por lo que decidí seguir escribiendo.

Hortensia era una de mis secretarias, eficiente, cumplida, discreta, rellenita, tenía que haber en la oficina una *Bety la fea* y ésa era ella, pero sin posibilidad de transformaciones. Juanita, el bombón que ya he relatado. Recordé cuando ellas dos, en algunos días (sábados) que llevaba a mi *hijo tonto*, Aurelio Jr., —quien tendría entre cuatro y cinco años de edad— lo llevaban de compras al reciente centro comercial *Futurama* frente a nuestras instalaciones, con la instrucción de que le compraran lo que le gustara y el muchacho pendejo escogía cualquier chuchería, al contrario de otros que hacían verdaderos berrinches y sus padres carecían de recursos para comprarles el juguete caro que querían. Cuando "Juanis" renunció por su próximo matrimonio con uno de los ingenieros de la empresa, la jefa de recursos humanos me mostró tres solicitudes para ver quién la reemplazaba. Elegí a Judith, sus referencias eran similares, pero era la de mejor ver. Una vez que se presentó, vi que no me había equivocado: era bastante guapa, muy bien vestida, elegante, correcta, al parecer de *buenas familias* o al menos de gente no jodida, lo que me hizo ser más cauto en mis acostumbradas acciones. Sin significar esto que cambiara para nada mi manera de ser; es decir, franco, alegre, de lenguaje explícito. ¡Ya nada más eso faltaría!

En ocasiones, me hacía acompañar por alguna de mis *secres* a la aduana, dizque para que aprendieran los trámites; más bien era para presumir qué clase de nalgas se sentaban frente a los escritorios de mi oficina, al tiempo de despertarles la libido a los burócratas que revisaban nuestra mercancía y nuestros documentos. Algo me indicaba que no debía hacer eso con Judith, tal vez se escandalizara o le desagradara la forma en que yo me conducía con toda la bola de lobos que —al igual que yo— realizaban los trámites para sus empresas. También contra mis costumbres, nunca me animé a *echarle los perros*.

Cierta vez, Hortensia me pidió hablar en privado. Me dijo que Judith le preguntó el por qué yo nunca la invitaba a la aduana, pero me recomendó que no dijera nada de lo que me estaba diciendo. "Está bien", le dije, "gracias". A los tres días siguientes me preparé para invitarla, significando esto que antes de ir al trabajo me esmeré en aromarme, acordándome del dicho: "Las mejillas y el cuello: por si me besa; en el pecho: por si me abraza y en el pito y los huevos: por si se pasa", sabedor de que eran puras puñetas mentales. De pronto, le dije: "Vámonos, te toca acompañarme". De inmediato tomó su bolso y agarramos rumbo.

Ella siempre usaba vestidos que le daba a las rodillas, al subirse al auto pude ver un poco más, apetitoso. Nos fuimos platicando sin que hubiera preguntas personalizadas. Lo único que le dije y le advertí fue que no la había invitado porque allí se juntaban todos los tramitadores de las maquilas y que casi no iban mujeres; y, por otro lado, que si veía algún inconveniente nada más se retirara al auto, ya que todos nos llevábamos muy pesado y yo tenía que aguantar, hasta cierto grado. No podría aceptar que directamente le dijeran alguna grosería, pero que de los piropos no se iba a salvar, que se preparara para conocer a una jauría hambrienta. Únicamente se sonrió. *Dicho y hecho*, al arribar, desde los lejos se oyeron los "fiu fiu", los "¡cuñado!", y yo ignorándolos. Un cabrón gritó: "Hasta que trajiste una con zapatos".

Una vez presentada al *vista* y a los presentes, me llegó la reclamación: "¿Por qué no la habías traído?". Mi respuesta fue inmediata y para *romper el hielo* (si es que lo hubo), les dije: "Para que no me la ganen, cabrones, están hambrientos". Hasta ella se rio. Se portó a la altura, no se sorprendió con nada, menos de la invitación que le hizo el *vista* a comer, a lo que respondió: "Un día de éstos, ¿por qué no?".

Terminó nuestra incursión y una vez que dejamos atrás la aduana, de improviso, me tomó la mano agradeciéndome que la hiciera acompañarme, pero sin soltármela; a lo que respondí sujetando la de ella con un poco más de presión, correspondiéndome de la misma manera. Y en ese lenguaje mudo, tan conocido por mí, la tomé luego del cuello para darle un beso en la mejilla, pero se fue directo a la boca al tiempo que yo hurgaba más allá de las rodillas por debajo del vestido. Ni qué discutir, quería. No podía quedarme elucubrando —como algunos amigos que tengo— para ver si para dentro de un año se me hacía. Pa' luego le pregunté: "¿Vamos a otro lado?". Me dijo: "Vamos". Y ni modo que ese otro lado fuera a un café o algo similar, enfilé hacia el motel *Flamingo*. Parecía un judío, me eché dos *palestinos*. Estaba muy bien, aguantaba; eso se repitió pocas veces, ya que la oferta abundaba y yo no era afecto a entablar alguna relación, ¡yo quería mucho a mi esposa!

Un día me llamó Víctor Núñez, el gerente general para preguntarme: "¿Tienes por allí un espacio para una *secre*, aunque sea temporal?". Le pregunté el por qué y de quién se trataba. "De Marina", me dijo, "la auxiliar del ingeniero Fernando Muñoz; esta chava se está quejando de que el *inge* la acosa, yo no se lo creo pero ya me lo ha dicho varias veces". Le pregunté: "¿Me la estás mandando para que me la coja?". Él ya sabía que en mi oficina no había ninguna clase de acoso, allí era cogida segura. No me respondió, lo que para mí significó un asentimiento.

Entonces, le hicimos cabida a Marina. Entró a un ambiente de 180 grados de diferencia. En su anterior oficina todo era orden, elaboración de gráficas, estudios de tiempos y movimientos de las operadoras con el objetivo de subirles la cuota de producción, hasta ponerles videos de cómo trabajaban las operadoras chinas, con qué velocidad; es decir, para explotarlas al máximo como dictan los cánones del capitalismo. Y pensar que del trabajo de esas obreras tragábamos toda la bola de huevones. En nuestro ambiente todo era diferente, además del trabajo obligatorio —que no era extenuante— había jolgorio, familiaridad, lenguaje tanto técnico como florido, además de esplendidez; ya que seguido se encargaban platillos para todos cuando por la urgencia no se podía parar en la hora en que todos comían, anunciada por la famosa chicharra, donde la marabunta corría hacia el comedor. Marina era una chava sencilla de vestir, muy bien formada, sin necesidad de mucho arreglo corporal; se antojaba, pues. Yo la trataba poco, en encuentros casuales o en alguna visita al *inge*, para atender algunos asuntos de trabajo; nunca le hice jalón porque sobraban, había mucha oferta.

De inmediato se ambientó, se acoplaba a todas nuestras pláticas, a pesar de que algunas veces me quedaba viéndole sus ajustaditas nalgas, para nada parecía molestarse. Decía yo para mis adentros: "Qué acoso ni qué la chingada, le encanta la verga". Y el ojo clínico no falló, sí le gustaba; cuando menos la mía, la aceptó encantada. Duró una temporada con nosotros, dejando el lugar a las siguientes.

A veces, pienso que me hicieron mal tantos culos, desde mi pubertad hasta mi cuasi vejez, que debería haber tenido una sola pareja; pero luego me convenzo de que no, cada vez que escucho algún nombre, si me es conocido me recuerda alguno de aquellos cuerpos explorados. Y en mis calenturientos sueños parece que disfruto viéndolos; pero, finalmente, aparece Paola y se me olvidan las demás; por ella sí llegué a tener otra clase de sentimientos, además de los lujuriosos. Ya me dio la hueva otra vez.

El militar

Para eso nació. Desde que la edad propicia le hizo el llamado, entendió a cabalidad el mensaje: ése sería su destino. Comenzó siendo un guerrero solitario, en su privacidad, imaginando tener enemigos frente a él, entablaba feroces batallas hasta quedar exhausto. Pronto enfrentó enemigos reales, que aunque parecieran superiores a sus fuerzas, nunca eludió; comenzaba la carrera que lo acompañaría hasta la muerte. Era indisciplinado, carecía de tácticas castrenses, guerrero por naturaleza, le surgían enemigos por doquier; muchos, con vasta experiencia en esas lides combativas que lo iban adiestrando.

Llegó la edad oficial ansiadamente esperada, por ley pasó a ser parte de los conscriptos, por fin el servicio militar lo llamaba. Como ya era mayor de edad, podría incursionar en cuarteles, campos de tiro y campamentos. Ahora su conducta debería ser disciplinada, pero en sus genes traía la rebeldía, no podía olvidarse de su manera de pelear, los pleitos callejeros lo habían dejado marcado. Sin embargo, la edad tenía que cumplir con su función y lo fue asentando, logrando convencerlo de que si quería seguir en el ejército, debería ajustarse a ciertas reglas. Le ganó su pasión, acreditó todas las materias, tanto en teoría como en práctica. La Honorable Institución Castrense contaba con un nuevo miembro.

A diferencia de muchos, pronto asimiló tácticas de combate; por lo que de manera muy temprana ascendió al cuerpo de oficiales, recibiendo con orgullo el rango de sub-teniente. Como eran tiempos bélicos, los enfrentamientos eran el pan de todos los días, lo que lo estimulaba. Tenía un leve defecto que le llegó a causar algunos contratiempos: era muy selectivo, no participaba en cualquier revuelta, debían ser enemigos de cierta categoría y; por cierto, a quienes indefectiblemente derrotaba. No había campo de batalla que rehuyera, así se tratara de zonas desérticas o de exuberante vegetación, siempre estaba presto para la siguiente incursión. En cuanto a métodos de ataque, le sobraban recursos para sorprender al enemigo. En un abrir y cerrar de ojos fue nombrado teniente. Su combatividad crecía, parecía no tener límite. Su carácter y su desenvolvimiento dieron pie para ganarse el reconocimiento de sus superiores. Su carrera seguía en ascenso, grado tras grado. Se ganó el mote de "Héroe de las mil batallas". ¿Cuál escenario de la región quedó exento de sus incursiones?

Precozmente, le llegó el grado de general; ya en su solapa brillaban las estrellas, insignias ganadas a pulso. Luego, llegó una época de pacificación en donde se adhirió a sus regimientos un agrupamiento femenil, lo que provocó un perfecto acoplamiento, sobresaliendo una oficial que de inmediato le llamó la atención y que se convirtió en la trilogía de "Adelita, Valentina y Marieta", la hizo suya y se enculó de ella, con quien emprendió las más inimaginables aventuras. Todo parecía una inmaculada carrera y un futuro emocional promisorio, "pero", sucedieron acontecimientos que rompieron el armisticio y se requirió de un enfrentamiento armado, decidiendo dirigirlo personalmente; se hizo acompañar de su Adelita, con tan mal suerte que, precisamente en esa batalla apareció su Waterloo, sufriendo su más triste derrota, ya que el enemigo la tomó prisionera. Fue tal su desencanto que ahora sí desertó de las filas militares para irse al exilio.

A Paola la apresaron en Cd. Juárez; posteriormente, ya sentenciada, la trasladaron al penal de Chihuahua. Un abogado conocido promovió dos amparos, uno contra el traslado y el otro contra la sentencia. El primero, ya se resolvió, ordenando su regreso a donde ya se encuentra de nuevo. El segundo lleva un trámite más largo.

Este otrora gallardo general y ahora muy culo, no tiene los huevos suficientes para pedirle de palabra al supremo Jefe de las Fuerzas Armadas, lo provea de los pertrechos necesarios para ir a su excampo de batalla; para, tal vez, darles el último adiós, tanto a su familia como a su subordinada mílite; por lo que lo hace mediante esta misiva.

Atentamente:

Gral. Aurelio Figueroa

Catarino, mi padre

Su lema: trabajar y hacer hijos. Trabajador incansable, como los hombres del campo, desde el amanecer hasta el oscurecer, labrando la tierra; sembraba algodón y una huerta que le deba melones, sandías y algunas legumbres. Su esposa no pudo con su ritmo y nada más le dio seis hijos. Buscó el relevo y encontró a mi mamá. Nos engendró a nueve hijos y se quedó a la espera del décimo, que no llegó.

En una ocasión, abrió la compuerta para el riego de su labor, sabía la duración para luego cerrarla. El tiempo le alcanzaba para ir a visitar a mi mamá. Era el día de palo. Debía de aprovechar ese espacio. Antes de salir activó alguna máquina que, por un descuido (ya le andaba de la calentura), le cortó dos dedos de la mano. Se auto-atendió, se puso unas vendas y se fue en chinga a ver a mi mamá.

Llegó a la casa y le preguntaban por qué no había ido al médico. Le contestó a mi mamá: "No es grave, Chata". El caso es que a lo que iba, iba. Cuando terminó se fue en chinga para que no se le fuera a anegar el sembradío. ¡Qué doctor ni que la chingada!, no podía dejar de dar la cogida de la quincena. Digo que yo haría lo mismo, ¡pero ni madre! Yo, con cualquier rasguño, ya estaría internado (qué culo). Me heredó el 99% de su calentura.

Árbol de navidad

Me llegan algunos recuerdos de la infancia. En la casa de mi madre nunca hubo un árbol de navidad; lo único que no faltaba cada año era el nacimiento… pero el de cada uno de mis hermanos.

Mis tías, que eran muy devotas de guardar todas las fiestas religiosas, no podían olvidar el día en que nació *El Salvador*. Acostumbraban poner en la sala de la casa un nacimiento al pie de un cuadro enorme que contenía a *El Sagrado Corazón de Jesús*; el que, por cierto, cuando murieron mis tías, generó una rebatinga entre todas las parientas, para ver quién se quedaba con él. Yo nunca supe dónde quedó y no lo volví a ver. Lo más seguro es que les dieron una *feria* por él.

Religiosamente, cada 24 de diciembre, llenaban unas bolsitas de papel con una naranja, unos tejocotes, galletas de animalitos, algunos dulces, una mandarina, sin faltar los pinches cacahuates. A cierta hora, toda la familia tenía que estar en la sala para empezar a rezar el rosario, que parecía interminable. Repite y repite las pinches letanías del Padre nuestro y el Ave María, y los pendejos de nosotros desesperados porque terminaran, creyendo que a la hora de repartirnos unos paquetitos de regalo, podría ser un juguete y ¡ni madres!, siempre eran unos pares de calcetines.

A la mañana siguiente, muy temprano, salíamos a la calle para ver qué regalos les habían traído a los vecinos. Unos, andaban muy felices con su nueva bicicleta; otros, con sus carritos de baterías y algunos más, como nosotros, se la habían pelado.

Fue hasta que estuve casado cuando apareció en mi casa el primer árbol de navidad. Nuestro primer hijo ni cuenta se daba, tenía cuatro meses de edad, pero todos mis hermanos menores ahí estaban: allí nunca hubo mamadas de nacimientos ni rosarios. Lo único que pudimos darles eran su cena y un regalo, que eran juguetes o ropa.

Cuando eran pequeños nuestros hijos, les decíamos que se tenían que portar bien y tenían que escribirle a *Santa Claus* para que les trajera su regalo, cosa que hacían, muy obedientes. Los regalos aparecían en la casa hasta el día 25 de diciembre, como a la una de la mañana. Llegábamos a la casa y entrábamos sin hacer ruido. Primero, veíamos que los niños estuvieran dormiditos y luego metíamos y acomodábamos los regalos alrededor del árbol. A la mañana siguiente, muy temprano, nos hablaban para decirnos que fuéramos a la sala. Que sí les habían traído sus regalos, que querían abrirlos. Después supimos que estos hijos de su pinche madre no habían estado dormidos. Estaban haciéndose pendejos. Nos estaban vigilando todos nuestros movimientos hasta que nosotros, sí, estábamos dormidos. Se levantaban sin hacer ruido y se iban a revisar para ver cuántos paquetes eran de cada uno.

Violación

A los trece años, una vecina de nombre Rosa "La Güera", me pidió que me quedara en su casa para que le cuidara a su hijo "Carlitos" (el *gabacho*), hijo de un gringo, un señor mayor que iba a su casa los fines de semana. Esa noche la señora iba a salir. Le pedí permiso a mi madre para irme a dormir con Carlitos por los motivos señalados y le dio gusto que pudiera servir de algo. Llegué puntual a la cita. Eran las nueve de la noche y la señora se metió a bañar. Carlitos tendría unos siete años. Salió la señora del baño y se sentó a tomar. Le dijo al niño que iba a esperar que se durmiera para irse tranquila.

Cuando el niño a regañadientes se fue a la cama, ella siguió tomando y cuando creyó que ya estaba dormido, me indicó que yo debía dormir en una cama que estaba en el patio. Me encaminó y se sentó un rato en la cama. Se levantó para ir al baño y ver si el niño estaba dormido. Cuando regresó, traía puesto un *negligé* todo transparente, sin brasier ni pantaletas. Se me aproximó y me comenzó a acariciar. De inmediato, el temperamento heredado de mi padre Catarino salió a relucir. Sin necesidad de acariciarme, nada más con verla se me erectó el pito. Cuando me acarició ya estaba listo.

Esa experiencia ya la había tenido. En el baño de la casa, por una rendija de la puerta había visto a mi hermana en cueros, invitándome esa visión a hacerme una puñeta. Ahora era diferente, en cuanto se me subió la Güera y se acomodó para que la penetrara, tuve la sensación de entrar a una penumbra llena de un calor muy a-cogedor, provocando en mí lo que sería una eterna búsqueda penumbrosa. Era mi primera experiencia cochambrosa. No sé explicarlo, pero provocaron unas sensaciones muy agradables y diferentes a las que provocaban las manos en las masturbaciones. Muy pronto vino el orgasmo, pero el miembro siguió imperturbable, quería seguir; y en eso estaba cuando de reojo miré a Carlitos disfrutando el espectáculo a través del mosquitero. Ésa y la que me sucedió en otra ocasión fueron las visitas más inoportunas que tuve en mi vida calenturienta. Se suspendió el acto, la señora se fue a acostar con su hijo, despidiéndome por la mañana.

No sé por qué ese muchacho y yo nunca más nos dirigimos la palabra. Luego, me di cuenta de que eran varios los que entraban a esa casa y permanecían buen rato adentro. El niño estaba acostumbrado a esas experiencias. No sé qué efectos cerebrales le causaron, porque al llegar a su juventud se hizo un malandro de los más temidos en el barrio. Se hizo delincuente y al final terminó siendo asesinado. La Güera nunca jamás me volvió a llamar. De la que se perdió, nunca supo que pudieron haber sido diez palos seguidos los que hubiera conseguido conmigo.

Después llegó mi incursión a la peluquería del barrio. Muchos de mis vagos amigos del vecindario, terminaron siendo peluqueros. Como ya dije, al dueño, don Arturo le encantaba enseñar a los jóvenes a cambio de favores sexuales.

Era un lugar agradable por su temperatura ambiental y por todas las amistades que se encontraban allí. Acostumbrábamos jugar damas chinas, dominó y a las cartas en los ratos libres de trabajo. Un tiempo después, don Arturo me comenzó a insistir en que aprendiera a cortar el cabello. Yo le decía que estaba estudiando para no ser un pinche cortagreñas. Claro que eran expresiones de mamón, ya que finalmente acepté. Por supuesto, declaro bajo protesta de decir verdad, que yo no pagué la enseñanza con sexo. Los jotos siempre me causaron repulsión, los acepto como errores de la naturaleza; desde luego, siendo éstos algunos, ya que otros lo hacen únicamente porque sienten placer de que les campaneen las almorranas; pero, de cualquier manera, si se trata de remover mierda, que sea femenina.

En esas fechas, con mis tías católicas y amigas de un sacerdote (el padre Fong), no podía yo estar alejado de Dios y me llevaron a consagrarme. Me habían obligado a esas pendejadas de la confesión y la comunión. Ya me imagino confesándole a ese señor cómo me hacía las puñetas. Lo más seguro es que me pediría que se lo demostrara explícitamente. Ya mero le iba a decir cómo tenía las nalgas mi hermana y cómo me las ingeniaba para robarles —a mi madre y a mis tías— las monedas para irme a jugar a los futbolitos. Sin embargo, mis tías quedaban locas de contento por tener un sobrino encaminado a la ruta de la devoción católica. Me recomendaron para que ingresara a la Asociación Católica de Jóvenes Mexicanos (ACJM).

Desde luego que me aceptaron y tuve que ir a huevo. Una de las primeras actividades fue ingresar al cuerpo de monaguillos. Me daba una pinche vergüenza salir y estar ante todo ese público que permanecía con la cabeza gacha. Se me hacía eterno el tiempo que duraba la santa misa. A la hora de la comunión, allí estaba cargando una charolita que ponía debajo de la barbilla de los que recibían la hostia para que cayeran, en su caso, las babas. Ya en las reuniones de la Asociación nos enseñaban catecismo y, como todo un ejército, algunos de los cánticos era un estribillo que decía: *Somos cristianos y somos mexicanos... ¡Guerra, guerra contra Lucifer!* Mi salvación fue cuando aprendí a cortar el cabello, porque empecé a trabajar los sábados y domingos.

Mi hermano Víctor, luego de salir de su internado, trabajó en el Campestre Juárez, lugar exclusivo de las grandes *cacas* de la sociedad. Había un campo de golf e instalaciones deportivas, como tenis, basquetbol, albercas, salones para fiestas. Trabajaba como *caddie*, cargando las bolsas con los palos de golf. Me llevó porque necesitaban personal en fines de semana. Yo no nací para burro. En la primera cargada de las bolsas se me hicieron pesadísimas, por lo que me acomodaron en otra área, vendiendo refrescos en unas hieleras que se encontraban a medio camino en el hoyo 9. Allí llegaban sedientos los jugadores. Se tomaban su cerveza, descansaban un rato y a continuar con su extenuante deporte. Yo nada más veía cómo se iban a hacer pendejos pegándole a una pelotita. Eso sí, con todos sus aperos como guantes, zapatos especiales, un chingo de palos de golf, unos para usarse en largas distancias y otros para sacar las pelotas de las trampas de arena y otros más para usar en el "green", ya cerca del hoyo, donde había que meter la pelota.

Yo decía: "Qué delicados estos hijos de su pinche madre, si supieran lo que es jugar descalzos y en la tierra empedrada"; pero no, todos estos cabrones nacieron en buenos hospitales y se dormían en sábanas de seda. La verdad es que ese deporte lo practicaban, por una parte, para hacerse pendejos mientras que sus viejas andaban dando las nalgas; y por la otra, para hacer toda clase de transas, ya que eran empresarios y políticos y de esa unión no puede salir más que corrupción. Así duré un tiempo hasta que vino el invierno y fui reubicado a la cocina. Lo primero que advertí fueron las instalaciones. Un espacio más grande que toda mi casa. No había visto esa clase de refrigeradores y congeladores, estufas con muchos quemadores y una gran plancha y aparatos eléctricos que no sabía para qué servían.

Victoriano

Tuvo una vida miserable. Su infancia fue de suma pobreza, la necesidad le impidió acudir a la escuela. Nació en una pequeña población rural, abandonado por su padre, junto con su madre y una hermana menor y su abuela. Le robaron la niñez, ya que desde el mismo momento que su físico se lo permitió, tuvo que trabajar para ayudar en las necesidades más elementales de la familia. En ese pueblo ya no podían permanecer, por lo que fue llevado a un poblado próximo donde vivían sus tíos; donde, al igual que en su tierra natal, siguió colaborando en labores agrícolas, a la vez que su madre se empleaba como trabajadora doméstica.

Allí vio llegar a su segunda hermana sin saber quién había sido el padre. Luego, un agricultor procedente de Cd. Juárez llegó a ese poblado, ocupando a su madre como sirvienta, para luego relacionarse sentimentalmente con ella. El nuevo embarazo de su madre provocó que ese señor, veinticinco años mayor que su madre, la invitara a irse a vivir con él a su ciudad. Emprendieron el éxodo: su madre, sus dos hermanas, él, y el que viajaba en la matriz de su progenitora, dejando a su abuela con sus tíos. Su nueva residencia resultó ser la casa de la familia del señor al que acompañaban; estaba casado viviendo con su esposa e hijos, donde su madre fue presentada como sirvienta, quien a partir de ese momento se dedicó a servir a los hijos de su pareja y a los propios. La esposa del señor no era tan ingenua para no darse cuenta de la situación, por lo que vivían como apestados en un cuarto asignado para ellos.

Pasado algún tiempo, su abuela los visitó, y al darse cuenta de la situación, se lo platicó a dos hermanas suyas, maestras que vivían en la ciudad; quienes, de inmediato, fueron en su auxilio. El alumbramiento de su hermano estaba por darse. Las tías abuelas los acogieron llevándolos a todos a vivir en la propiedad de ellas. Para ese entonces, Victoriano tendría la edad de seis años, apto para trabajar haciendo mandados, hasta que fue equipado con los enseres propios de la boleada. Se dedicó a lustrar zapatos, cambiando luego la actividad para ser voceador de periódicos. Nunca supo lo que significaba un juego. El producto de su trabajo lo entregaba íntegro a su madre; quien, a su vez, laboraba como doméstica para sostener a sus vástagos.

El padre de su nuevo hermano seguía frecuentando a su madre, a quien ayudaba con cierta regularidad, aunque con poco apoyo económico; mientras, seguían llegando embarazos. Estuvo algunos años vendiendo periódicos, hasta que le llegó el infortunio: se resbaló en unas tapias del patio de la casa, donde había cartones y madera, cayendo precisamente en un madero que tenía un clavo que se le incrustó en las verijas. Lo internaron y, como secuela, le quedó un impedimento para caminar con normalidad, para el resto de su vida.

Yo, que fui el segundo de sus hermanos varones, no tenía aún la capacidad para entender la gravedad del hecho. Otro efecto del accidente fue que estuvo a punto de enloquecer. Ya nunca volvió a ser el mismo, lo tuvieron que internar en el Hospital Civil Libertad, en las calles Alatorre y Hospital. Lejanos recuerdos me llegan de haberlo ido a visitar en compañía de mi madre. Aunque pequeño todavía, sin saber lo que era un manicomio, me daba mucha tristeza verlo deambular en el patio entre todos los reclusos. Mi madre lloraba y me contagiaba. Nos despedíamos para luego volver. En un tiempo indeterminado lo dieron de alta. Había recuperado la cordura, aunque no del todo. Renqueando siguió con la actividad de vender periódicos. Intempestivamente, dejó de darle a mi madre el producto de su trabajo.

Mientras mi hermano Martín y yo nos manteníamos de vagos, jugando en el barrio, era común ver que llegara Victoriano con su impedimento. Los amigos nos decían: "Tráiganse a jugar al rengo (sic)". Y teníamos que *aguantar vara*; aunque lo gritaban delante de él, nosotros ya éramos igual de cabrones y no podíamos rajarnos. Él, por su parte, únicamente los escuchaba y volteaba a verlos. Seguramente, en su fuero interno nos aborrecía, y quizás, también nos envidiaba; ya que nunca tuvo la fortuna de divertirse, pero tampoco nunca nos lo demostró. Era muy *luchista*, a pesar de haber podido poner el pretexto o el motivo para no trabajar, nunca dejó de hacerlo. En mis épocas púberes me llevó a trabajar con él al campo de golf Campestre Juárez; donde, ahora sí, lo veía cargar las bolsas sin quejarse.

Luego que mi vida se encaminó por otros lares, lo veía esporádicamente. Nunca supe que dejara de trabajar. Probablemente, le resultaba difícil y doloroso bañarse, por su impedimento y nunca lo vi estrenar tan siquiera un pantalón. Le acondicionaron un cuarto donde conservaba todo lo que quería, así fueran periódicos, botes o un montón de ropa. Nunca desechaba prenda alguna de vestir. Su ropero era un tubo que daba de pared a pared. A mí me procuraba para ofrecerme algún mandado, ya que durante algunos años tuve la fortuna de ayudarlo, tanto con una lana como con mis zapatos o camisas que desechaba, muchas veces semi nuevas. Se veía feliz *estrenando mis prendas*.

Veinte años después, al asomarme a su cuarto, veía en su armario las camisas que en su tiempo adquirí en una exclusiva tienda. En tiempos posteriores, cuando la casa estaba más poblada por los hermanos que seguían llegando —además del tío Justino, que llegó para quedarse— se volvió común ver a mi madre, al tío, al cuñado Rodolfo y a Victoriano (a quien he descrito), jugar a las cartas, al *conquián*. Asimismo, era común verlo enfurecido cuando perdía todo lo que traía. Eso sí, cuando les ganaba, se burlaba, causando el *encabronamiento* de mi madre, quien le decía: "No te burles cabrón, si quieres seguir viviendo aquí, tienes que cooperar con parte de lo que ganas". Le valía madre, se hacía el sordo. Esa actividad *casinesca* perduró prácticamente hasta su muerte.

Tenía algunos momentos de desquicio, que luego controlaba. Nunca dejó de trabajar, de buscar algún ingreso. Igualmente, se volvió común que lo vieran llegar con algunas papas, blanquillos y bolillos para hacerse de comer; ya que, en ocasiones, llegaba a altas horas de la noche. Ya de adulto y durante algunos años encontró la manera de vivir, haciendo mandados a las meseras del restaurante La Nueva Central, donde le encargaban hacerles el pago de los servicios y algunos otros mandados. Así, sucio, tanto en su físico como en su vestuario, de vez cuando contrataba servicios sexuales. Había en el centro de la ciudad lugares como en la Calle La Paz y el callejón Grijalba, donde, fuera de vecindades, en plena banqueta, estaban las putas ofreciendo sus servicios. Por la módica cantidad de cincuenta pesos, en uno de los cuartos malolientes, tenían derecho de echar su palito o lo que pudieran durante quince minutos.

También llegó a meterse en tugurios céntricos como uno que se denominaba Gambrinos, donde, por cinco pesos bailaba una pieza tocada por un conjunto norteño en vivo. Arrastrando la pata como podía, allí no le dolía. Huelga decir qué clase de putas, ya que es de imaginarse. Dos o tres veces se hizo acreedor a una gonorrea, cuyas curaciones tuve el honor de costear. Su primera hermana, mi hermana Hermila, fue su eterna benefactora, siempre lo apoyó. Hermila, quien tuvo la oportunidad de superarse, se dedicó al magisterio, por lo que llegó a tener una buena condición económica y acostumbró, en cierta época, ir a desayunar al citado restaurante. En una ocasión que vieron a la maestra en su mesa y luego que Victoriano se sentó con ella, lo mandaron correr por molestar a los clientes. Cuando la mesera fue a ejecutar la orden, se llevó la sorpresa cuando Emilia le dijo: "Es mi hermano, yo lo invité". Se hizo costumbre que Victoriano estuviera puntual cuando Hermila llegaba.

Así siguió, trabajando, jugando *conquián*, renqueando, prófugo de la regadera, echando su *tostonero* palo. Peleándose con mi madre, hasta que a sus aproximados sesenta años, falleció de improviso, sin tener diagnosticada enfermedad alguna. Tuvo una vida verdaderamente miserable. Que Dios lo tenga en sus recónditos avernos, al cabo que Dios no existe ni ha existido jamás.

Catarino (II)

Yo tenía diez años, con seis hermanos menores, uno fallecido y los otros vivos, y mi padre —a pesar de su edad— seguía cogiendo y engendrando.

Al menos eso le hacían saber. Luego, nació Rafaela, quien tuvo la enorme fortuna de ser registrada como hija legítima, lo que nos causó la mayor de las preocupaciones. Para ella, el Figueroa pasaba al segundo renglón de su acta de nacimiento, ya que su orgullosa ostentación sería como Rafaela Morales Figueroa.

¡Qué culeros!, al negarnos el Morales, nos condenaron a ser plebeyos. Ese trauma nunca lo pudimos superar, siempre la sociedad nos vio como a los comunes y corrientes Figueroa.

Parecía que, con el nacimiento de nuestra hermana Rafaela, se le terminó el suero a la leche de mi padre. Ya nada más cogía, pero ya no engendraba. Pero como ya tenía una hija Morales en nuestra familia, trató de ser más responsable. Se preocupó por el futuro de Rafaela y sus nietos construyéndole una mansión de dos cuartos; obviamente, con baño interior y un gran patio de cuarenta metros cuadrados y —como buen juarista— escogió para construirla, la colonia Leyes de Reforma. Desde entonces, Rafaela fue la envidia de todos, no sólo por la mansión, sino por el apellido.

Años más tarde, ya casada Rafaela, mi padre fue perdiendo sus facultades físicas. ¡Quién sabe cuáles! Porqué hasta donde yo supe, hacía el intento de salirse del féretro para echar el último palo. Dicen que una vez se perdió. Que salió de la casa de Rafaela y no lo encontraban. Tenía 80 años. Cuando apareció, ya en privado, me hizo una confidencia. Quería comprobar si mi madre había empezado a usar anticonceptivos. Andaba buscando a una vecina para embarazarla y comprobarnos que todavía tenía pólvora en su pistola. Me decía que el hombre que no embaraza, pierde su hombría. Y que tal vez *la Chata* Aurelia lo quería desprestigiar. Creo que la memoria sí le llegó a fallar hasta el grado de no acordarse cuál fue la vecina que encontró para su objetivo; pero de que se la cogió, se la cogió y de que la embarazó, sí lo logró hacerlo. Nunca buscamos a ese otro ilegítimo.

Cuando regresé al barrio que me vio nacer y establecí mi despacho, ya era un extraño, quedaban pocas familias de antaño. Por la ventana veía salir de la vecindad a puros extranjeros. Un chingo de chamacos jarochos y torreoneros. Parecían vengarse de Villa cuando los atacó y ahora nos invadían. Me empezaron a conocer porque trataban a mi madre, que allí seguía. Para ellos se hizo común ver a doña Aurelia por las tardes con su silla en la banqueta; seguramente, añorando los viejos tiempos, por supuesto que recordando en primer término las cogidas de Catarino, mi padre. Ya lo oigo decir: "¡Qué palos aquéllos!". Y sí que eran palos. No me explico cómo lo podían hacer tanto en público como en privado, porque cogían, como quien dice, "encima" de nosotros, sin hacer ni un pinche ruido. Por más que aguzábamos el oído, no escuchábamos ni madres. Creo que se ponían un parche en la boca y otro en el culo, porque al menos yo (y creo que a cualquiera), si no le sale un gemido, por lo menos se le sale un pedo. En mi caso, en una ocasión le puse tanta enjundia que hasta me cagué. Eso sí, después de un chingo de gemidos, pujidos y de pedos, de ambas partes.

Pujidos y más

Y hablando de pujidos, pedos y similares, Aurelio Jr. me preguntó de soslayo —creyendo que no me daría cuenta de su insinuación— algunos detalles de su madre. Fue muy culo para preguntarme directamente algo que le inquietó tal vez siempre, ya que lo escribió como dato biográfico y le preocupaba quedarse con esa curiosidad. Me leyó que, en alguna conversación, su madre le dijo que ella no sudaba y no se echaba pedos, a lo que él le respondía que no era posible, que el ser humano por necesidades físicas debía exhalar por muchos lados el sudor y por el culo los pedos; ya que éstos últimos eran indispensables para desahogar el organismo de aires venenosos, que al contenerlos envenenarían a todos los órganos internos y que solamente los marranos no sudaban. Por lo que escuché, no llegaron a ningún acuerdo.

Para su tranquilidad, debo decirle que le mintieron. Lo que sucedía en realidad es que fue una sudorosa y pedorra contenida.

No sé qué culturas le inculcaron, el caso es que pensaba que si sus hijos la veían sudar, creerían que se debía a excitación sexual y si le oían algún pedo, creerían que se la habían cogido por el culo. Yo también, en una época, llegué a preocuparme porque cogía demasiado silenciosa. De hecho, a mí, que soy muy expresivo cuando cojo, me pedía que lo hiciera en silencio, ya que —argumentaba— "los niños podían escuchar". Llegó a tener un tapabocas a la mano para ponérmelo en el hocico en los momentos críticos, y ella, muda. Yo le reclamaba, le decía que a mí me gustaba gritar y que era normal, que todo mundo hacía ruido; pero no podía convencerla, siempre objetaba que era indebido hacerlo cuando había alguien que pudiera escuchar. Le di vueltas al asunto. Pensé forrar las paredes de la recámara con materiales anti-acústicos. Busqué información y no encontré material o forma alguna de que el ruido no se propagara.

Tenía que comprobar si se debía a la preocupación que los niños oyeran o a otra causa. Sin planearlo, la llevé a un motel situado en las afueras de la ciudad, rumbo al aeropuerto. Cuando entré al motel se sorprendió y me dijo: "¿A qué venimos aquí?". Le contesté: "A que grites, a que sudes, a que te peas y a que te cagues. Ya no soporto coger en silencio. Aquí nadie oye nada. Los niños están a 20 kilómetros".

Me vio muy encabronado. Nos encueramos y ¡a darle! Se montó y empezó a cabalgar frenéticamente. Comenzó a sudar. Le pedí más velocidad y sudó más. Me levanté a bajar la temperatura en el termostato y a seguirle. Ya no paraba de sudar. Luego faltaba la segunda comprobación. La puse de perrito, atacándola por el hoyo inferior. De pronto, ya calculada la distancia, en una de las metidas —que parecían dirigidas al mismo hoyo— sin aviso previo le di el piquete en el culo, nada más con la cabeza. Soltó una pedorrera que se volvió interminable. Ya me veía lleno de mierda. Ya lo que pedía ahora es que cesaran los pedos.

Con esta información que le doy, los dos confirmamos una cosa; respecto a él, espero que se hayan despejado sus dudas. Sí sudaba y sí echaba pedos. Y respecto a mí, que hasta ese momento lo verifiqué, me di cuenta de que antes de conocerme ya había sudado y pedorreado un chingo. Ya se conocía y por eso se contuvo siempre. Creyó que se iba a delatar. Desde épocas muy prematrimoniales ya la habían hecho sudar, peerse o a la mejor hasta cagarse.

Otro CONSTE: ése es uno de los temas que no quería tratar, sin embargo, lo hago por darle gusto; y por otra parte, me *recaga* que me esté corrigiendo. Sobre todo en la forma que lo hace. Se me ocurrió expresar unas palabras para formular una analogía de una situación, utilizando el término *binomio*. En cuanto lo vio, empezó con su sarcasmo. Me preguntó: "¿Eso es un binomio?". ¡Puta!, ¡nunca lo hubiera mencionado!

Este pinche sabio nunca va a entender que en el mundo *habemos* personas comunes y corrientes, que expresamos indebidamente las palabras. Además, si a ésas vamos, los pinches escritores *Nobeles* son expertos en escribir pendejada y media. Ah, pero se apellidan García Márquez, Fuentes, Poe. Todas las historias que escriben son puras pinches mentiras y ni quién diga nada. Lo que pasa es que se siente muy chingón y muy preciso. Con eso de que le gustan las ciencias; que, por cierto, desde que nació y en atención a su conocimiento se le hizo un agregado para llamarlas ahora Ciencias Exactas. No puede soportar a personas pendejas, como yo, que soy su padre y que a lo mejor no lo soy.

Ahora, si se cree tan chingón, que escriba sus propias memorias. Un buen título sería: *Sabio en Comala. Centro antirrábico y de veterinaria. Intelectualidad, sabiduría y elocuencia.* Memorias de Aurelio Figueroa Jr.

Batalla campal

Tuvimos como vecinos, desde niños, a una familia tan numerosa como la nuestra. Les decíamos *los conejos*. Les pusimos el apodo antes de que ellos nos lo pusieran.

Muchas veces nos la pasábamos jugando con ellos a la pelota y a otros pasatiempos y, por cualquier diferencia, entablábamos una lucha campal. Familia contra familia, las madres por delante. Nada más retumbaban en nuestro portón las piedras que nos lanzaban. Le gritaban a mi madre "robamaridos", "india patarrajada" y otras lindezas. Mi madre, al igual que nosotros, también les lanzábamos piedras por encima del portón. Hubo algunos descalabrados por ambos bandos, pero nadie se rajaba. En los siguientes días ya andábamos jugando de nuevo a la pelota con ellos. Posteriormente, mi madre celebraba que una de las hijas mayores de *los conejos* se había relacionado en unión libre con un hombre casado.

Recibí una llamada en mi oficina. Era para informarme que se habían llevado a mi madre a la cárcel. Inmediatamente fui a rescatarla. Al llegar, me encontré con un excompañero universitario. Era el juez de barandilla. Le expliqué el motivo de mi presencia, dándole el nombre de mi madre y se soltó riendo, ya sabía del asunto. La detención se debió a un encuentro *luchístico* entre nuestra vecina, *la coneja* doña Rafaela y la *robamaridos* Aurelia.

Continuaban tanto la amistad como las rencillas entre las familias. Entre las madres y sus hijos menores. Los hijos mayores ya habíamos dejado el barrio. Me dijo mi amigo que no podía apaciguarlas, que querían seguirse dando de chingadazos, que estaban bravas, defendiendo a sus cachorros.

Nos pusimos de acuerdo en una estrategia. Le sugerí que les dijera que iban a permanecer 72 horas encerradas y que debían pagar una multa considerable y que las dejara meditar. Que les dijera luego que sólo había una manera de que se arreglara el problema y salieran libres. La solución consistía en que desde ese momento se hicieran amigas, que le resolvieran en cinco minutos. Cuando volvió a preguntarles qué decidían, aceptaron de inmediato.

Salieron tomadas de la mano. Luego supe que se empezaron a llevar muy bien, que intercambiaban platillos de comida. Fue el último pleito que hubo entre las familias. ¡Pinches muchachos cabrones!, cuando cometíamos alguna travesura y sabíamos cómo nos iba a ir cuando mi madre volviera del trabajo (chingas que nos ponían), antes de que se diera cuenta, nos le adelantábamos, diciéndole que *los conejos* nos habían estado tirando piedras. Inmediatamente se iniciaba la trifulca. ¡Ah, raza!

Orgía

Me vino a la mente mi primera orgía obligada. Me
encontraba un día con toda normalidad en mi oficina de la
empresa maquiladora, cuando el Sr. Javier Lara, mi jefe,
me llevó a un apartado en donde me pidió un favor. Me
dijo: "Mire, Aurelio, le voy a pedir un favor. Acabo de
hablar con el Sr. García (gerente general) y me comentó
que van a venir unos ejecutivos de *Johnson & Johnson*
porque se va a rentar un edificio para maquilarles
exclusivamente a ellos batas y gorras de papel desechables
para uso de hospitales. Ellos ya tienen un contrato con el
gobierno de Estados Unidos y van a ser los proveedores de
todos los hospitales. Vienen a conocer el lugar y el
contrato está casi listo. Le encargaron que los tratara muy
bien, que después de ver los asuntos del trabajo los
invitaran a divertirse. Lo que quiero es que vaya al bar *La
Cita* y hable con Tony Robledo, el dueño, para que usted
escoja cuatro de las chavas que van allí a putear y las lleve
el viernes al *Hotel Colonial Las Fuentes* a las nueve de la
noche. Quiero que se lo diga a Tony porque no quiero que
vayan a fallar. Lo que le cobren, arréglelo de una vez,
dígales que puede ser toda la noche y que les recomiende
especialmente que no vayan a cobrarles ni un cinco, ni
propinas; que su labor es complacerlos con lo que ellos
quieran. Preséntese con ellas y dígales que va de mi parte,
ellas ya me conocen".

Me indicó que yo las debería recoger en el bar y
trasportarlas al hotel y esperar a que llegaran los visitantes,
que cuando ellas tuvieran que regresar, tomarían un taxi.
Lo único que no me recomendó fue decirles que debían ir
bien presentadas como el caso lo requería; pero era un

detalle que sólo un pendejo no advertiría, sobre todo, que él sabía cuáles viejas me gustaban.

Acepté tan degenerado encargo. Desde ese día por la noche me apersoné en el citado bar. Yo no lo conocía. Desde la entrada se advertía un lugar muy íntimo. Ambiente a media luz, aromatizado. Una barra larga atendida por un cantinero. Espacios a los lados, acondicionados con *love-seats*. Algunos clientes y muchachas sentados frente a la barra. Chavas solas y acompañadas en los sillones. De inmediato, pregunté por el Sr. Robledo, quien se puso a mis órdenes. Luego de presentarme y explicarle el motivo de mi visita, lo primero que hizo fue ordenarle al cantinero: "Sírvele a Aurelio". Luego, dirigiendo su mirada hacia mí, me preguntó: "¿Qué deseas tomar?". Me sirvieron un vodka *tonic*. Ya acomodados en una mesa, me dijo: "Observa detenidamente a todas las chavas, escoge las que quieras; elige unas seis para que queden las cuatro que necesitan, todas son de confianza, yo respondo por ellas. Te dejo solo para que no te apresures. Me hablas cuando estés listo".

Antes de llegar yo esperaba ver un lugar atestado de clientes, con viejas medio vulgares o vulgares y medio, pero me sorprendió ver un lugar muy tranquilo, con un sonido tenue de música y mujeres muy bien presentadas. Después supe que muchas de ellas tenían sus empleos y que a ese lugar iban el día que querían hacerlo, ya que en el día cumplían con un rol familiar. Algunas eran casadas, pero contaban con el permiso de sus maridos padrotes. Otras, iban uno o dos días a echarse una *liebre* para pasar la semana. Para el caso significaba lo mismo; ya que mi encargo era hacer un trato y seleccionar físicos que reunieran ciertas características como edad, rostros, cuerpos.

Yo que pensaba que sería una rápida visita, al estar allí decidí permanecer más tiempo. Comencé a beber pequeños sorbos mientras mis ojos escudriñaban todas las fisonomías. Cuando elegí a todas las suertudas se lo comuniqué a Tony; quien, *ni tardo ni perezoso*, las reunió con tan ilustre emisario. Cabe decir que la primera que elegí resultó llamarse Silvia, de 22 años de edad, con una cara bonita y fresca, un cuerpo con pechos, piernas y nalgas perfectamente proporcionados. Las otras no tenían nada qué recriminárseles, pero parecía que a Silvia la había escogido para cogérmela yo, aunque las otras *no cantaban mal las rancheras*.

A las ocho de la noche del día indicado hice acto de presencia. Antes de las ocho y media llegaron las cuatro mujeres. Seguramente, habían recibido una advertencia o una amenaza de parte de Tony; quien, además de llevar una comisión en tan serios y honestos tratos, no podía quedar mal ante el Sr. Lara, pues era un asiduo visitante de ese edénico lugar. Era la primera vez que intervenía yo en semejantes tratos. Nunca había contratado con dinero para que mujer alguna me diera las nalgas, mi estrategia era diferente. Tal vez me costaba más, pero lograba más satisfacciones y debido a mi eterno acercamiento con esa parte corporal de las féminas me fue fácil adaptarme al momento. Desde el trayecto al hotel les reiteré el objetivo y les di clases de conducta. Nos acoplamos tanto que parecía que éramos del mismo grupo y que yo también les iba a dar las nalgas a nuestros invitados. No necesitaban muchas instrucciones, ya que tenían experiencia en esas actividades; y, además, su presencia estaba lejos de que parecieran sexoservidoras vulgares.

Llegamos al hotel donde ya teníamos la mejor suite reservada. Por bebidas y refrigerios no había problema de escasez. Hasta que nos sentamos en los sillones con nuestras respectivas bebidas advertí, ya con plena luz, las fisonomías de todas ellas. Al parecer no les faltaba ni les sobraba nada. No obstante, mi ojo clínico desde el principio no falló. Silvia era la mejor. Llevaba una minifalda marca *paramelpito* que dejaba ver unas piernas perfectamente torneadas para mi gusto. Vestuario que hacía juego: una blusa con un escote un poco recatado, pero que dejaban ver una firmeza y un tamaño de unos pechos a la medida de su cuerpo y de mi boca. Su cara estaba mejor que cuando la vi a media luz. Un carácter alegre y desenvuelto. Desde luego que a ella se dirigieron más mi mirada y mis comentarios, mis halagos y mis manoseadas; que, por cierto, recibía con gusto aparente.

"Y nos dieron las nueve, las diez y las once"... y los visitantes no llegaban. Me comuniqué con Javier y le informé que todavía no llegaban, le pregunté si había un cambio de planes o de horario. Me dijo que en un momento me llamaba, porque él no sabía qué pasaba. Para ese momento ya el cotorreo estaba en su apogeo. Las bebidas ya habían logrado su objetivo de causar algarabía y desinhibir a la concurrencia. Habíamos hecho ya mucho ambiente y me sentía un verdadero sultán. Ya casi me tenían encuerado y ellas no se diga. Nada más esperábamos señales de visitas para, en chinga, cambiar de comportamiento. Recibí la llamada de Javier diciéndome que los ejecutivos ya tenían reservada su salida para muy temprano, por lo que decidieron irse a dormir, que ya los habían dejado en su hotel. De inicio pensé no decirles nada, pero ganó mi honestidad. En cuanto les comuniqué el cambio de plan yo esperaba que se vistieran para irse, pero mi sorpresa fue cuando me dijeron que ellas eran profesionales y que si iban a prestar un servicio, lo prestarían.

Lo que pasó es que ya pagadas, ambientadas y hasta calentadas, decidieron seguirla. Ya sin la preocupación subió la temperatura del ambiente. Comenzaron los juegos a las cartas que llevaban y el de la botella, que formados en rueda la giraban y a quienes apuntara por el fondo y la boca se daban unas agasajadas. Al rato fue un aquelarre, máxime cuando una de ellas fue por su bolso y sacó un pase de coca que llevaban, por si las moscas. A lo mejor esos ejecutivos eran cocos, que no sería nada raro. El caso es que la botella de alguna forma me apuntó varias veces, lo que significó que fuera cachondeado por todas. Cuando ya las cosas estaban en su clímax, me estacioné con Silvia, quien correspondió espléndidamente a mi calentura. Nos separamos hacia una de las camas, donde ya mis caricias eran más enfocadas, desde los pies hasta la cabeza y con el chile parado. En otra cama que estaba distante se hicieron bola las otras tres. Ya en corto, entre besos, mamadas de chichis y masturbadas le dije: "¡Cómo me gustas hija, de tu pinche madre!". Ya jadeando me contestó: "Dama de compañía, tú también me gustas, puto". Esa sola expresión logró la sensación que el tamaño de mi pene se duplicara.

No puedo decir que fue el palo más rico de mi vida, pero fue de los que no se olvidan por el gusto de haber tenido enfrente, debajo y de lado a una verdadera chulada. Quedamos complacidos. De pronto, escuchamos un grito de nuestras vecinas que nos decían: "¿Ya acabaron?, allá vamos". Como mi chile ya había sido completamente exprimido le dije al oído. "Tú eres la única que me encantas, no quiero estar con otra". Me dijo: "¡Mentiroso!". "Te lo juro, quiero volver a estar contigo, pero solos". "Cuando quieras", me dijo, "nada más cuando no vaya a trabajar". Me dio su número telefónico y me preguntó: "¿De verdad me vas a hablar?". Desde luego que le llamé y nos volvimos a ver algunas veces. Jamás me habló de precio alguno. En ese tiempo sobraban las nalgas de todos tamaños y sabores (no colores); por lo que estuvo en las honorables listas de la reserva, a donde se le llamaba en casos de sequía o de emergencia.

Cuando le informé a Javier de lo sucedido con el encargo, me preguntó: "Seguro usted se las cogió, ¿verdad? Nada más con que no se haya cogido a Silvia". Mi respuesta fue: "*Too late!*". "¡Cómo será cabrón!, ¿qué le parecería que yo me cogiera a Juanis?" (se refería a una de mis jovencitas *secres* que estaba bien buena y que, según él, no le pedía las nalgas porque sabía que ella cogía conmigo). ¡Pinche hipocresía! Él se cogía hasta a las hermanas de su amante, seguramente me respetaría. En otra ocasión de visita de ejecutivos, se repitió el encargo. El caminito ya estaba andado. Hice los arreglos y llevé a las chavas al lugar indicado. Por algún momento pensé que la historia se podía repetir, pero esos ejecutivos llegaron puntuales y con la *espada desenvainada*, ya sabían que iban con las putas. En cuanto llegaron los saludé, les hice la entrega y de inmediato puse pies en polvorosa. No porque tuviera prisa, ya iba preparado por si se trataba de una larga estancia, sino porque entre los distinguidos iba un descomunal negro que tal vez me escogiera a mí.

Maribel

Un día domingo, al estar tomando un merecido descanso después de haber pasado una semana de completa hueva, recibí una llamada a muy tempranas horas. "¿A quién se le ocurre llamar a las cuatro de la tarde?", pensé. Provenía de mi *yerna*, o sea la *marida* de mi hijo Aurelio Jr. Huelga decir que al tratarse de semejante origen, esa llamada en tales circunstancias, no me causó incomodidad alguna; y aunque esto pueda oler o sonar a *barbero* por comodidad, creo que merezco el beneficio de la duda de que mi estimación por ella es auténtica. Me invitó al café *Cronos*, donde estaría acompañada de mi sempiterno mamón hijo; quien, desde mi llegada, mostró sus habilidades *mamonescas*, ya que no hay tema que no aproveche para estarme chingando y, como los temas abundan, no se diga.

Le pedí que me diera un tema para desarrollarlo literariamente y para callarme el hocico se limitó a pronunciar la palabra *azúcar*, al ver que yo tomaba una cucharada para ponerle a mi café. Obviamente, que le contesté con una frase que ya se me volvió costumbre: "No seas mamón, quiero que te refieras a un tema en especial que pudiera interesarte mi opinión". Si su hocico se abrió fue pa' decirme: "Azúcar". Se sintió un silencio infernal que duró unos segundos. Mi *yerna* salió al quite. Me dijo: "Yo sí quisiera pedirle que escribiera algo". Me volvió la sangre al cuerpo y de inmediato le respondí: "Seguro, ¿de qué quieres que escriba?". "De Maribel", me dijo, refiriéndose a mi hija. De alguna manera, me sorprendió que me solicitara que relatara algo acerca de mi hija, pero creo saber a qué se debe.

Pues bien, tuve cuatro hijos. El primero: ¿varoncito, machito o... sé qué?, Aurelio; luego Erika, después Rosa Alicia y por último, Maribel. Cuatro hijos al menos en el seno familiar, es decir, dentro del matrimonio. No sé si hubo alguno más dentro de tantos embarazos que se me achacaron con algunas novias que tuve antes de casarme o producto de los eternos momentos y encuentros calenturientos que hubo en toda mi vida.

Llegó Maribel como un terroncito de azúcar, al tiempo que a su madre le amarraban las trompas de abajo. Vino en una época más permisiva, su madre ya se había acostumbrado a mis modos de ser; y, por lo tanto, ya no le propinó las chingas que les puso a sus hermanos mayores. Fue con quien tuve interacción en su infancia, sin que ello signifique demasiado. Fue la más apegada a mí en su niñez. Se identificó más conmigo que con su madre; ya que, de mi parte, no recibía prohibición alguna. Era una niña desenvuelta y franca. No sufrió el cautiverio de sus hermanos Aurelio y Erika, pues para ese entonces su madre ya salía en compañía de mi hija Rosa Alicia —con quien se identificaba más— a las compras y a visitar a su madre, dejando a Maribel al cuidado de Erika; quien le tenía mucho cariño y que, en muchas ocasiones, jugaba con ella el rol de madre. Para ella no hubo claustros, porque desde que estaba en brazos de su madre, su hermano Aurelio Jr. entró a jugar beisbol y a cuyos juegos asistía toda la familia Figueroa.

Con cara bonita y fresca, como casi todos los niños. Desde niña mostró que, por alimentos, no quedaba. Llenita, fuerte y consentida, principalmente por Erika y por mí. De alguna manera, se me llegó a reclamar un trato preferente hacia ella. Fue creciendo en un ambiente más o menos aceptable (creo yo), habría que preguntárselo. No me cabe la menor duda de que las tres hermanas se tenían un verdadero cariño, con normales diferencias momentáneas que finalmente quedarían atrás.

Una de las sorpresas que recibí, estando ya en su niñez-adolescencia fue que entre su hermana Rosa Alicia y ella surgían verdaderos enojos que terminaban por llegar a los chingadazos. Nunca esperé verlas peleándose como fieras. En algún momento, escuché gritos y entré a su recámara; pude oír calificativos de un lado al otro que decían: "¡Pinchi marrana, ya me tienes harta!", y luego recibir por contestación: "¡Pinchi espirifláutica!", sin dejar de tirarse de las greñas y de darse verdaderos puñetazos. A una le molestaba ver a la otra gorda y a la otra le fastidiaba ver a la otra flaca. Erika lloraba cuando las veía pelear. Ya después, en calma, tratando yo de saber los motivos de esas manifestaciones de cariño, me decía Erika: "A cada rato se agarran así, yo no sé por qué". Nunca supe el verdadero motivo; el caso es que, eventualmente, cesaron en definitiva esos agradables encuentros.

Maribel era verdaderamente confianzuda conmigo. Desde niña la apapachaba, le cumplía sus antojos. Siempre mostró buenos sentimientos. Le gustaban mucho los animalitos. Eso la indujo a elegir la carrera de veterinaria.

No cabe duda de que mi familia fue inundada por mongoles. Primero, encontrar a mi hijo —quien parecía completamente normal— acompañado de condiscípulos que parecían completamente mongoles. Tal vez, ese cabrón llevó ese contagio al entorno familiar; ya que la primera contagiada fue Erika. Ella, de improviso, me presentó a un novio llamado Raúl, que a primera vista no se debía ser muy inteligente para saber que se trataba de un estúpido y que el tiempo lo confirmaría. Enseguida a Maribel, pues no podía quedarse atrás: buscó y encontró al de ella, pero superó a Erika, ya que lo buscó de igual nombre, Raúl; además, con apariencia mongoloide y actos acordes con esa apariencia, ya que tenía, además, algunos impedimentos físicos. Duró algún tiempo siendo su novia. Ignoro si cogieron, pero creo que sí. En esos tiempos en los que yo ya tenía verdaderos problemas en mi matrimonio, Maribel a veces se quedaba a dormir en la casa de la familia del mongol, digo, del novio.

Ya en tiempos de la inminente ruptura matrimonial, enterándome casi sin lugar a dudas de que mi esposa le estaba dando las nalgas a otro cabrón (y digo *casi*, porque nada más me faltó ver cómo le entraba y le salía la verga), llegué encabronado a la casa. Ella sabía que yo la iba siguiendo y llegó encerrándose en la recámara con Rosa Alicia y Maribel. Abrí la recámara y les pedí a las muchachas que me dejaran hablar a solas con su madre. Ya una vez solos, le reclamé su actitud y muy digna no sé qué chingados me contestó. El caso es que, ante su postura, hice lo que jamás con nadie: le di una cachetada; lo que ocasionó gritos a los que, como fieras, acudieron mis hijas echándoseme encima.

Por primera vez, conocí a Maribel con odio hacia mí. Aunque ellas ya sabían de nuestros conflictos y, seguramente, también de las andanzas de su madre (que creo, en el fondo, no aprobaban), de momento se volvieron mis enemigas. Luego, llegó la hora de la migración hacia la casa de mi madre. No recuerdo cuánto tiempo pasó para recibir la llamada de Maribel, quien con una voz cariñosa, me preguntó: "¡Hola papá!, ¿cómo estás?". A la vez que me dio gusto, me sentí incomodo. Yo estaba en un período de disminución y de *apendejamiento*. Atrás quedaba el altivo Aurelio, héroe de mil panochas, quien siempre pensaba, cuando veía algo similar: "¡Esto no me va a pasar a mí!". Esas llamadas comenzaron a hacerse frecuentes. Quizás por ella decidí intentar volver a renacer. En ese pinche estado de depresión y con el encuentro de un amigo excondiscípulo universitario, quien ya jubilado instaló el Centro Universitario, privado, continué estudiando la carrera de Derecho.

Al tiempo que estudiaba, viviendo en la casa de mi madre, mi hermana Hermila ocupó parte de la casa que da a la calle para poner un negocio de abarrotes. Cuando Hermila supo de las llamadas de Maribel, me dijo: "Si te habla porque necesita algo, puedes llevárselo de aquí de la tienda". No sé qué me pasa, pero esas actitudes hacen que las lágrimas me lleguen a la boca. Sin responderle, le di un abrazo y un beso.

Tiempo después, otra vez mi hermana Hermila, al ver mis deseos de instalar un despacho jurídico, me auxilió equipándolo con lo indispensable. Para ese entonces ya mi esposa y mis hijas Rosa Alicia y Maribel habían tenido que desalojar la casa que fuera nuestra y que se encontraba hipotecada. Otro motivo más para que mis hijas sintieran abandono por parte de su padre. Desde el mismo momento de mi aparición al público, anunciando trámites de asuntos legales me sentí diferente. Pronto me vi favorecido por clientes. Maribel seguía hablándome. Ya podía yo costearle alguna de sus necesidades. Luego me comenzó a llamar su madre; quien, en ocasiones, la llevaba a mi despacho. Creo que se sentían satisfechas de que yo hubiera salido de mi marasmo. Durante un tiempo Maribel vivió en la casa de su novio, Raúl, a donde fui a visitarla algunas veces. La familia del muchacho la estimaba, ¡ya si no!, ¿quién cargaría con ese engendro?

Luego ocurrió lo de mi migración hacia el motel. Seguía recibiendo las llamadas de Maribel, quien ya cursaba la universidad, estudiando para ser veterinaria. Lo que me solicitaba con más frecuencia eran estuches para disección. Nos poníamos de acuerdo para vernos y nos encontrábamos a la hora de salida de sus clases, donde su madre la esperaba. Yo llegaba y me estacionaba a una prudente distancia de su chingada madre y ella se aproximaba. Nos saludábamos, le daba su encargo y nos despedíamos. En una ocasión, supe que estaba muy sentida conmigo. Resulta que la hija de Paola, muy guapa por cierto, necesitaba un duplicado de su certificado de secundaria y como mi hija Erika trabajaba en la delegación de la SEP en el estado, le pedí si lo podía tramitar. Le entregué una copia y me preguntó: "¿Quién es?". Le respondí: "Mi hija". Se sonrió y así quedó.

A los dos días me llamó para entregármelo. Luego, Erika se lo contó a Maribel; quien, tal vez pensó que era cierto, ya que uno de los señalamientos inventados por su madre fue que una mujer había ido a buscarme a la casa para decirle que yo tenía una hija con ella y que necesitaba que fuera a verla. Desde luego que fue una argucia que su madre utilizó para estarme chingando y evadirme, ya que jamás engendré, a saber, persona alguna fuera del matrimonio.

La próxima vez que nos vimos no le vi la cara sonriente como acostumbraba, se portó muy seria. Le pregunté: "¿Qué tienes? ¿algún problema?". Me contestó: "¡Cómo eres gacho!, ya me contó Erika". Yo, como ni en el mundo hacía ese episodio, le respondí, preguntándole: "¿Qué te dijo, a qué te refieres?". "A tu hija, a la que le conseguiste el certificado". Estaba celosa, yo no sé si por haberla tenido o por no habérselo dicho. Le dije que luego hablábamos de ese asunto. En una visita que me hicieron al motel, Erika y Maribel, junto con sus mencionados galanes, le expliqué a Maribel de quién se trataba; le mostré fotos de Paola y de su hija Lilián Yamel, del tiempo y lugar donde las conocí y, de pasada, le dije a Erika (ya en broma): "¡Cómo eres chismosa!".

Luego del divorcio de Erika, a quien le dio la fiebre de relacionarse por el internet, donde conoció a un ecuatoriano inmigrante ilegal en Estados Unidos y, mostrando unos huevos que su padre nunca tuvo, pidió una licencia en su trabajo y se aventó a esa aventura: fue a conocerlo personalmente hasta Nueva York. Ya después del inútil exmarido, ¿qué más malo podría encontrar? Para su gusto y su fortuna se casó con un muchacho trabajador, ambicioso y formó una familia que, hasta la fecha, funciona muy bien.

Maribel no podía quedarse atrás. Emuló a su hermana y encontró a su pareja a través del internet. Se trataba, igualmente, de otro inmigrante; pero ahora guatemalteco. Este sí con documentación en regla, pero nada que ver con el esposo de Erika; ya que éste, teniendo papeles, casado y con una hijita, no podía desaprovechar vivir de los fondos que brindan las autoridades de seguridad social. Un huevón, pues. Maribel viviendo en la casa de la madre de su esposo con todo y su familia. Esto fue una de las deudas que dejó mi comportamiento de vida; especialmente el económico, ya que quizás en otras condiciones, hubieran tenido mejores opciones.

Doblete

Creí que ya había visto todo, pero al parecer a este pinche viejo le falta ver aún muchas cosas. El reclutamiento de mongoles continúa, situación que era de esperarse; pero resulta que, como cuando se descubrió el átomo, parecía que eso era lo mínimo que existía en el mundo. Sin embargo, después salieron, por ejemplo, con que había neutrones y luego neutrinos, fotones y fotinos, fefones y fefinos, protones y protinos, putones y putinos y, ¿por qué no?, mongoles y mongolinos.

Hizo el arribo en estas tierras un verdadero híbrido: Enrique II. Este es un mongol de lo más exótico, único diría yo. Al mismo tiempo que estudia física, de pronto, se levanta dando saltos, gesticulando, emite sonidos graves, rapea, actúa como rockero, vocalista y baterista de banda, cantante de narcocorridos, bailarín, merolico, animador de congal; en fin, todo un estuche de porquerías. No sé qué tanto daño hice en mi vida para merecer que todos estos ojetes lleguen a convivir conmigo. Posiblemente, mi culpa fue haber engendrado a uno de ellos, pero para nada; hay de sencillos, como el mío, hasta unos verdaderamente reforzados. Tal vez, sí hayamos tenido visitas de extraterrestres; porque no pueden tener otro origen (sobre todo, este cabrón).

Muy diferente a los otros conocidos, que —en su mayoría— son inhibidos; y que les llamo zombis porque siembre andan pensando en sus ondas sin importarles lo que pasa fuera de su entorno. Desde luego que, además de pensar en los problemas que estudian, también siempre andan pensando en el culo; al que, irónicamente, le tienen miedo. Uno de ellos, por ejemplo, Jorge el niño, está feliz porque después de un año de trato ya logró que su pretendida, una pinche vieja de lo más fea, le permita poner la palma de su mano sobre el torso de la de ella. Se hace puñetas mentales y físicas pensando que, a lo mejor, en un año más ya puedan unirse por las dos palmas de sus manos, siquiera por unos minutos. Mientras tanto, tiene todo un año para practicar las puñetas; ahora sí, físicas, pensando en su *Dulcifea*.

Otro de ellos diferente, CV. Éste anda por las mismas, aunque no se ve apendejado. A diferencia de que lo motivan verdaderos culos, es bastante reservado y de muy buen trato. Se escandaliza cuando me escucha proferir improperios; sobre todo, los pelados, y le sale una expresión que me causa hilaridad. Dice, en una tonada que no puedo reproducir literariamente: "¡Noooooo!". Resulta que, recientemente, visitamos un *encueradero* y CV parecía no *matar ni una mosca*. Observaba a todas las chicas, hasta que finalmente, se decidió por que una de ellas, Katie: una chava que no se le veía desperdicio por ningún lado. Además de dar espectáculos cachondos, lo acompañara a un cubículo para hacerle un baile privado, completamente encuerada y con derecho a tocarle lo que quisiera. Le dijo, discretamente, al mesero lo que quería y para la sorpresa de Enrique II y mía, llegó Katie, le dio un beso en la mejilla y se lo llevó tomado de la mano, como si llevara un corderito al matadero. El par de pendejos, Enrique II y yo, nada más nos quedamos mirando y ya cuando nos daban la espalda, por instinto, sin ponernos de acuerdo gritamos al unísono: "¡Noooooooooo!". Sin embargo, ese grito no fue por mojigatos, sino por envidia, ya que todos habíamos coincidido en que era el mejor culo de todas las *tuberas*; y todos deseábamos lo mismo con ella, pero no traíamos lana: yo, porque nunca traigo, y este nuevo mongol, por pendejo (había dejado su cartera y no supo ni dónde). Por cierto, que es algo común para él, olvidarla y luego encontrarla en el lugar menos imaginado. Una vez la hallamos en el patio y en otra ocasión, en la taza del baño.

Otro cabrón: Carlitos. Desde que llegó a esta ciudad a una reunión de trabajo me abordó para decirme que quería que lo llevara al *encueradero*, tenía ganas de estar cerca de un culo. Nos pusimos de acuerdo, pero por alguna razón, no se hizo. Sin embargo, se presentó la oportunidad de ponerle un culo a la mano, ¡qué digo a la mano!: a la boca o a la verga. Un culo verdaderamente diferente al de sus compañeras mongolas que frecuenta, sin necesidad de ir a buscarla al *encueradero* y sin limitaciones; además, gratis, y se asustó. Es lo malo de abusar de la puñeta: como Manuela no hay dos y el resultado allí está. Así se quedan.

Una vez que ya llegamos a la casa, después de dejar a CV muy satisfecho por las chorreadas que se dio en el privado (y que, por cierto, se le notaron de inmediato), este pinche *mongolocuas* de Enrique II no dejaba de quejarse por pendejo de haber perdido su cartera (que luego me comentó que ya eran tres veces las que la había perdido en definitiva y que era una monserga andar reponiendo las tarjetas de crédito), no encontraba el sosiego. Se le quedó en la mente Katie y hasta que al dar una larga caminata dentro del mismo cuarto donde estábamos, le llegó una iluminación *higgsiana* y emitió un verdadero grito de euforia, dijo: "¡YA SÉ! ¡UN DOBLETE!". Yo me quedé con la naturalidad que me caracteriza, como pendejo, oyéndolo y viendo lo que hacía, pues profirió algunas exclamaciones y movimientos raros; entre ellos, pasos de baile en un sinnúmero de ritmos.

Imaginé que le había llegado a su cerebro la solución de un problema de los que está siempre metido, con esa chingadera de la física y le dije: "¡Qué a toda madre!".

Enseguida, sin decir *agua va*, entró al cuarto de baño y cortó del rollo de papel dos trozos de tres cuadritos cada uno y salió mostrándomelos, muy feliz. Ya acostumbrado a estos pinches locos, le inquirí: "¿Qué?". Y me dijo: "¿Qué no ves, pendejo?", mostrándome los trozos de papel. Me quedé en las mismas. Al ver mi estado de pendejez, me expuso: "Un doblete, ¡dos PUÑETONES!". Le entendí lo de los puñetones porque yo me doctoré en esa materia, ¿pero los papeles?, seguía sin entender. Hasta que me explicó que eran para los mecos. De cualquier manera, no alcancé a comprender. Al ver mi cara de ignorancia me dijo: "¿No que tú eres muy chingón?". "Pues ya ves que no", le dije. Me lo tuvo que explicar con mímica.

Se acomodó en el centro del cuarto, inclinó la cabeza, con la mano derecha comenzó a hacer un frenético movimiento que sí entendí, simulaba estarse puñeteando; pero, luego, con la mano izquierda sostenía uno de los trozos de papel a una corta distancia paralela a la verga. Resulta que este cabrón —según me explicó— usaba el papel sanitario como manopla para atrapar el meco. Y digo el meco, porque me reveló que él siempre, desde niño, al terminar de puñetearse expulsaba una gota, pero como iban a ser dos puñetas, de una vez preparó la otra manopla. De improviso, corrió a su recámara de donde salían sonidos: "¡Ay, Ay!... ¡ya, ya!". Después, un breve intervalo y de nueva cuenta: "¡Ay, ay!... ¡ya, ya!". Salió triunfante, porque logró atrapar las dos gotas, ya que luego tenía que recogerlas del suelo.

No cabe duda de que estos cabrones están locos. A

continuación me dijo que le habían aconsejado desde niño que no debía despilfarrar la leche. Seguramente, su pinche madre se refería a la leche de tragar, porque a este cabrón que no coordinaba los movimientos cuando niño, ni ahora, se le escurría hasta el cuello; por esa razón, y creyendo que su madre se refería a la leche abajeña, la ahorra y a eso se debe el acumulamiento de engrudo que trae en el cerebro. Ya me acostumbré a sus *chiripiorcas*; de pronto se levanta y hace muecas y movimientos extraños. Lo que le pasa — según dice— es que le llega una idea a la cabeza acerca de cómo solucionar el problema que está tratando de resolver.

Aurelio Jr.: por favor, despéjame de esta duda, ¿tú los escoges o llegan solos? Cada vez creo más en lo que dice Jaime Maussan. Estos cabrones no pueden ser de este planeta. Al menos éste. A pesar de todo, me caen a toda madre. ¿Me estaré contagiando? No me lo digas, yo me contesto solo: "¡Noooooo!".

Por último, te transmito mi diagnóstico: "Es un verdadero *Mu*, apendejado por las *TeTas* y de plano IRRENORMALIZABLE".

Con mi cariño, en espera del siguiente ejemplar, ya que me equivoqué al pensar que ya había visto de todo en ese glorioso mundo de Mongolandia. Pero como Sócrates tenía razón, *sólo sé que no sé* ni madres y que mientras más mongoles encuentro, menos los conozco.

Made in the USA
Middletown, DE
03 November 2022

14077027R00195